講座・社会変動 **10**
金子 勇・長谷川公一 企画・監修

計画化と公共性

金子 勇 編著

ミネルヴァ書房

『講座・社会変動』刊行にあたって

　A. コントが「社会学」という言葉をはじめて書き記した『社会静学と社会動学』(『実証哲学講義』第4巻, 1839年) の刊行から160年あまり, M. ウェーバーの大冊『経済と社会』(1920-21年) から80年, そして T. パーソンズの『社会システム』(1951年) から50年が経過しようとしている。学問的な個性と厚みをもつ諸外国での伝統を受け継ぎ, 日本の社会学界でもその折々の時代の流行を敏感に取り込みつつ, さまざまな分野での研究が理論的にも実証的にも多様な方法で今日まで継承されてきた。

　なかでも特筆すべきことは, 日本では1950年代以降, 数年から10年程度の間隔でその時代までの研究水準が, 世界的にみても独特の「講座」という出版形式によって提供されてきたことである。おもなものをとりあげてみても『講座社会学』(全9巻, 1957-8年, 東京大学出版会), 『社会学講座』(全18巻, 1972-6年, 東京大学出版会), 『基礎社会学』(全5巻, 1980-1年, 東洋経済新報社), 『講座現代社会学』(全27巻, 1995-7年, 岩波書店), 『講座社会学』(全16巻, 1998年-刊行中, 東京大学出版会) など, それぞれ特色あるシリーズが刊行されてきた。私たちがこれらの講座から受けた学問的な恩恵は計り知れない。

　さて, 21世紀を迎えた今日, 世界システムも日本の社会システムも, その構造が揺らぎ, 将来像が見えにくく, いよいよ不透明さを増しつつある。現在の日本の社会学はその学問的な見取り図や羅針盤を, 社会各層・各部門に明確に提供できているであろうか。社会学の課題は多いが, 時代の動きを確実に捉え, その構造と機能について体系的に考察し理解することは, いつの時代にあっても, 社会学という学問的な営みの根幹に位置すると私たちは考えている。

　今回ミネルヴァ書房の杉田啓三社長から依頼を受け, 新世紀にふさわしい新しい講座を企画するにあたって, 私たちは, 社会学がその創設期以来, すぐれて社会変動と時代診断の学でありつづけてきたことに思いをいたし, 本シリーズを『講座・社会変動』と銘打つことにした。私たちは先に『マクロ社会学

——社会変動と時代診断の科学』(1993年,新曜社)を刊行したが,そこでとりあげたマクロ社会学理論と,産業化,都市化,官僚制化,流動化,情報化,国際化,高齢化,福祉化,計画化という9つのトレンドの章をそれぞれ独立した巻として編集し,全10巻によって,現代の社会変動の動態をできるだけ体系的に論述し,展開することにした。本講座では,日本社会を中心に,国際社会の動向の時代診断にも努め,隣接分野や社会変動の〈現場〉との交流や対話も意識し,社会学の政策科学化を一層押し進めようとした。

企画・監修にあたって私たちが銘記したのは,100年前にM.ウェーバーが雑誌『アルヒーフ』の編集を受け継いだ際の決意である。「われわれの研究が,雑然たる素材と,個々バラバラな断想との集積に終わらないようにしなければならない。……われわれの専門領域で狭義には『理論』と呼ばれている研究形式,すなわち明晰な概念の構成とを,これまでよりいっそう心して重視していかなければならない」(折原浩補訳『社会科学と社会政策にかかわる認識の「客観性」』岩波文庫,1998)。

本講座の営みをとおして,現代社会学に内在する社会学的創造力を解き放ち,社会学的思考と分析の魅力を,社会学界内部だけではなく,隣接領域や政策の〈現場〉にも提示したいと,私たちは願っている。本講座が,これまでの日本のマクロ社会学の財産目録としての意義をもち,日本から新世紀に世界に向けて発信する新しい社会学の土台になりうるならば,企画・監修者としてこれ以上の喜びはない。

2001年11月1日

金子　勇・長谷川公一

はしがき

　本書は全10巻で構成される「講座・社会変動」の最終巻という位置にある。第1巻が講座全体の構想にかかわる社会変動と社会学の理論であり，第2巻から第9巻は日本社会を軸として，深く関連する国際的動向にも配慮した現状分析を意図している。この8巻による現状分析を受けた本書では，これからの社会が漸次的かつ部分的に少しでも良くなるために，すなわちポパーのいう「ピースミールな」前進のために，社会学が貢献できる分野として，「公共性」を前面に出した「計画化」により一定の社会システムづくりを構想して，そのための方法と理論をそれぞれが展開するように努めた。

　一般に同じ社会状態や行動が，ある人びとには社会問題として，また他のある人びとには快適な事態として評価されることはマートンに指摘されるまでもなく自明であり，その評価自体にもすでに特定の価値判断がなされている。それは厳密な意味でのウェーバー流の「価値自由」という古典的な規範とは整合しない。そのためこの最終巻でも，捉え方には幅があることを承知のうえで，むしろ積極的な社会的価値として「公共性」を位置づけて，社会学の役割としてもそれを背景とした新しい社会設計の方向性を重視するようにした。

　本講座刊行の途中，2004年のアメリカ社会学会会長講演で Burawoy が「公共社会学」を提起して，2005年にいくつかの学会誌（*ASR*, *BJS* など）にその内容を掲載したため，それ以降は日本の社会学界でも改めて「公共社会学」や「社会学の公共性」に関心が集まり，今日でも多方面でその論議が受け継がれている。しかし，「公共社会学」や「社会学の公共性」そのものについての理論的検討は別の機会に譲り，本書では当初の企画通り「計画化と公共性」に論点を絞ることにした。

　なお，本講座の歴史的経過とこの最終巻については次のような経緯がある。1999年10月10日，日本社会学会大会で杉田社長から私に「講座もの」についての直接の相談があり，その日に大会会場にいた長谷川公一氏に相談して，新曜

社からの共著『マクロ社会学』1993年の構成を10巻本に拡張しようと決定した。1999年10月16日に，私が全10巻本としてミネルヴァ書房に講座企画を送付し，同じ日に同じ企画を長谷川氏にも送信した。

1999年12月21日と22日にミネルヴァ書房編集部で企画会議を開き，2人が出席して議論したのち全10巻の企画内容を決定して，執筆候補者を決めて，原稿依頼を始めることにした。

以後，断続的に2008年までに9巻を刊行してきた。それ以降，当初は長谷川氏単独の編著予定であった『計画化と公共性』の編集作業が止まった。そのため長谷川氏に繰り返し執筆と編集の催促をしたが，具体的な返事が得られないままに数年が経過したので，2015年の8月に最終的な判断を求めて長谷川氏に直接お尋ねしたら，「降りたい」という回答が得られた。そこで全10巻完結を達成するために，金子が交代してこの編集業務に携わることになった。そのうえ，すみやかに金子が編者として新企画を行い，編集部と協議しながら新しい執筆メンバーを決定して，同時に依頼した。幸いに全員から快諾が得られ，講座完結への全面的協力がいただけて，執筆依頼して1年以内にすべての原稿が寄せられた。

序章（金子）では，持続可能性とユニバーサル基準を軸に本書全体に関連する計画と公共性を概観した。第1部は理論社会学関連の内容であり，公共性理論と計画の評価に関連する論考が集められている。第1章（友枝敏雄氏）ではベックの「第二の近代」という位置づけのなかで，ヘーゲルの市民社会，公共性，ロールズの正義論などの関連が理論的に総括されている。第2章（三重野卓氏）は，公共問題の観点から計画と隣接する政策を取り上げ，社会指標研究の歴史を踏まえて，政策評価の様式をガバナンス論へ接合させる工夫をされた。第3章（金子）では，コミュニティ論と都市社会研究のなかで，特に災害復興過程での社会的共通資本建設と二酸化炭素による地球温暖化論を素材にして，2つの公共性におけるジレンマ問題を考えている。

第2部は災害，地域，家族をめぐる共同性と公共性に焦点が置かれ，それぞれの調査体験も活用しながらの理論的な研究が試みられている。第4章（田中重好氏）は阪神淡路大震災や東日本大震災の豊富な調査経験を踏まえて，広く

災害対策研究史を概観しながら復旧・復興をめぐる「官の公共性」を検討されている。第5章（吉原直樹氏）は現段階でイリイチを読み直す試みとともに，独自の災害仮設住宅での調査結果を踏まえて，グローカルなインパクトを「生きられる共同性」として論じられた。ともに地域社会学の側からの公共性を意識した災害研究になっている。

公共性は共同性とも融合するので，第6章（松宮朝氏）では，共同性や公共性を地域コミュニティ論に位置づけて，共同性における排除問題を，オリジナルな調査により団地で暮らす外国籍住民の事例研究を基にしてコミュニティ参加への通路を探究していただいた。さらに第7章（米村千代氏）は，共同性の象徴ともいえる家族研究を通して，現代家族がかかえる公共的視点を描き出し，近代家族の変容の一環としてのベルによる「公共家族」を取り上げて，その延長上に社会と家族の境界まで踏み込んだ論考をまとめられた。

コラムは青山泰子氏と稲月正氏，そして坂野達郎氏に書いていただいた。青山氏は，健康増進計画と公衆衛生をめぐるアプローチや得られた成果が，社会学的な親和性を強く帯びていることをまとめられた。また稲月氏は，北九州でのホームレス支援に携わってきた経験を活かしながら，NPOによる計画化と公共性の創出について「最適解」を探られている。さらに坂野氏には社会工学の視点から，集合的行為のもつジレンマ，新しいパブリックマネジメント，そして討議民主主義を公共性とからめてまとめていただいた。

本書は以上の内容から構成されており，「計画化と公共性」の全貌を包括しているわけではないが，執筆者全員が長期にわたる研究成果を活かして計画化や公共性に正対した力作であり，読者の真剣な思索にとって多方面の素材になりえることと確信している。

20世紀末に企画誕生した「講座・社会変動」全10巻は，その後18年を経てようやく完結した。それまでの道のりは決して平坦ではなかったが，各巻で執筆いただいた先生方の全面的なご厚意によりようやくその全体像を示すことができた。ただ，当初からご指導とご協力を惜しまれなかった第7巻『国際化とアイデンティティ』を編集された梶田孝道氏，『官僚制化とネットワーク社会』を編集された舩橋晴俊氏がすでに逝去されてしまったことが痛恨の極みであり，

残念でならない。残された私たちはお二人の業績もしっかり受け継ぎ，平成時代の社会変動を実証的にそして理論的に解明しながら，次の新しい時代を見据えて学業を継続していきたい。

　本書も含めて，全10巻の「講座・社会変動」を大学，研究所，中央官庁，自治体，政治家事務所，企業研究所，シンクタンク，NPOなどで，教育，研究，計画，政策評価の業務の際に折に触れて活用していただければ大変幸せなことである。

　　2016年8月

金子　勇

計画化と公共性
目　次

はしがき

序　章　計画原理としての持続可能性とユニバーサル基準…金子　勇…*1*

 1．計画理論………………………………………………………………*1*
 2．計画理論とサステナビリティ………………………………………*10*
 3．新しい価値基準としての公共性……………………………………*15*

第1部　公共性理論と計画の評価

第1章　第二の近代における公共性と正義……………友枝敏雄…*31*

 1．20世紀社会から21世紀社会へ……………………………………*31*
 2．市民社会と公共性……………………………………………………*34*
 3．市民社会と正義………………………………………………………*41*
 4．正義から公共性へ……………………………………………………*50*

| コラム　隣接領域との対話　　［社会工学］ |

 集合行為ジレンマと市民的公共性……………………坂野達郎…*55*

  リベラリズム vs. リパブリカニズム ………………………………*55*
  公共財ゲーム実験………………………………………………………*56*
  互酬的と市民的公共性…………………………………………………*58*
  計算的信頼と道徳的信頼………………………………………………*59*

第2章　政策評価とソーシャル・ガバナンス……………三重野卓…*63*

 1．問題設定………………………………………………………………*63*
 2．指標化をめぐる状況…………………………………………………*64*
 3．幾つかの概念枠組み…………………………………………………*70*
 4．ガバナンスと政策評価………………………………………………*79*
 5．政策評価の方向性……………………………………………………*82*

第3章 社会的共通資本と都市社会の公共性 …………… 金子　勇…89

1．社会学にみる「私性」と「公共性」………………………………89
2．公共性と公共財…………………………………………………99
3．社会的共通資本と地球温暖化問題……………………………108
4．公共性と共同性…………………………………………………113

| コラム　隣接領域との対話　［社会工学］ |

反テイラリズムの公共組織改革 ………………… 坂野達郎…122

官僚制に代わる組織編成原理の模索……………………………122
道具的合理性の徹底と公的組織の脱構築………………………123
成果にもとづく管理と権限委議の両立…………………………124

―――――第2部　災害，地域，家族をめぐる共同性と公共性―――――

第4章　災害対策と公共性 ………………………………… 田中重好…129

1．災害は公共性が高い……………………………………………129
2．災害対策基本法と公共性………………………………………130
3．災害復興と公共性………………………………………………135
4．官の公共性………………………………………………………150

| コラム　隣接領域との対話　［公衆衛生学］ |

健康増進計画と公衆衛生学的アプローチ ……… 青山泰子…163

健康障害の発生要因と公衆衛生学の考え方……………………163
高リスクアプローチと集団アプローチ…………………………164
個人のリスク管理と公益のためのアプローチ…………………165

第5章　モダニティ・共同性・コミュニティ　……………吉原直樹…169
　　　　──「生きられる共同性」再論──

　1．産業主義的生産様式の機制──イリイチを読む……………………171
　2．モダンの時間──空間と「生きられる共同性」……………………174
　3．グローカル化とカタストロフのなかの産業主義的生産様式…………177
　4．「生きられる共同性」の脱埋め込みと再埋め込み……………………180
　5．「創発的なもの」，そして節合のメカニズム……………………………182
　6．サロンからみえてくるもの……………………………………………185

　> コラム　隣接領域との対話　［社会工学］
　　ミニ・パブリックスは，討議民主主義実現の手段になりうるか…坂野達郎…195
　　　合理性と代表性をめぐる二律背反問題……………………………195
　　　優れた議論の強制的ではない力………………………………………196
　　　ボランタリーな討議の場への期待……………………………………197
　　　無作為抽出市民（ミニ・パブリックス）活用の可能性………………197

第6章　地域コミュニティにおける排除と公共性　………松宮　朝…201

　1．地域コミュニティにおける排除…………………………………………201
　2．コミュニティと排除をめぐる理論………………………………………204
　3．外国籍住民が増加する公営住宅と地域コミュニティ………………209
　4．愛知県西尾市の地域コミュニティと外国籍住民……………………212
　5．地域コミュニティにおける排除への対抗………………………………222

　> コラム　隣接領域との対話　［NPO研究］
　　NPOによる計画化と公共性の創出……………………………稲月　正…226
　　　──北九州でのホームレス支援を例に──
　　　協セクターによる計画化………………………………………………226

計画化と公共性の矛盾……………………………………………………… *230*
第7章　家族研究と公共性……………………………………**米村千代**… *233*
　1．家族研究における公共的視点…………………………………………… *234*
　2．家族研究の実践的課題…………………………………………………… *237*
　3．家族と公共性……………………………………………………………… *241*
　4．社会と家族の境界設定をめぐって……………………………………… *245*
　5．あるべき家族を構想することの両義性………………………………… *250*

索　引

序章 計画原理としての持続可能性とユニバーサル基準

金子 勇

1．計画理論

判断基準

　本章の基本的な立場として，最初に「計画には基本的に確実な判断基準がある」［Wheeler, 2013：16］を受け入れておこう。なぜなら，どのような計画であっても，現在とは異なる未来の方向性（今よりも改善される，望ましい状態になる，有用であるなどと判断される方向）に向けて，利用可能な社会資源を投入することがその主な内容になるからである。すなわち，計画は未来を志向し，現在の価値軸の下で未来の一部を先取りして切り取る作業なのであり，そこには好むと好まざるを問わず社会的な価値判断がなされている。もっとも未来が現在のあらゆる延長上に予想されるとは限らない。現在が未来の一部であることは事実だが，すべてではないので，カタストロフ的な未来の可能性は確率的にみて十分に存在する。ただし，カタストロフを狙う計画作成は論理的には不可能である。

　そのような事情のなかでも，「判断基準」を内包するすべての計画論（家族計画，福祉計画，社会計画，経済計画，都市計画，地域計画，環境計画，企業経営計画，商品開発計画，大学計画，国土計画，宇宙計画など）は，ウェーバーが強調した「価値判断排除」とは無縁の研究になるはずである。なぜなら，計画にはその主体による「これをやりたい」という特定の価値判断が必ず含ま

れるからである。

　ウィーラーによれば，一般論での「計画とは，将来的に達成される望ましい目標を確実なものにするように設計された広範囲な体系的活動を指す。これらの目標は，環境保護，都市再開発，経済的開発，社会的公平性，その他たくさんの理想を含むものである」[ibid. : 13] とされている。この「理想」には「望ましさ」も「目標」も，論者によるすべて特定の「価値判断」として含まれていて，それぞれの立場から未来が現在に取り込まれているのである。[2]

　ここにいう未来とは時間の流れからいえば近未来も遠い未来も含んでおり，そのために計画にも短期的な未来計画も長期的な未来計画もある。したがって，計画はたとえば1年後という近未来の目標達成のために，特定のリーダーシップの下で社会資源を投入することもあれば，30年後のような遠い未来に向けての目標達成を求めて，制度化を含む大量の社会資源を着実に使い続けることもありうる。

　近未来志向の計画でも遠い未来の展望計画であっても，それらはともに価値判断とは無縁ではない。なぜなら両者ともに価値判断による目標の設定，それに要する時間，利用可能な社会資源，主体となるリーダーシップなどの複合として理解されるからである。

　持続可能な開発は，たとえば International Union for the Conservation of Nature（1986）によれば，五つの広範囲な要求に応答すると考えられる。①保存と開発の統合，②人間がもつ基本的なニーズの満足，③平等性と社会的正義の達成，④社会的自己決定と文化的多様性の提供，⑤生態的な健全性の維持，がそれである [Wheeler, op. cit. 31]。ただし，①と⑤，②と④そして「平等性と社会的正義」の間には，それぞれにトレードオフの関係が潜んでいることに留意しておきたい。

サステナビリティのタイプ

　IUCN のこの引用を踏まえて，ウィーラーはさらにサステナビリティの研究を4タイプに分類した。それが3Eと1Sである。3E は environment, econo-

表序-1　持続可能性に関するいくつかの視点

環境主義者	経済学者	公平性の擁護者	宗教家と倫理学者
環境的な関心が最高にあり、「環境管理」から「奥行きのある生態学」をめざす	選択についての焦点と言語をもつ経済学は、環境面の関心事を一つの経済的枠組みに合体させる	初期の関心事として構造的不平等性、天然資源の開発、第一世界の過剰消費があり、強調点は経済的国際化、コモンズの再要求、開発への地方統制を主張する	価値変容と心的傾向に焦点があり、地球と個人それぞれとの再結合、20世紀の近代性に代わるパラダイムを求める

（出典）　Wheeler *op. cit.* 34.

my, equityに分けられ、1Sはspiritualityとされる。それぞれ簡単に説明すると、環境主義者とは、生態的危機の脅威によって動機づけられていて、過剰な生態中心的態度（eco-centric attitudes）を特徴とする。これに対して経済学者は、金銭的な価値と効率性という目標を強調して、環境破壊を解消できる市場的メカニズムの探求に努める。そのためにこの環境主義者と経済学者間の合意は困難なことが多い。

　第三番目の公平性について、この擁護者は開発に伴う機会の不平等性、分配の不公平性、天然資源の開発問題、国民による過剰消費に焦点を置く。

　第四番目の精神的倫理志向者は、サステナビリティの前提条件として、価値の変容と精神面でのニーズ充足を力説する［*ibid.*：33］。

　要するに、3E（環境重視、経済性強調、公平性原則）は、サステナビリティに伴う変化の基盤を判断する際に利用される価値セットを代表すると考えられる。表序-1はウィーラーによるこれら価値セットの要約である。

　ここでウィーラーが用いた「環境保護」や「都市再開発」それに「経済的開発」や「社会的公平性」に象徴されるように、いつの時代でも社会システムにとって重要なテーマには、論者特有の価値軸に照らした価値判断が必ず含まれて実証的な研究が進められてきた。[3]だから、どのような価値判断でもこれを個人的または社会的に「排除」するならば、論者にとって具体的なテーマが生まれず、したがってその研究の成果も得られることはない。「価値判断排除」という考え方はテーマによっては今でも意味があるにしても、「環境保護」など上記の事例はいずれも今後の日本社会システムにとって重要な課題群である。

そのために「価値判断排除」にこだわり続けると，社会システムにとっても国民にとっても解明と対応策が待たれるテーマの研究ができなくなるという逆説が発生してしまう。[4]

このような立場で，社会計画に活用できる「価値判断基準」として，過去20年間各方面で人気があるサステナビリティとこの概念を使った計画に関連する諸問題を本章では扱うことにする。サステナビリティは社会学におけるソーシャルキャピタルやコミュニティと同じように，社会学を超えた各学問分野でも好意的に使われ，社会問題や環境問題などの分析と解決に万能の印象すら与えてきた。ただ私は，この「万能性」とは一線を画す立場である。

なぜなら，サステナビリティ概念の一般的な理解では，現世代が暮らしやすく，平等であり，生態系に配慮した次世代の社会システムの達成に向けて努力するイメージを濃厚にもつからである。[5]その計画範囲が含む規模には，大きい方から世界システム全体，一国を超えたブロック別のEU，北アメリカ，東アジア，東南アジア，オセアニア，南米，アフリカなどの諸国連合，一国全体，地方，自治体，地域社会，近隣，場所と建物などに分けられる。そのため実際には，人口規模に応じたサステナビリティ計画が明示されるとともに，価値軸としてのサステナビリティの扱い方を示しておく必要が生じる。

換言すれば，サステナビリティ計画の定義に際しては，対象とする分野を限定し，実際に適用する具体的な方法を選択しないと，その理論的検討は行えないということになる。[6]それは研究課題に応じて，そこでの計画の範囲も内容も投入可能な社会資源も異なるからである。

サステナビリティ研究の側から，ウィーラーは図序-1のようなパラダイム変換を主張する。従来は「経済」が大枠を形成して，「社会」も「生態」もその要素という理解であったが，サステナビリティ論では逆に「生態」が大枠となり，その要素に「社会」がありその一部に「経済」が位置づけられるという集合図である。しかし私はこの二つではなく，図序-2を主張する。それは大枠が「社会」であり，その要素の一つに「生態」があり，さらにその一部に「経済」があるという集合図である。

序　章　計画原理としての持続可能性とユニバーサル基準

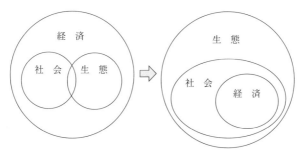

図序-1　経済的視点から生態的視点への移行
（出典）Wheeler, S. M., 2013, *Planning for Sustainability* (*2nd*) - *Creating livable, equitable, and ecological communities*, Routledge.: 38.

図序-2　「社会⊃生態⊃経済」の関連

　すなわちウィーラーは，「経済⊃社会＝生態」から「生態⊃社会⊃経済」への転換を論じたが，私はさらに「社会⊃生態⊃経済」とする。社会システムは生態系を含む自然環境も政治，経済，文化，統合もすべてその下位要素にもつという理解である。

計画の倫理綱領
　かりにウィーラーとは異なり，社会システムを上位概念として，その要素に「生態」も「経済」も含んでいても，ウィーラーが引用した公共利益についての計画家の責任に関しては，公表されている「アメリカ公認計画協会の倫理と専門的行為に関する綱領（2009年に修正）」が依然として有効である。すなわちそれは，

5

① われわれはあらゆる影響を受ける国民と政府の政策決定者による計画問題に関して，時節に合った，適切な，明瞭な，そして正確な情報を提供するように努めるであろう。
② われわれは国民に影響するかもしれない計画とプログラムをもつ開発に関して，意味のある影響力を行使するため国民に多様な機会を提供するであろう。ここへの参加はフォーマルな組織ないしは影響力を失う国民も十分幅広く包摂される必要があろう。
③ われわれは社会的正義を探求するが，それはすべての人間に開かれた選択と機会を拡大するように働き，不利益を被った国民のニーズのために計画し，人種的ならびに経済的統合を促進するために，特別な責任を認識しているものである。われわれはそのようなニーズに敵対する政策，制度，決定の変更を論じるであろう。
④ われわれは，設計の素晴らしさを増進させ，自然環境と創られた環境の健全さと伝統を保持し保存するための努力を促進させるであろう。
⑤ われわれは計画過程におけるすべての参加を公平に扱うであろう。

とまとめられる [ibid. : 48]。

これらを受けて，私は現在のところ合意可能な「サステナビリティ計画アプローチの諸要素」をいくつか箇条書き風に整理する。

長期的な視点

サステナビリティ計画は，現在だけではなく将来に向けて確実に持続可能な社会システムづくりをめざすから，第一には長期的な視点が不可欠となる。1972年のローマクラブによる「成長の限界」以降，有限の資源に配慮した計画ではサステナビリティ概念を使う傾向が強くなったが，21世紀の今日では，さらに地球資源の枯渇，途上国における過剰人口，二酸化炭素による地球温暖化，世界的な生物種の喪失などの問題があるために，長期的視野のもとでこの概念が頻用されている。

全体的な見地

　第二として，全体的な見地からその対象に関しては，人間が創った社会システムの諸要素と自然システム間で見られる関係のなかに人間活動による介入可能性を強調し，世界全体の生態的理解を組織化しようとする。サステナビリティ計画の長期性は局地的な限定性を越えて，社会システム全体さらにはかつてボールディングが命名した「宇宙船地球号」そのものまで包み込む。この代表的な事例が二酸化炭素排出増加に関連する地球温暖化問題である。

　すなわち，地球温暖化をもたらす二酸化炭素の95％が人間活動による排出とする IPCC（Intergovernmental Panel on Climate Change）のような立場では，世界各国における二酸化炭素削減に向けた人類の努力こそが何よりも重要だとする。しかし，赤祖父のように地球全体の二酸化炭素排出のうち人間活動はわずか1/6であり，残りの5/6は火山爆発などの自然現象に付随した排出だとする意見［赤祖父，2008］まであり，この問題には決着が得られていない［金子，2012］。

　既述したウィーラーのように3Eすなわち「環境」「経済」「公平性」により普遍的な目標の統合が強調される［*ibid.*：33］としても，地球全体に排出された二酸化炭素の95％までが人類の活動の結果だとする意見と16.7％にすぎないとする意見では，「環境」内部だけでさえも温暖化原因についての折り合いがつきそうにない。ましてやその排出量の原因をめぐっての対応策でも，どちらの数値に依拠するかにより価値判断の公平性の維持が難しくなる。

　さらに日本でも毎年の『環境白書』で触れられてきたが，理論的にはGDPの増大を典型とする経済活動の拡大と二酸化炭素の排出量の増大との関連では正の相関が確定している［金子，2012：109］から，たとえば「コップ21」でも環境と経済と公平性との均衡がとれずに，具体性に乏しく内容の薄い作文でまとめざるを得なくなった。またその主な領域である住宅，交通，土地利用，環境の質，経済開発など部分化された計画への目配りが重視されるが，地球温暖化自体はすべてを包括するから，サステナビリティ概念が非常に使いやすいテーマでもある。

もうひとつの全体的な見地としては，サステナビリティ論では計画の範囲にこだわりがある。そこでは世界全体から近隣用地計画などまでいくつもの層化を含む計画が主張されるが，逆にまたそれらの統合も主張される［Wheeler, *op. cit.*：44］。一国内だけの計画を取り上げても，全国計画と地方計画では整合しない場合が多い。これはたとえば日本政府が，これまでに策定した5種類の全国総合開発計画の歴史が示す通りである（後述，13頁）。

　ウィーラーのいう3Eは，単一計画の判断基準としては，目標の水平的統合を象徴すると考えられてきた［*ibid.*：46］。しかしたとえば公平性が最優先されると，経済に関連する問題のうちとりわけ経済機会の平等もその結果の平等も維持しがたくなる。なぜなら，人それぞれに親の階層は同じではないし，本人のもつ能力全般をさす「文化資本」（human capital）も各人各様で異なっており，等しくはないからである。[8]

サステナビリティ論の逆機能

　かりに環境アセスメントへ最大限に配慮しても，私が追究してきたような北海道石狩湾にみる洋上風力発電のように，地元の景観を台無しにするような社会的不公平性が必ず発生する［金子，2013］。また，石狩湾岸の陸地から洋上の風力発電施設まで海岸線で5キロ沖合10キロの面積としては50平方キロの範囲では，魚貝類，海底生物，動植物プランクトン，鳥類などは死滅するので，「環境への配慮」という価値判断にすら疑問が残る。[9]

　家庭のなかや近隣レベルでの日常的な生活に焦点を置く人は，全国的ないしは世界的なサステナビリティに洋上風力発電施設がいかに影響するかは考えたりしないし，サステナビリティ主義者もまたそうである。そのためか，二酸化炭素地球温暖化論者の大半は，東日本大震災の復興事業に際して社会的共通資本としてのインフラ整備において膨大な二酸化炭素が発生する事実に無頓着である［金子，2014a］。さらに震災復興過程における二酸化炭素の排出量の増加に関して，その判断を停止したままの地球温暖化論者もいる。ここでも計画範囲の広域性と狭域性の問題がある。すなわち，毎年の年中行事であるコップ大

会での世界的な二酸化炭素削減の合意と，日本の東北地方での二酸化炭素排出の容認がどのように「持続可能性」につながるか，地球温暖化論者は沈黙したままである。

被災した東北地方のエコシステムを回復するためと同時に，他の地方でも経済的再開発やコンパクトな都市再生に不可欠な社会的共通資本造成の基本計画においても，環境志向と経済開発志向の両立は不可能に近い。「持続可能性」に伴うこのような社会的ジレンマ問題への配慮が，これまでの経済学を軸とした社会科学系の地球温暖化論者には欠けていた。

この事例に象徴的であるが，異なった分野とレベルを超えた学際的ないしは超学的議論は不十分なことが多い。ここでいう分野とは，建物の建築，犯罪などの社会問題，都市開発，地域計画，交通計画，住宅，土地利用，経済システム，自然景観，技術であり，計画レベルには狭い範囲からいえば敷地，近隣，地方，地域，州や郡，一国全体，国際的地域ブロック，世界システム全体が該当する。

環境論における二酸化炭素の地球全体規模での排出量と，被災した東日本地域の復興過程における排出量との間では正の相関が予想されるから，二酸化炭素の排出規制を叫ぶ温暖化論者にもこの両者にまたがる価値判断が不可避となる。

環境でも経済でも公平性でも特定の問題解決において有効であれば，これらすべてを積極的に包摂して議論を進めた方がサステナビリティ論にとっても役に立つところが大きい。かりに3Eそれぞれの間で逆相関が存在しても，可能な限りこの3Eを個別に活用することは，サステナビリティ計画立案にとっては有意義になるからである。

そうすると3Eも含めた検討素材をもつ個別事例の多くは，私の経験からは都市研究の範囲で選択せざるを得なくなる。これは私の研究活動の大半が地方都市レベルの都市化，高齢化，少子化に集約されるからである。加えてかつて磯村英一が「都市学の体系の中で，もっとも注目される課題は都市計画論であろう」［磯村，1976：91］と書いたことを重視して，本章では総論的な社会計画

論をより限定的な自治体計画レベルでの都市研究と環境研究の文脈でまとめてみたい。

2．計画理論とサステナビリティ

都市研究や環境研究での「計画理論」に「価値基準」として取り込まれたサステナビリティ論の問題点を探ると，それはあまりにも包括的すぎて，現存する社会問題や環境問題などの究明や解決への実践的な見通しを示さないと思われる。

たとえば，ウィーラーは「持続可能性のための計画」テーマとして，コンパクトで徒歩圏内の都市や町の創り方，地方のエコシステムの回復方法，社会的不平等性をいかに減少させるかを論じた。加えて，温室効果ガス（二酸化炭素が中心）の排出量を減らす方法，サステナビリティに富んだ経済的開発形態の探求，タールサンドの採掘，金融システム，都市のフードシステムの探求，途上国を中心にした人口増大やそれに関連が深い貧困，公衆衛生と都市環境間の関係などが取り上げられている［Wheeler, *op. cit.*］。

サステナビリティ概念の包括性と限定性

その包括的な試みは評価できるにしても，定義，分野の選定，研究方法をそれぞれで限定しないと，全国的ないしは世界的なサステナビリティへの希望が達成されない。なぜなら経済的開発を行えば，必ず二酸化炭素を筆頭とする温室効果ガスの排出量が増大するからである。同時に周辺や地方のエコシステムが回復しても，中央のそれが回復するとは限らず，周辺や地方からの人口流入が進めば，逆に中央のエコシステムは崩壊する危険性を増す。さらに周辺や地方のエコシステム維持とは対照的に，首都の公衆衛生環境の劣悪さが目立つ途上国もある。

しかも，それらが抱える問題点を解決しないままに，次世代に残したままの「持続可能性」もまたありうる。繰り返し触れてきたように，その端的な象徴

表序-2　拡散する計画の焦点

始まった時期	計画の内容
1900年以前から	社会の健康と公衆衛生
	公園と公共空間，住宅規制
1900年代から	土地利用規制
1920年代から	交通計画
1950年代から	地方の経済的開発
1960年代から	社会参加
1970年代から	環境計画
1980年代から	環境面の公平性
1990年代から	新しいアーバニズム
	持続可能な開発，気候変動計画
2000年代から	食のシステム

（出典）　Wheeler, 2013：14.

が，東日本大震災の復旧・復興事業の軸となる社会的共通資本再造成や新設工事では，地球温暖化の要因であると「持続可能性」研究者がみなしてきた膨大な二酸化炭素排出量が見込まれるというジレンマである。

　それ以外にもたとえば「環境保護」に関しては，かつてのゴミ処理や迷惑施設などの施設建設反対運動に象徴されるように，総論賛成ではあっても，自宅付近に造るのには反対である人は今でも多い。

　研究者も政治家も特定の立場から価値判断を行い，「計画」を作成して，関連する社会資源を投入するが，その是非に関連する判断基準は一般化できない。また，公と私，官と民，民間同士の「勢力」の差によって，判断基準が優先的に活用されやすい。歴史的には，公と私では公，官と民では官，民間ならば規模が大きい方が「勢力」は強い傾向にあるが，実際にはこの通りになるとは限らない。

　ウィーラーが指摘する社会計画に関連するのは3Eであり，社会システムの公的部門と私的部門，時には全体社会システムそのものも該当するので分析図式は複雑になる。まずは表序-2のように簡単な計画の歴史からみておこう。ウィーラーがあげるのはアメリカでの計画テーマ変遷史である。しかし，ここからはアメリカだけではなく，日本も含むどの国でも資本主義の勃興期には「資本の本源的蓄積過程」が必ずあり，「社会の健康と公衆衛生」が一番の課題に

なっていたことが窺える。

資本主義の勃興期の子ども

なぜなら，たとえば19世紀半ばにエンゲルスが明らかにしたように，その勃興期では児童の10～15時間という長時間労働が実体化していた事実があったからである。『イギリスにおける労働者階級の状態』で有名な文章として，「工場主は，子供をまれには五歳から，しばしば六歳から，かなり頻繁となるのは七歳から，たいていは八歳ないしは九歳から使いはじめること，また毎日の労働時間はしばしば一四時間ないし一六時間（食事のための休み時間を除く）におよんでいる」［エンゲルス，1845＝1971(2)：32］がある。

初期の資本主義の宿命は，このような子どもまでも収奪してその蓄積過程を必然化するところにも感じ取れる。そして立場は違うが，アシュトンにも同じような指摘がある。「その多くがやっと七歳にすぎないような子供たちが，一日に十二時間も十五時間も，一週六日にわたって働かねばならなかった」［アシュトン，1948＝1973：129］。計画化はまさしくこの段階を経由して始まった。なぜなら，この両者が描きだしたように，子どもも含めた初期の雇用労働者に対する長時間労働を筆頭とする劣悪な労働環境や住宅環境を放置しておけば，社会全体の公衆衛生水準の低下が避けられず，資本家に雇われた労働者とその家族の健康悪化も進み，結局は企業や工場全体の労働力の再生産ができなくなるからである。

それが資本家に察知された時点で，国の指導により「労働条件」や「公衆衛生」に関する計画が作られるようになり，資本家の側も労働者の長時間労働の緩和や，住宅事情への好転，食生活の改善などへの配慮を行わざるを得なくなった。エンゲルスが描いた19世紀イギリスの労働事情のすべてが事実かどうかの疑問は残るにしても，そこには引用したような5歳くらいからの児童労働の実態が描かれていて，初期の資本主義における「本源的蓄積過程」のすさまじさが理解できる。

その後，自動車の普及が始まり，同時にバスや電車それに市内電車や地下鉄

表序-3　日本における全国総合開発計画

計画名称	開始年	内閣	基本目標
全国総合開発計画	1962	池田内閣	地域間の均衡ある発展
新全国総合開発計画	1969	佐藤内閣	豊かな環境の創造
第三次全国総合開発計画	1977	福田内閣	人間居住の総合的環境整備
第四次全国総合開発計画	1987	中曽根内閣	多極分散型国土の構築
21世紀の国土のグランドデザイン	1998	橋本内閣	多軸型国土構造形成の基礎づくり

などの公共交通機関が導入されるとともに、19世紀の終わりのハワード「田園都市論」や20世紀初頭のアフレッド・ウェーバーの「工場立地論」を踏まえて、1920年代からは「交通計画」が本格的に進められた。この時代のアメリカの大都市では職住分離論も職住近接論も併存して、都心の計画が先行し、少し遅れて郊外の計画が始まり、ニュータウン建設が高度成長期にブームとなった。

日本都市でも大都市近郊ではベッドタウンが顕在化して、郊外地区に3DK程度の「文化住宅」を購入するのがサラリーマン世帯の目標といわれたのは1960年代からであった。

全国総合開発計画

日本の1950年代には第一次市町村合併が終わり、高度経済成長が始まっていたために、この時期は地方でも、農村農業の停滞を超える地域経済開発が目指されるようになった。1962年に始まった「全国総合開発計画」が数年ごとに繰り返し作成され、1998年の「21世紀の国土のグランドデザイン」まで合計5種類にもなり、それぞれ実行された（表序-3）。

この時期はほぼ10年おきに大規模な国土総合開発計画が作成され、1972年には発展の継続と福祉の開発計画を目指した田中角栄の「日本列島改造論」が出ている。それぞれが明るい未来を展望しているが、それらの反面で水俣病などの公害に代表される都市問題が表面化して、経済開発の負の側面を外部化するような全国的総合計画は批判されることになった。[17]

それらに代わって、地方のとりわけ都市自治体が軸となり、市民参加や住民参加を標榜する新しい参加型計画に期待が集まった。そのもっとも有力な「価

値判断基準」は松下圭一が提唱した「シビル・ミニマム」の思想から生み出された。

シビル・ミニマム

当時の日本の社会科学は，ウェーバー「没価値性論」すなわち「価値判断排除」の「俗流解釈の圧倒的影響」［松下，1971：167］にあり，社会科学自体が政策科学に対して否定的であったから，この時代に提唱されたシビル・ミニマム論は鮮明な「価値判断」の結果得られた思想性豊かな概念として歓迎された。その概念がもつ価値は，明治期以来の日本では社会システムの中軸として機能してきた「官僚中心の国家理性」や「企業理性」に対抗して，「市民理性」とされた［同上：274］。

松下の定義では，シビル・ミニマムとは「法律基準」を超えた「都市生活基準」であり，内容的には「市民の権利」と「自治体の政策公準」とに二分されて位置づけられている［同上：273］。やや詳しくは「市民的自発性を起点とした自治体の現代的再構成の政策公準であり，さらには国民経済における公的，私的な形態での社会的余剰の配分を計画的に再編成する指向をもった自治体の政策公準」［同上：277］となる。

もっとも21世紀の今日でも，45年前の松下圭一から持続的に期待されてきた「市民的自発性」［同上：172］や「余暇と教養」を前提とする「市民的人間型」［同上：186］が，大量に生み出されたわけではない。むしろその対極にある「余暇と教養」による「私化する私性」［鈴木，1986：546］を軸とした人間型が増殖してきたといってよい。

当時も今も「市民的人間型」は普遍化しなかったが，自治体公準としてのシビル・ミニマム思想から生み出された政策づくりは都市自治体を中心に普及した。そのために，「『専門知識をともなった市民』としての都市改革への直接参加」［松下，前掲書：178］は非常に限定的なものに終始した反面，自治体職員の組織的な力量が政策項目の具体化を可能にして，各種の計画文書の作成が独自にできるようになった。

発表当初は思想レベルだったが，それはすぐに松下自身によって都市政策に項目化され，「現代都市政策」講座11巻（岩波書店）が短期間で完成されるほど，この思想のもつ意味と意義は時代に合致していた。現在では常識となった都市における最低限の生活公準を一覧表にして，市民参加を前提にした独自の計画を示した功績は高く評価される。それを支える経済学の理論の一つが社会的共通資本論であり，こちらは宇沢が独自に展開していた。

3．新しい価値基準としての公共性

たとえばサステナビリティ計画の6原則は，①自然との調和，②暮らしやすく作られた環境，③経済に基盤を置く環境，④公平性，⑤汚染者負担，⑥責任がとれる地域主義，とまとめられることがある［Wheeler, *op. cit.*：51］。これはバークとコンロイの成果から得られたものであるが，「公平性」にしてもその概念をめぐる膨大な論争があるのだから，操作概念化の是非を含んだよりいっそうの検討が必要になる。その他に挙げられた「自然との調和」でも「暮しやすさ」でも同じ指摘が可能であり，この段階に止まるのであれば，サステナビリティ論の実際的応用は困難である。

ちなみに2012年のロンドンオリンピックの持続可能性に富んだ計画の要素は，気候変動，浪費，生の多様性，包摂，健康な生活であった［*ibid.*：51］。このスローガンは世界的に周知されたものであり，まさしくそれは周知された状態（publicity）にあった。publicity は，publicist（新聞記者，ジャーナリスト，政治評論家）に象徴されるように，一般大衆誰にでも情報を知らせること，知ってもらっている状態を指すから本来の意味での公共性（publicness）とは異なる。publicness は public のもつ一般の人々という包括性の中で，やや特殊な意味合いを構成するから，日本語の「私」の反対語としての「公」とは異質な意味をもつ。

限られた範囲ではあるが，「公共」のうちの「公」と「共」を分離する試みをする研究者の多くが，両者の英訳に publicness と communality を使ってき

た。確かに公と共は日本語の感覚でも一緒には扱えない。公に空間性と全体性が付着することは珍しくないが，共はそれらよりも普遍性が相対的にあるように思われるからである。したがって，「公共性」という汎用性に富む概念もまた「公」と「共」に分解すると新しい世界が見えてくるように思われる。

さて，サステナビリティは最新化された高度産業社会ではじめて可能な社会目標である。社会システムの経済力水準が低い時代では，乳幼児死亡率が150‰にも達していたし，水質や水源の不衛生さが原因の感染症は随所で猛威を振るっていた。サステナビリティは決して社会システムの経済性を否定しないし，それに対立する性質をもつのでもない。それはむしろ，最新の（up-to-date）高度産業社会の水準を維持しながら，可能な限り良好な環境へと配慮をしていこうとする考え方である。ここで modern を「近代」と訳さずに「最新」（up-to-date）としたのは理由がある。一つはその語源がラテン語 modernus（just now）だからである。

modern の新解釈

二つは modern が百年単位の時代を表現する意味をもつことから，それを最新と表現するには百年単位の時代の差を無視する以外になく，そのことで荒い叙述になる恐れを感じるからである。この1年間と99年前は同じ modern では表現できない。

なぜなら，日本でも世界の先進国でも，たとえば「関連する巨大インフラ，大規模な産業プラント，北アメリカの郊外のような都市開発すなわち modern な観点からの都市環境づくりは，先行きが見通せない，生態的には劣化して，不平等性が強まり，問題の多い暮らしとして病的な結果をもたらした」[Wheeler, *op. cit.*: 35] というような表現に出会うことがあるからである。「modern な観点からの都市環境づくり」でも「病的な結果」を生み出したことは水俣病に象徴されるが，だからといって非 modern なたとえばそれらが皆無な日本中世の「清貧」な社会もまた病的であったことは事実である。

その時代では，餓死は日常化して，間引きは恒常化しており，簡単に人命が

損なわれ，人権という発想はありえず，階層移動も地域移動も禁じられており，感染症はどこでもだれにでも襲ってきた。識字率は低く，宗教が支配するそのような世界もまた病的ではないか。観点の相違により「modernな都市環境づくり」でもそうでない時代の町でも，「病的な結果」は無数にある。

そのため計画基準として単なる「modernな都市環境づくり」はふさわしくない。それをもっと短縮して「最新の都市環境づくり」を計画基準とすれば，何を補完すればよいか。箇条書きで整理しておくと

① 伝統的形態のみの保存維持だけでなく，新しい技術の成果も取り込む「最新の」世界を創造しようとする欲求
② 科学，合理性，客観的視点への信頼
③ 多くは科学と結びついた普遍的なるものの探求
④ 問題をその構成要素に分割し，その世界を総合化して把握しようとする方法論的なアプローチ
⑤ 規範的言明と価値に基礎づけられた設計思想

などにより，新しいサステナビリティを考えることになる。その理由はup-to-dateの反対語がout-of-date（旧式の，時代遅れの）だからである。既述したように'just now'であるmodernを「近代」と訳すと，サステナビリティの本意が不明になる。サステナビリティは経済性や政治性そして国民の文化度において，一定水準に達した社会システムを前提にして初めて可能になる理念だからである。したがってこれはmodernの対立用語ではなく，歴史的には封建時代を過ぎて迎えたmodern timesを受けて，その各方面で充足度が向上した社会システムでこそ初めて主張され，実行可能になる概念である。

このサステナビリティは，たとえばハリントンの次の要約に準拠すればより具体化できる。「持続可能性の科学は新しい分野であり，持続可能な変化への動きを進めるために，社会的かつ環境的な条件と関係ならびに適切な技術についての理解を促進させることに焦点をおくものである。それは，社会科学，自

然科学，工学と技術における調査研究を含んでおり，しばしば学際的ないしは超学的な文脈をもっている。持続可能性の科学は持続可能な発展，すなわちより持続可能な条件にむけて社会的な変質を強化する一般的知識を追求するものである。持続可能的な発展概念（すなわち単なる「持続可能性」）と同じく，持続可能性の科学は様々な関心領域を認めており，環境面の持続可能性，経済的発展，人間開発，文化的持続可能性を含んでいる。科学は伝統的に価値判断の適用を回避してきたが，持続可能性の科学は明確な認識をもってきた。持続可能性は人々がいい成果あるいは悪い成果と判断するものは何かという点に関して，人間（や環境）の暮らしよさを基礎として私たちが判断して選ぶ選択肢なども含むものである」[Harrington, 2012：337]。

　このようなサステナビリティは，一定の新しさがたえず追求される高度産業社会ではじめて可能な社会目標である。乳幼児死亡率が150‰のままの持続可能性など論外であり，水や空気を媒介とする感染症が猛威を振るい，死亡率が高かった時代の持続可能性もまたありえないと私は判断する。サステナビリティに富む社会システムは経済力の水準を維持しながら，最新（up-to-date）知識と技術により可能な限り環境への配慮をしていこうとする考え方である。

　このように，サステナビリティ概念は明確な価値判断を含んでいるが，私はいわれるほどの万能性を認めないという観点を堅持する。それはちょうどソーシャルキャピタルと同じ性質をもつ万能用語に昇格した印象が強いからである。サステナビリティへの疑問も環境研究ですでに出されている。たとえば，「サステナビリティに富む開発は，焦点を見失う危険性があり，不可能なほど広範囲に及びすぎていて，あらゆる人々にすべてのことを約束するという危険性がある」[Sutton, 2007：126] という批判がそれである。サステナビリティに対するこのような相対化した認識は日本では共有されておらず，依然として絶大な信頼が寄せられており，「将来世代が自らのニーズを満たす能力を傷つけないで現在の世代のニーズも満たすという使い方」がサステナビリティ概念の最大公約数的な理解になっている。

福祉の考え方

それはある意味で,「福祉」に似ている。これもまた,総論としては批判ができない概念である。しかしたとえば外国語で福祉を表現する単語は,英語では welfare（フランス語では bien-faire）, well-being（フランス語では bien-être）である意味を考えるとき,それは単に受動的に与えられるものとは異なることを感じる。なぜなら,英語に fare がフランス語には faire が含まれていることから分かるように,これらは座して得られるものではないからである。むしろ,どちらも「する」,「暮らす」ことを意味する能動性に富む単語（古代英語 faran から, go の意味）であるから。

welfare や well-being はもちろん「健康,幸せ,繁栄の状態もしくは条件」であり,日本語の福祉はこの一部をカバーする。簡単にいえば「いい状態」なのであるが,外国語の場合では,このいい状態は個人がなんらかの努力を経て達成された判断という意味合いが強い。

この知見の延長に,福祉とは社会全体で国民各自がその生活の条件整備を行いつつ,個人が自らの行為で獲得した一定の生活状態であるという理解が得られる。生活の総体は準拠集団や準拠する個人との比較の中で総合判定されるから,さまざまな比較が可能となり,同時点における他の地域や外国とも比較された結果も含む判断が生まれることになる。

子育て支援の現状を例に取ると,日本のそれはスウェーデンやデンマークには及ばないであろうが,中国やインドやアフリカ諸国よりは格段に優れている。どこをまたはどの時点を比較の軸にするかでもちろん評価が分かれる[25]。

たとえば健康の基本は個人の精神と肉体にあるが,家族関係や職場の関係それに住宅環境や公衆衛生水準によっても大きく左右されるから,結局は個人の精神と肉体を支える社会関係と社会環境への目配りが不可欠となる。その結果,「社会的健康」という状態も考慮されることになり,その条件の整備や追求も行われる［金子, 2014b］。人の幸せの基本も原則的には個人の判断結果に左右されるが,これは健康,経済,家族,仕事の内容,職場や友人との関係などから総合的に構成される。あわせて,最低限の収入を保障する生活保護での支援

や高齢者の健康支援も生きがい対策でも，このような変数のうち有効なものを考慮しておきたい。

　つまり日本でも世界でも，個人や社会が何かを行う（fare）ことが健康か幸せか繁栄につながり，それが広い意味での福祉になるという判断をここでは採っている。その意味で，福祉の議論は単に受益者として与えられる側からだけでは不十分であり，負担する側の立場までも考慮した福祉の議論を私の少子化対策では心がけてきた。

　国民にこれ以上の負担を求めるマニフェストやスローガンを掲げると，選挙においてはマイナス材料になるという言動は国会議員や知事や市長によくみられるが，「少子化危機」を本格的に「突破」する気ならば，社会システム全体での負担論を抜きにしては，建設的な議論は進まない。なぜなら，子育てに伴う費用を負担する側とゼロの人々の間における格差がますます大きくなり，社会的不公平性が拡大してきたからである。子育てに伴う社会的不公平性は，たとえば「介護保険」に類するような社会全体での負担（子育て基金やこども保険など）の仕組みを作らなければ解消されず，それを残したままでは，「少子化危機突破」には至らないであろう。

　多くの場合，計画化の具体的内容はシビル・ミニマム思想に基礎をおくが，その内容は「市民生活公準」というよりも，「価値判断」理念としては「ユニバーサルサービス」としてみたい。

価値基準としてのユニバーサル

　「ユニバーサルサービス」は主に世界の郵便事業で用いられてきたサービス提供の判断基準であり，「価値自由」とはもちろん抵触する。すなわちそれは「価値判断」がしっかりとなされている概念の一つである。立原によれば，それは社会的ニーズとしての「公共性」，経済的ニーズとしての「企業性」のバランスがとれたものとされる［立原，2015］。それは，

① 地理的ユニバーサルサービス　全国どの地域でもサービスを受けられる

こと
② 経済的ユニバーサルサービス　誰もが利用可能な料金でサービスを受けられること
③ 社会的ユニバーサルサービス　すべての人が差別なくサービスを受けられること
④ 技術的ユニバーサルサービス　一定の品質をもったサービスを受けられること

［立原，2015b：37］

　元来，ユニバーサル（universal）とはすべての人に関連し，しかも例外を認めないことを意味するので，それは地理的，空間的，時間的な包括性をもつとして使用される。したがって，辞典では普遍的，一般的，全世界的，万人に向けられ，例外のないあらゆる目的にかなう，万能のといった訳語がつけられる。しかし，実際に社会計画や環境計画などで価値判断基準としてこの概念を使用するには，社会的な制約を付けたり，経済的ないしは技術的な限定を行うことになる。

　ただ本章での趣旨は，ウェーバーの「価値判断排除」を墨守する科学もあれば，それから離れて研究対象に合わせて自由に価値基準を設定できる（することが期待される）科学もまた存在するから，テーマ次第で「価値判断」はあってもなくてもよい。都市政策や都市計画や政策科学などは特定の価値基準がなければ成立しがたい分野なので，計画論を主題とした本章ではシビル・ミニマム論に見え隠れするユニバーサルサービス基準をそれに措定している。あらゆる人に例外なく同じサービスを提供する際の価値判断基準がユニバーサルであるという解釈を採っているのである。

　この基準をシビル・ミニマムが提起された当時のように「都市生活基準」や「自治体の政策公準」とすると，40年前と決定的に異なるのは，現代社会が「少子化する高齢社会」に変貌した点である。したがって，ユニバーサルな都市計画もまた「少子化する高齢社会」を前提として，そこでの「安心・安全の

公平社会」づくりが社会目標として設定できる。

　少子化する高齢社会とは，合計特殊出生率が低下して年少人口数と比率の両者が激減し，それに加えて長寿化により高齢者比率が増加し，高齢者総数も増大するが，総人口が減少し始める「三位一体の人口変動社会」を指す私が創った専門用語であり，並行して単身世帯と小家族化が顕著になる［金子，2014b；2016b］。その社会では，居住する近隣よりも職場中心にソーシャルキャピタルが構築されやすく，結果的に高齢化が進んでも近隣関係は希薄化したままで推移しており，地域でのソーシャルキャピタルが量質ともに衰退し，生活協力や共同防衛機能も低下する。

　反面，高齢化率は2000年の介護保険導入時点に比べて4％ほど高くなっていて，2016年9月現在で27.3％にまで上がってきた。実数としては3461万人を超えており，そのうち「要支援・要介護認定」率が18％台にまで上昇してきて，数年前までの「85・15」ではなく「80・20」に近づいている。このような人口動態を無視したサステナビリティ計画は現代日本ではありえない。

　さらに，増加する高齢単身世帯と小家族化に関しては，隣人や遠方の家族や知人との交流が簡単になるような多様な住居形式，並びに都心の住居の高密度化を都市計画的な対応原則にするしかない。同時に，弱くなってきた近隣関係の親密性を回復させる居住地の徒歩15分圏内の各種施設，たとえば商店街，内科小児科などの診療所，小・中学校，公民館・コミュニティ・センター，バス停・鉄道駅，交番，郵便局，ガソリンスタンドなどの統合と分散にもより一層配慮した都市高齢化計画を具体化することになる［金子，2011；2016a］。これらが「少子化する高齢社会」における「都市生活基準」であり，「自治体の政策公準」として活用できるユニバーサルな計画原則と考えられる。

　都市における「安心・安全の公平社会」づくりには，その具体的方針の中心にユニバーサル思想とその空間化があるので，これまでの経験に依拠して表序-4を作成した。

　「安心・安全の公平社会」では通説とは違って，環境に優しくするには，むしろ人にきびしくせざるをえない。俗にいう「人に優しい，環境に優しい」は

表序-4　都市における「安心・安全の公平社会」づくりの原則

個人とコミュニティ分野	ユニバーサル基準の目的	ユニバーサル基準の結果
価値意識	老若男女共生 世代（ジェネレーション） 男女（ジェンダー）	安心できる医療保険，介護保険 安全確実な年金 世代間，世代内の公平性の確保
行動様式	老若男女共生 都市と町村共生	行政参加の機会の確保 職業機会 社会参加の機会
建築構造	一戸建てと集合住宅 民間住宅と公営住宅 安心，安全，自由，簡単 連続，交流，快適の各理念	近隣との交流関係 孤立と孤独の問題の回避
コミュニティ	社会的共通資本の確保 親交と経験の交流 自治と運動の基盤 生活協力と共同防衛	道路，交通，公園，義務教育， 内科小児科診療所，郵便局， 金融機関，商店街 年中行事，行政伝達 奉仕活動参加，有限責任型運動 防犯，防火，防災

実際には困難であるからである。また，社会的公平性は個人的自由を抑制するので，この関係にも注意が肝要である。そして，安心・安全で公平なコミュニティを維持するコストはかなり高いので，ユニバーサルなレベルでの負担が必要になる。生活協力と共同防衛が弱まる現代都市の近隣でも，地震，台風，集中豪雨，暴風雪などの災害に備えて，個人それぞれが参加して近隣全体で組織化された問題解決力（community viability）を涵養しておきたい。

　居住する住宅とコミュニティ関係の考察の手がかりには，日本都市社会学でも優れた知見が得られている。「自家のみならず，付近一帯が自家の延長として親しまれ」［奥井，1940：611］るようなコミュニティが想定されている。あるいは「何にもせよわれわれは，外を住居の一部分のごとく考えて，育ってきた国民」［柳田，1976：106］も有益である。その意味で地域研究でも国産の古典の精読は不可欠である。

　もちろん，ジェイコブズによる都市の多様性と選択の広い範囲を支える都市の要件は外せない［ジェイコブズ，1961＝2010：174］。

① 地区は2つ以上の複合機能をもつことが望ましい
② 街区は短く，街路は曲がる機会が頻繁なほうがよい
③ 古い建物を混在させて，新しい建物との経済収益を異なるようにする
④ 高密度化は多様性と選択の機会を提供するから，高密度な居住を前提とする

そして，「この4つすべての組み合わせが都市の多様性を生み出す」[同上：175]とジェイコブズはのべるのである。

　私化に象徴される個人の自由もまた，ここにいわれる都市の多様性と整合する。人間の一生は学ぶ，働く，遊ぶ，付き合う，憩うなどの繰り返しだから，個人のライフステージに応じた行動に対応する施設や機関の適度な集積が社会システム側の課題になる。あれもこれもは不可能であるから，そこでの現実的基準はコミュニティ・ミニマムの具体化になるしかないであろう。

　注
(1) 計画とは，未来に向けて理念を構想し，目標を定め，投入できる社会資源を選択し，事業を実行する主体について詳細なところまで事前に決定し，それを達成する一連の過程である。ここでいう未来とは1年後，10年後，30年後を問わない。実行する主体に特定の目標を達成しようという意図があれば，そこには個人レベルでも社会レベルでもそれを方向づける価値軸が必ず存在する。
(2) 価値には特定の主義（イデオロギー）や信念や思想や理想として一括できる内容，さらには望ましさ，快適性，有用性，有効性など操作可能な諸概念が含まれ，テーマに応じてこれらが判断基準に使われる。たとえば人間関係では「有用性」が判断基準として機能し，自然環境への適応になると「快適性」が用いられる。時には「快適性」と「有効性」とが重なった価値軸として活用されることもある。ただし，自由と平等のように，対抗的相補性が鮮明な価値軸もあり，複合させる場合にはそれなりの困難も生じる。かつてこれを「トックビル問題」として私は論じたことがある [金子，2001：105-107]。
(3) ただしそれがイデオロギーである場合も散見される。
(4) 柳田國男は「郷土生活の研究法」で研究における「目的の散漫」「末梢の偏執」「無駄の重複」を戒めているが，これは実証性を重んじる今日の現代社会学でも絶えず考慮しておきたい価値判断軸である。柳田 [1935＝1990] を参照。
(5) もちろん，暮らしやすさが平等性と整合するかは別問題である。たとえば過度の平等性を強調すると，階層的にみて暮らしやすさが強くなる人々とともに，暮らしにくくな

る人々も生まれてくる。その事例として一般消費税率が上がる場合では、原則として全員が同じ消費税率を受け入れるという意味では平等であるが、そこには階層格差が歴然と生まれる。そのため高階層にはあまり影響はないであろうが、低階層では不平等感が強く、暮らしにくくなる。なお、ソーシャルキャピタルに寄せられたあいまいさ批判への応答として、稲葉ほか[2014]がある。この作業はコミュニティでもサステナビリティでも同じように試みたい。
(6)　多くの場合、サステナビリティ概念が使われる際には広い意味での生態系の問題が必ず含まれている。もっとも、生態系問題は必然的に経済システムや政治システムや文化システムにも直結するので、結果的にサステナビリティ問題は社会システム全体に目配りして論じることになる。
(7)　2015年12月12日に合意された「コップ21」の「パリ協定」では、2100年に向けた世界全体の気温上昇目標を2度よりかなり低く抑え、1.5度未満に向けて努力する、その削減目標のために各国の国内対策を義務づける、先進国は途上国に対して2025年より前に1000億ドルを下限とした支援を行う義務をもつ、途上国でも自主的な支援金の拠出が奨励されるなどが合意された。しかし最終的には、「それぞれの国情と能力に合わせて」二酸化炭素削減目標の達成のために、各種の国内対策をすることが認められるとした。つまり目標達成ができなくとも何ら罰則はないものになった。
(8)　同じく「資本」(capital)概念を拡張し応用した社会関係資本(social capital)や社会的共通資本(social common capital)でも、個人によってあるいは地域によってその水準が等しいことはありえない。
(9)　石狩湾の洋上風力発電が抱えるアセスメント問題に関しては、金子[2013：211-216]で整理している。福島湾沖、五島列島沖でも同種の洋上風力発電施設が建設ないしは構想されているが、このような問題点の指摘は非常に少ない。また、日本での「自然再生エネルギー」論者には、風力発電でも太陽光発電でも自然破壊を伴い、数種類の病因にさえなるという点への目配りがきわめて乏しいという特徴がみられる。
(10)　これについては、「北海道新聞」(2013年11月と12月)での私と二酸化炭素地球温暖化論者の江守正多との「意見交換」(論争レベルではない)を参照してほしい。社会的ジレンマを基礎とした私からの簡単な質問に江守は正対しなかった。文献は第3章。
(11)　コンパクトな徒歩圏内の地域づくりの重要性は、都市の「持続可能性」という表現はないにしてもジェイコブズ[1961＝2010]にすでに鮮明である。
(12)　これはもちろん生態系だけの問題に止まらない。たとえば、少子社会における児童虐待の増加趨勢をそのまま「持続」させることに国民的合意が得られるとは思われない。
(13)　勢力論については高田[2003]を参照。
(14)　これら三部門間でも異質な価値軸が予想される。既述した全体社会システムレベルの二酸化炭素規制の地球温暖化論と、公的部門私的部門にまたがる東北地方の災害復興工事に伴う二酸化炭素容認とのジレンマは環境部門における代表例の一つでもある。
(15)　広義の社会全体の福祉計画は、エンゲルスの時代からかなり遅れながら労働者の最低限の生命再生産と生存を目論む方針の中から誕生した。たとえば学術的に最も早い時期

に 'diagnosis' を用いた作品はリッチモンド［1917＝2012］であるが，それはエンゲルス時代から60年も経過している。
⒃　現代日本におけるこれに関連したユニバーサルな価値判断基準は，日本国憲法の第25条「健康で文化的な最低限度の生活を営む権利を有する」に準拠した価値判断でも構わないし，自治体独自のシビル・ミニマムに基づく判断でもいいであろう。
⒄　日本の高度成長期の「光と影」については金子［2009］で触れたことがある。
⒅　シビル・ミニマムの思想が速やかに具体化した背景には，大都市の公害と都市問題という負の連鎖による被害の増大に加えて，日本や日本人が直面する課題に取り組めない当時の社会科学への反省があったと考えられる。いつまでもマルクス主義文献の訓詁学では仕方がないとして，この動向を担ったのは1930年代生まれを中心とした40歳代の新進気鋭の社会科学者と工学者であった。旧来の「価値判断排除」を超えた地点での特定の「価値判断」が科学の世界に大量に持ち込まれたが，これも大正世代から昭和ヒトケタ世代への交代の成果であろう。
⒆　そしてシビル・ミニマムはコミュニティ・ミニマムに連結する［鈴木・山口・金子，1975］。
⒇　宇沢の功績は社会的共通資本論に尽きるものではないが，宇沢が使用するこの概念の変遷の激しさは一つの特徴になっている。これはシビル・ミニマム論を提起した松下とは対照的であった。
㉑　詳しくは盛山［2006］を参照のこと。
㉒　中久郎は「共同」を分解して，「共」と「同」に分けて論じようとした［中，1999：596］。これについては本書の第3章で詳しく論じている。
㉓　フランクランによれば，16世紀のパリでは「便所がないこと，下水道の悪臭，街路の不潔さ，貧困とその諸結果，身体を清潔にするというもっとも初歩的な習慣の欠如」［フランクラン，1890＝2007：68］が普通であったと記されている。また施療院でさえも，「相変わらず伝染病が蔓延しており，病人たちが詰め込まれていて互いにペストや死を与えあっている」［同上：214］状態にあった。このような記述からすると，中世近世の「清貧の思想」がいかに観念的なレベルであったからよくわかる。なお，19世紀のロンドンでも，「病気は……感染した空気を呼吸することが原因とされていた。この感染した空気は，土壌と飲料水を汚染する浸透から生じ，そこからむかつくような臭気が生じる」［ドロール＆ワルテール，2001＝2007：248］と書かれている。
㉔　ソーシャルキャピタルの万能性批判については，その研究者の間からすでに弁明書が出されている［稲葉ほか，2014］。
㉕　異なる社会システムを比較する場合は，最低でも社会システムの規模をある程度揃えるという発想が必要である。たとえば，国際的な年少人口比率の比較には，国連加盟国のうち総人口が4000万人以上で行うことがある。それは現在のところ世界で30カ国あるが，日本の年少人口率12.7％はその中で最低である。
㉖　似たような基準に 'barrier free' があるが，ここではそれよりも広義の 'universal' を使っている。

(27) 奥井復太郎，鈴木栄太郎，磯村英一の日本都市社会学第一世代については金子［2009］を参照。なお，鈴木栄太郎の所説については大谷ほか［2015］が参考になる。

参考文献

赤祖父俊一，2008，『正しく知る地球温暖化』誠文堂新光社．
Ashton, T. S., 1948, *The Industrial Revolution, 1760-1830*, Home University Library（＝1973，中川敬一郎訳『産業革命』岩波書店）．
Delort, R. & Walter, F., 2001, *Histoire de l'environnement européen*, Presses Universitaires de France（＝2007，桃木暁子・門脇仁訳『環境の歴史』みすず書房）．
Engels, F., 1845＝1887, *The Condition of Working Class in England*（＝1971，全集刊行委員会訳『イギリスにおける労働者階級の状態（１）（２）』大月書店）．
Franklin, A., 1890, *L'hygiène: état des rues-égouts-voiries-fosses d'aisances-épidémies-cimentières*（＝2007，髙橋清德訳『排出する都市　パリ』悠書館）．
藤田弘夫編，2010，『東アジアにおける公共性の変容』慶應義塾大学出版会．
Harrington, L. M. B., 2012, "Sustainability Science", in I, Spellerberg, D. S. Fogel, S. E. Fredericks, L. M. B. Harrington, (eds.), *Encyclopedia of Sustainability Vol. 6 Measurement, Indicator, and Research Methods for Sustainability*, Berkshire Publishing Group LLC：337-340．
稲葉陽二，2014，「ソーシャル・キャピタルをめぐる議論」稲葉ほか『ソーシャル・キャピタル「きずな」の科学とは何か』ミネルヴァ書房：1-25．
磯村英一，1976，『都市学』良書普及会．
Jacobs, J, 1961, *The Death and Life of Great American Cities*, The Random House Publishing Group（＝2010，山形浩生訳『アメリカ大都市の死と生』鹿島出版会）．
金子勇，2001，「男女共同参画社会から『子育て共同参画社会』へ」金子勇編『高齢化と少子社会』ミネルヴァ書房：104-132．
金子勇，2009，『社会分析』ミネルヴァ書房．
金子勇，2011，『コミュニティの創造的探求』新曜社．
金子勇，2012，『環境問題の知識社会学』ミネルヴァ書房．
金子勇，2013，『「時代診断」の社会学』ミネルヴァ書房．
金子勇，2014a，『「成熟社会」を解読する』ミネルヴァ書房．
金子勇，2014b，『日本のアクティブエイジング』北海道大学出版会．
金子勇，2016a，『「地方創生と消滅」の社会学』ミネルヴァ書房．
金子勇，2016b，『日本の子育て共同参画社会』ミネルヴァ書房．
松下圭一，1971，『シビル・ミニマムの思想』東京大学出版会．
中久郎，1999，『社会学原論』世界思想社．
大谷信介・山下祐介・笹森秀雄，2015，『グローバル化時代の日本都市理論』ミネルヴァ書房．
奥井復太郎，1940，『現代大都市論』有斐閣．

Richmond, M., 1917＝2012, *Social Diagnosis*, General Books, LLC.
盛山和夫，2006,「理論社会学としての公共社会学にむけて」『社会学評論』vol. 57, No. 1 日本社会学会：92-108.
Sutton, P. W., 2007, *The Environment: A Sociological Introduction*, Polity Press.
鈴木広，1986,『都市化の研究』恒星社厚生閣．
鈴木広・山口弘光・金子勇，1975,「社会指標の新しい考え方──社会状態の一般式を求めて」『九州大学産業労働研究所報』66号：1-13.
高田保馬，2003,『勢力論』ミネルヴァ書房．
立原繁，2015a,「郵政事業におけるユニバーサルサービスコストをめぐる一考察」(前編)『JP総研 Research』30号　JP総合研究所：38-45).
立原繁，2015b,「郵政事業におけるユニバーサルサービスコストをめぐる一考察」(中編)『JP総研 Research』31号　JP総合研究所：36-41).
立原繁，2015c,「郵政事業におけるユニバーサルサービスコストをめぐる一考察」(後編)『JP総研 Research』32号　JP総合研究所：46-51).
Weber, M., 1904, *Die »Objektivität« Sozial Wissenchaftlicher und Sozialpolitisher Erkenntnis*（＝1998, 富永祐治・立野保馬訳・折原浩補訳『社会科学と社会政策にかかわる認識の「客観性」』岩波書店).
Wheeler, S. M., 2013, *Planning for Sustainability (2nd)-Creating, livable, equitable, and ecological communities*, Routledge.
柳田國男，1976,『明治大正史世相篇』(上) 講談社．
柳田國男，1935＝1990,『柳田國男全集　28』筑摩書房．

第1部
公共性理論と計画の評価

第1章　第二の近代における公共性と正義

友枝　敏雄

1．20世紀社会から21世紀社会へ

第一の近代から第二の近代へ

　20世紀社会から21世紀社会への変化を，社会学の立場から的確に表現したものとして「第一の近代から第二の近代へ」という言葉がある。「第二の近代 (second modernity)」という言葉を提示したのは，U. ベックである。

　ベックは，『危険社会』[1986＝1998] において，第二次世界大戦後の先進産業社会の変化を，「単純な近代化から再帰的近代化へ」という歴史的認識のもとに総括している。単純な近代化とは，全体社会が近代化していくことであり，表1-1に示すように，社会の各領域で，産業化，民主化，合理化・世俗化，個人化が進展していくことである。単純な近代化を典型的に提示した著作として，誰もがすぐ思いつくのが，ロストウの『経済成長の諸段階』[Rostow, 1960＝1961] である。この著書においてロストウは，地球上のすべての国民社会は，経済成長によって「ゆたかな社会」になり，大衆消費社会が実現するというきわめて楽観的な将来予測をしている。

　これに対して再帰的近代化とは，単純な近代化がある程度実現された社会において，生起する社会変動のことである。ベックは，「再帰的近代化とは，通常の自立した近代化の結果が，また，政治と経済の秩序に一切影響を及ぼさずに，内密に，無計画に進行する工業社会の変動こそが，工業社会の諸前提と輪

表1-1　社会の4つの領域と近代化の趨勢

4つの領域	作動メカニズム	活動の担い手もしくはアリーナ	趨　勢
経　済	資本主義	企業 家計 市場	産業化
政　治	民主主義	市民 アソシエーション 国家（国民国家）	民主化
文　化	啓蒙主義 実証主義	研究機関 学校（公教育）	合理化 世俗化
人と人との つながり	個人主義 自由主義	個人の自由な意思にもとづく人間関係 契約 ゲゼルシャフト	個人化

郭を解体し，もう一つの別のモダニティへの途を切り拓くモダニティの《徹底化》と考えることができる。」[Beck, U., Giddens, A. & Lash, S, 1994＝1997：12-13] と述べている。このベックの文章を敷衍して，より抽象的に表現するならば，再帰的近代化とは，近代化によって生み出された帰結を社会内に取り込み，変化の方向性を修正していくような自己言及的・自己循環的な近代化のことである。

　ベックにとって，第二の近代とは再帰的近代化が進行する時代のことであるから，単純な近代化の時代は，第一の近代ということになる。

　それでは，第一の近代と第二の近代との違いは何か。この点について，『危険社会』において，ベックが述べていることを簡明に記すならば，つぎのようになる。単純な近代化の時代（第一の近代）では，前近代よりも個人の自由ははるかに増大したが，家族，職業，地域，国民国家が人びとにとってセイフティーネットとなり，リスクを増大させないようになっていた。しかるに第二の近代では，グローバル化の進展に伴う国家の脆弱化，個人化の進行に伴う家族の崩壊などによって，人びとのリスクは増大している。

　第一の近代が経済成長によって（生産された）「富を分配する社会」であったのに対して，第二の近代は（認知された）「リスクを分配する社会」になったのである [Beck, 1986＝1998：第1章]。

第一の近代と第二の近代が以上のように理解されるとすれば，第一の近代から第二の近代への移行をもたらしたものは何か。そのようなものとして考えられるのが，マクロレベルでのグローバル化という趨勢とミクロレベルでの個人化という趨勢である。グローバル化とは，よく言われるように，社会変動が近代社会の準拠点である国民国家を超えて生起することであり，地球規模での社会の変化のことである。個人化とは，近代社会の中核的原理である個人主義が徹底化することである。言うまでもなく，個人化が個人主義の徹底化のみを意味するのであれば，わざわざ個人化という言葉を持ち出す必要はない。個人化の進行が，社会を変化させ，社会のあり方そのものを問い直しているからこそ，個人化という現象が注目されるのである。ただしグローバル化と個人化については，別な機会に論じた［友枝，2012］ので，ここでは，基本的な定義の紹介にとどめておく。

第一の近代と第二の近代との分水嶺

　第一の近代と第二の近代との分水嶺として考えられるのは，やはりあの1989年の「ベルリンの壁の崩壊」に象徴的に示された冷戦構造の終焉である。冷戦構造の終焉が意味するものを極端な形で表現するならば，資本主義のひとり勝ちであり，社会イメージとしての社会主義社会の消滅である。

　将来社会をデザインすることを学問的使命とする社会学にとって，資本主義の対抗軸もしくはオールタナティブがないことは致命的である。なぜなら，資本主義社会が抱えるさまざまな問題を指摘することができたとしても，いかなる方向へと社会を作り上げていくのかということが，きわめて困難になるからである。

　グローバル化の進行によって，近代以降，社会を考える際の一つの準拠点だった国民社会は，20世紀後半以降，準拠点たり得なくなっている［友枝，1993：101-120］。その結果，いかなる範域にあるものを社会として想定するのかという難問が登場してきている。

　「社会」イメージの再構想および「社会」の範域の再設定という二つの難問

の登場によって，社会学は問い直されているのである。もはや古びた言葉となってしまったが，今まさに社会学の脱構築が求められている。これらの難問を前にすると，私たちは呻吟し撤退したくなるものである。あるいは判断中止したくなるものだ。しかしたとえ無謀と思われても，誰かが果敢な挑戦をすべきであろう。その失敗が，新しい学問の可能性を切り拓くのであれば，なおさらである。

　ともあれ，以上述べてきたことから明らかになったのは，ベックの慧眼の通り，21世紀という時代が第二の近代の位相にあることである。そこで第二の近代において，社会学を問い直す作業として，社会学のメインテーマの一つである社会秩序の構想に焦点をあてることにする。その際，公共性と正義に注目して，考えることにしたい。

　違った表現をするならば，第二の近代における社会秩序構想の試みを通して，社会学の可能性を発見することにしたい。

2．市民社会と公共性

市民および公共性

　市民および市民社会という概念を用いて社会学的考察を行なう場合に重要なのは，市民および市民社会が西欧および社会科学においてどのように理解されてきたかをおさえておくことである。

　西欧において，市民は近代社会の理想の担い手として捉えられるとともに，市民社会は近代の理想の姿として語られてきた。つまり理想の市民によって担われる社会こそが，近代の理想の社会であると考えられていたのである。[1]

　と同時に市民および市民社会という概念は，理念型であり，現実を分析するためのいわば道具であった。なぜなら，現実社会の人びとが，市民という概念からどの程度の偏差を有しているのか，さらに現実社会が，市民社会という概念からどの程度はずれているのかを明らかにすることによって，現実を把握することが可能になるからである。この点を理解しておかないと，市民という概

念は「〇〇市民」と同義になってしまい，現実社会の解像度を著しく減少させてしまうのである。

市民および市民社会をどのように捉えるか

市民および市民社会が，これまでどのように捉えられてきたかを瞥見しておこう。

まず，市民には，つぎの二つの意味がある。一つは，ヨーロッパ中世の村落共同体の構成員と対比された「都市の住民として市民」という意味である。もう一つは，封建的な身分関係とは異なる「近代的な人間関係の体現者として市民」という意味である。これら「都市の住民としての市民」と「近代的な人間関係の体現者としての市民」とは，現実には重なりあっていた。いずれも西欧の歴史から抽出されたものであるが，ここで注意しておくべきことは，つぎの二点である。第一に，西欧では都市が村落共同体とはまったく異なるものとして発生したことであり，第二に，この〈村落共同体－都市〉という二項対立が，〈前近代－近代〉という二項対立へと一般化されたことである。西欧近代の歴史は，市民という理想化された人間像を，都市において実現することをめざしたものであったということもできる。

つぎに，市民社会を捉える視点には，歴史的視点と理論的視点とがある。歴史的視点とは，近代西欧の歴史にもとづいて市民社会を概念化しようとする視点である。

周知の通り，市民革命の歴史はイギリスとフランスを発祥とする。イギリス史では，1642～49年のピューリタン革命を経て1688年の名誉革命へと至る過程が，市民革命と称されている。またフランス史では，1789年のバスティーユ監獄襲撃に象徴されるフランス革命が市民革命として知られていることは，あまりにも有名である。このような歴史的事実をふまえて，市民とはいかなる人びとを指すのか，そもそも市民階級は存在するのかといった問いが，人文・社会科学において研究されていった。

これに対して，理論的視点とは，西欧近代の歴史的事実とは少し距離をとっ

て，社会空間を捉えるモデルのなかに市民社会を位置づけ，市民社会を社会事象を説明するための有効な概念にしていこうとする視点である。

理論的視点からの市民社会研究は，これまで〈共同体と市民社会〉という文脈と，〈国家と市民社会〉という二つの文脈においてなされてきた。

二つの文脈——共同体と市民社会，国家と市民社会

まず〈共同体と市民社会〉の文脈では，市民社会は共同体の対立概念として概念化されてきた。つまり前近代社会を共同体として概念化し，近代社会を市民社会として概念化した上で，近代社会の生成を「共同体から市民社会へ」という発展段階図式で捉えるものである。このような市民社会の概念化の思想的基盤になったのが，自然法，自然権にもとづく社会理解の代表的思想家として，ホッブズ，ロックをあげることができる。

経済学の祖というべきアダム・スミスは，市民社会を商業社会として捉え，市民社会はそれ以前の社会とは異なる文明化された社会であり，生産諸力の著しく上昇した社会であるとした［高島，1974］。

「共同体から市民社会へ」という発展段階図式は，マルクスにも見られる。彼の有名な発展段階図式においては，資本主義社会は封建社会のつぎの段階であると同時に，共同体の段階を脱した市民社会の段階でもあった。

つぎに〈国家と市民社会〉の文脈について，考えてみよう。これは西欧の市民革命において，近代国家と市民社会とがほぼ同時期に成立したという歴史的事実によって生み出された。ホッブズ，ロックに代表される英米系の社会思想では，国家は社会契約によって人為的につくりだされたものに過ぎないから，現在の国家が市民の自然権を保障し得なくなったならば，現在の国家にかわって新しい国家を構築できるとされた。つまり市民社会が近代を支える普遍的基盤であるのに対して，国家は市民の生存と福祉（代表的なものはベンサムの「最大多数の最大幸福」）を実現するために設けられた一つの装置に過ぎないとされる。「夜警国家」「小さな政府」という言葉に象徴的に示されているように，英米系の社会思想では，国家はあくまで社会のさまざまな機能の一つを担うに

第1章 第二の近代における公共性と正義

過ぎず，市民社会の一部を編成するものと考えられている。

これに対して，国家を市民社会に優位するものとして捉えているのが，ヘーゲルである。ヘーゲルは『法の哲学』［1821＝1967］において，市民社会を，家族→市民社会→国家という発展段階のなかに位置づける。彼にとって市民社会とは，アトム化した個人が利害動機にもとづいて行動する「欲望の体系」にほかならず，家族と国家との中間段階として位置づけられるものであった。市民社会は国家によって止揚されるべきものであった。

それではヘーゲル思想の影響を受けたマルクスにおいて，市民社会はどのように位置づけられているのであろうか。すでに述べたように，マルクスは，資本主義の成立とともにそれまでの共同体は市民社会になると考えていた。彼は，ヘーゲルのように市民社会にネガティブな面のみを見るのではなくて，ポジティブな面も見出していく。ネガティブな面としてマルクスが注目したのが，私有財産制と国家であるのに対して，ポジティブな面として注目したのが，資本主義的生産様式の出現による生産力の飛躍的な上昇であった。マルクスは，市民社会のネガティブな面を消去し，ポジティブな面を開花させる理想社会として，社会主義社会を構想する［Marx, 1844-1846＝1974］。

以上から明らかなように，ヘーゲルにおいては，市民社会は克服さるべきものであったが，マルクスにおいては逆に国家こそ，市民社会をゆがめる元凶であるから，市民社会によって克服さるべきものとされた。またマルクスが理想社会として描いた社会主義社会では，共同体的側面が復活するから，社会主義社会は共同体的市民社会として理解されていたと考えられる［平田清明，1969］。

英米系の社会思想と比較すると，ヘーゲルの国家の捉え方がきわめて異質であることが明瞭になる。この異質性は，市民革命を経験しておらず，ヘーゲルの時代にはまだ国民国家としてのドイツの統一[2]がなされていなかったという歴史的事実によってもたらされたものだと考えられる。

21世紀初頭の現在において考えるならば，市民社会は，英米系の社会思想に支配的である，国家を社会の一つの機能を担う装置もしくは制度とみなす多元的国家論に依拠して位置づけられるべきであろう。

第1部　公共性理論と計画の評価

〈私的領域－公的領域〉と市民社会

　私的領域と公的領域との区別とは，たとえば前近代社会では，生産の機能も，教育の機能もともに家族によって担われていたのであるが，近代社会では，生産の機能は家族から分離した企業（工場）によって担われるようになり，教育の機能も同様に家族から分離した学校＝公教育制度によって担われるようになり，私的領域と公的領域が明瞭に異なるものとして成立するようになることである。

　私的領域と公的領域との区別は，近代西欧における個人主義の成立によっても促進される。たとえば19世紀ヴィクトリア朝期イギリスにおけるロマンティックラブの誕生は，恋愛という私的関係が婚姻の重要な契機となり，私的領域の中核的集団として家族が位置づけられるようになったことを示すものであった。

　私的領域と公的領域の区別を出発点として，市民社会および近代社会の重要な担い手を図示すると図1-1のようになる。

　図1-1に示されているように，経済の領域の中核に位置するのが企業・市場であり，政治の領域の中核に位置するのが国家であり，文化の領域の中核に位置するのが研究機関・学校である。そしてこれら三つの領域と連関する形で存

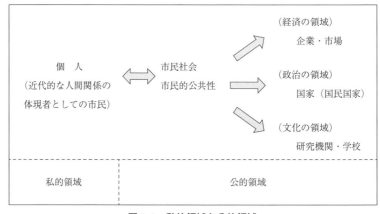

図1-1　私的領域と公的領域

在するのが，市民社会である。そしてこの図1-1では，市民社会は公共性を体現するものとして位置づけられていることをおさえておこう。

公共性の三類型

　佐藤慶幸［2003］によれば，公共性には，共同体的公共性，公的公共性，市民的公共性の三類型がある。第一に，共同体的公共性とは，「利益団体としての中間集団が主張する」公共性のことであり，労働組合，医師会，農業団体の活動や，家族および地域社会にもとづいて主張される家族愛，地域の絆などがこれにあたる。ここで注目されるのは，共同体的公共性には，ゲマインシャフトとしての中間集団のみならず，ゲゼルシャフトとしての中間集団もまた含まれていることである。第二に，公的公共性とは，「多数派によって制定された法律によって，国家の政策が官僚機構をとおして遂行されるプロセス全体」［佐藤，2003：7］のことである。このプロセス全体を通して生み出される公的性格を帯びたものもまた，公的公共性と呼ぶことができよう。第三に，市民的公共性とは，私的個人のボランタリスティックな行為によって生み出される公共性のことである。具体的な形態として佐藤［2003：8］は，NPO，NGO，そして原発運動，環境保護運動，人権擁護運動などのさまざまな社会運動をあげている。佐藤が指摘していることを敷衍するならば，市民的公共性は，公的公共性から完全に独立ではないし，共同体的公共性と重なり合う部分もある。しかし，公的公共性さらには共同体的公共性に対抗するものとして，市民的公共性は位置づけられるであろう。

　図1-1に示しているように，市民社会の領域は，企業・市場とも，国家（国民国家）とも，研究機関・学校とも異なっている。したがって市民社会における公共性の内実は，市民的公共性を中心にして考えられるべきであろう。実際，ウェーバーの官僚制研究を出発点にしながら，アソシエーションおよびその具体的形態としての生活クラブ生協の研究を行なった佐藤は，市民的公共性を重視し，それが日本社会において開花することに多大な期待を寄せているのである。

21世紀における公共性

これまでの議論から、21世紀における公共性は、市民的公共性を中心として考えなければならないことが明らかになった。しかしながら、「公共性とは○○である。」とポジティブに定義することは至難の業である。そこで21世紀における公共性の特質として、つぎの三点を指摘しておく。[3]

① market（市場原理）に対立するものである。
② national なもの（「国家」「国境」）に対立するものである。
③ individual, individualization（個人、個人化）に対抗するものである。

まず第一に、市場原理に対立するものであるとは、市場原理や競争原理ではおおいつくすことのできない社会空間に生きる人びと、具体的には障がい、難民等の不条理な苦痛を背負わされた人びとの生存を可能にするような原理のことである。第二に、national なもの（「国家」「国境」）に対立するものであるとは、国民国家を超えた社会空間、すなわち国籍の有無に関係なく人びとが共生できる社会空間を構想する原理のことである。第三に、individual, individualization（個人、個人化）に対抗するものであるとは、近代において称揚される価値である個人の尊厳を前提にしながらも、他者を思いやり（他者への配慮）、他者との関係性を重視する相互扶助的な原理のことである。

21世紀における公共性の特質が、以上のようなものであるとするならば、図1-1に示しているように市民社会が、企業・市場、国家（国民国家）、研究機関・学校と連関しながら、それなりの場（＝社会空間）を確保していくことの重要性は、一層高まっていると言ってよい。

公共性を考えることを通して、公共性から社会秩序の構想へと至る道筋をある程度示すことができた。そこで次節では、正義から社会秩序の構想へと至る道筋について考えていくことにしよう。

3．市民社会と正義

21世紀社会と価値相対主義

すでに述べたように，第一の近代から第二の近代への移行をもたらしたものとして，マクロレベルにおけるグローバル化という趨勢と，ミクロレベルにおける個人化という趨勢を指摘した。

社会学のメインテーマである秩序問題を考える際に，重要になるのが，グローバル化および個人化という趨勢のもとでもたらされる価値相対主義および文化相対主義の問題である。

言うまでもないことだが，現代世界では，価値相対主義および文化相対主義は美徳とされている。なぜなら，価値相対主義および文化相対主義は，人びとの多様な価値観および差異を認めるものだからである。価値相対主義および文化相対主義は，SMAPが歌ってヒットした「世界にひとつだけの花を」にある，「ナンバーワンにならなくてもいい，もともと特別なオンリーワン」という歌詞に象徴的に表現されている。

多様性（diversity）を認め，一人一人の生きざま（ライフスタイル）を尊重することは，21世紀における共生社会を形作る上でのぞましいことである。しかしながら価値相対主義および文化相対主義が招来する陥穽についても自覚的であるべきであろう。他者を尊重する，自分と他者との差異を承認することは，たしかにのぞましいことであり，他者への寛容という価値自体，称揚されるべきである。ただし他者への寛容が成立するには，つぎの二つの条件が必要なのではないだろうか。その条件とは，第一に，他者を理解できるということであり，第二に，社会関係が成立しているということである。なぜなら，理解できない他者と社会関係を形成することは不可能であるし，社会関係が成立していなければ，社会に秩序を生成することは不可能だからである。

もちろん他者への寛容が，個人の行為の自由を最大限尊重するという近代独自の究極的価値（ultimate value）につながっていることはいうまでもない。自

由という近代的な価値を高く評価することは当然であるし、それは、社会を構想する際の大前提でもある。

しかしここで、あまりに極端な例かもしれないが、「個人の行為の自由」もしくは「多様な価値の尊重」の例として、「他者を殺す自由」や「薬物を飲む自由」を考えておくことにしよう。これらの自由もしくは価値の多様性を承認してしまったらどうなるのであろうか。答えは、火を見るよりも明らかである。社会秩序が成立しなくなることはほぼ間違いない。「万人の万人に対する戦い」が発生するのは必至である。

かくて人間同士の絆を成立させ、社会秩序を生成する一つのモメント（契機）として、正義という概念が浮かび上がってくるのである。そこで、社会秩序を考察する基礎として、ロールズの正義論に注目することにしよう。

ロールズの正義論——第一原理と第二原理

ロールズの正義論について、限られた紙幅でその全貌を取り上げることは不可能である。したがってここでは、ロールズの正義論の中核にある正義の二原理と、正義の二原理の導出過程に焦点をあてる。導出過程において重要な概念となるのは、原初状態、無知のヴェール、反照的均衡である。

ロールズは、『正義論』第11節［Rawls, 1971＝2010］で、「原初状態で合意されると思われる〈正義の二原理〉」を暫定的な形で提示している。

第一原理　各人は、平等な基本的諸自由の最も広範な制度的枠組みに対する対等な権利を保持すべきである。ただし最も広範な枠組みといっても他の人びとの諸自由の同様な制度的枠組みと両立可能なものでなければならない。

第二原理　社会的・経済的不平等は、次の二条件を充たすように編成されなければならない——(a)そうした不平等が各人の利益になると無理なく予期しうること、かつ(b)全員に開かれている地位や職務に付帯すること。
［Rawls, 1971＝2010：84］

第1章　第二の近代における公共性と正義

表1-2　正義の二原理に関する4つの解釈（4つの選択肢）

	「各人の利益」	
「平等に開かれている」	効率性原理	格差原理
才能に開かれたキャリア （職業選択）としての平等	自然本性的自由の体系	自然本性的な貴族制
公正な機会均等としての平等	リベラルな平等	デモクラティックな平等

　このなかで特に，第二原理の「各人の利益」と「全員に開かれている」という言葉が多義的であるとして，それを明瞭にするため，第12節で説明を試みている。表1-2にあるように，「各人の利益」と「全員に平等に開かれている」のそれぞれについて，二通りの解釈を示している。

　「各人の利益」については，効率性原理（パレート最適）と格差原理という二つの可能性があるとする。どちらの原理を採用するのかという大問題は残るのだが，効率性原理（パレート最適）と格差原理という説明はそれなりに説得的である。

　そして，「全員に平等に開かれている」についても，「才能に開かれたキャリアとしての平等」と「公正な機会均等としての平等」という，二つの可能性があるとする。「才能に開かれたキャリアとしての平等」と「公正な機会均等としての平等」という言葉のみからロールズの言わんとすることを理解するには，かなりの困難が伴う。しかし，多くのロールズ研究者が指摘するように，「才能に開かれたキャリアとしての平等」とは，機会の平等を保障しないで行なわれる，自然発生的な競争原理の作動のことである。違った表現で説明するならば，スタートラインをそろえないままで行なわれる競争のことである。このことを教育達成を例として考えてみよう。親の出身階層が高く，よりよい社会的資源(4)（主として経済的資源と文化的資源）を有している子どもは，容易に教育達成が可能になるのに対して，貧困で学校に通学することすらできない子どもは，教育達成ができないような状況がこれにあたる。

　これに対して，「公正な機会均等としての平等」とは，機会の平等が保障された上で競争原理が作動することである。つまりスタートラインをそろえた上

で行なわれる競争のことである．具体的に，教育達成で考えるならば，貧困な家庭の子どもに就学機会を与え，教育達成を可能にすることである．たしかに現実社会では，親の経済状況を完全に等しくできないことは事実であるが，就学機会の平等化によって，貧しい家庭の子どもが学歴を獲得し，それによって地位達成が可能になるような状況のことである．

　表1-2に示された，四つの選択肢のなかで，ロールズが焦点化しているのは，自然本性的な自由の体系，リベラルな平等，デモクラティックな平等の三つである．自然本性的な貴族制は，そもそも平等な制度とは言えないので問題にならない．

　自然本性的な自由の体系を，社会学の言葉で表現するならば，たしかに自由は保障されているのであるが，社会階層論でいうところの属性主義的な原理（門閥，血縁，性別，人種，宗教）で社会的資源が分配されている社会ということになる．

　これに対して，リベラルな平等とは，業績主義的な原理で社会的資源が分配されている社会ということになる．[5]

　近代産業社会は業績主義を称揚する社会であるから，リベラルな平等はのぞましいものであるということもできる．しかしロールズは，リベラルな平等の問題点も指摘する．

　　たとえ〈リベラルな〉構想が社会的な偶発性の影響力を取り除く上で申し
　　分なく機能したところで，その構想は富や所得の分配を能力や才能の生来の
　　分布が決定することを依然として容認してしまう．[Rawls, 1971 = 2010：100]

　ここでいう社会的な偶発性とは，門閥，血縁，性別などの属性主義的な要因のことである．ロールズが言っていることは，つぎのように解釈できるであろう．属性主義的な要因を取り除いた場合，もし本人の能力や才能が，生得的なものではなくて獲得的なものであるならば，つまり人間としてこの世に生を受けて以来，本人の成長の過程で学習し獲得したものであるならば，何も問題は

ないであろう。しかし能力や才能が生得的なもの（能力や才能の生来の分布）であるならば，それによって社会に著しい不平等が生じるのは，よくないのではないかということである。だとすると，社会において社会的資源を獲得できない人びとに，社会的資源を与え，格差を是正しようとするデモクラティックな平等がもっとものぞましいとして，ロールズはつぎのように述べている。

　　全員を等しく道徳的人格として扱い，かつ社会的な運／不運や生来のめぐり合わせの運／不運によって社会的協働の便益と負担を不当に割り当てることのない，二原理の解釈を探り当てようとする，四つの選択肢の中で〈デモクラティックな〉解釈が最善であることがわかる。[Rawls, 1971 = 2010：102]

一つの思考実験──原初状態，無知のヴェール，反照的均衡
　原初状態で暫定的に定義された正義の二原理が本当に成立するかどうかということが，一つの思考実験によって説明することを，ロールズは試みている。その際，使用される重要な概念が，無知のヴェールと反照的均衡である。
　まず原初状態とは，「社会契約説における自然状態に対応するもの」であり，「ひとつの正義にたどり着くべく特徴づけられた純粋な仮説的な状況」である［Rawls, 1971 = 2010：18］。盛山［2006］の指摘する通り，原初状態とは，「何が公正な規範的原理かについて人々が合意に達することができるような架空の社会的場面」である。
　原初状態は無知のヴェールにおおわれている。無知のヴェールとは，「誰も社会における自分の境遇，階級上の地位や社会的身分について知らないばかりでなく，もって生まれた資産や能力，知性，体力その他の分配・分布においてどれほどの運・不運をこうむっているかについても知ってないというもの」のことであり，「さらに，契約当事者たちは各人の善の構想やおのおの特有の心理的な性向も知らない」ことである。無知のヴェールにおおわれていると，「諸原理を選択するにあたって，自然本性的な偶然性や社会状況による偶発性の違いが結果的にある人を有利にしたり不利にしたりすること」もなくなるの

である［Rawls, 1971 = 2010：18］。こうした原初状態のもとで，道徳的人格を有する個人が合理的に思考すると，正義の二原理に到達するのである。合理的思考において用いられるのが，マキシミン・ルールである。[6]

　反照的均衡とは，「原初状態で選択される諸原理が〈正義に関する私たちのしっかりした（熟考された）確信〉と合致するかどうか，あるいはそれらの確信を無理なく拡張したものであるかどうかを調べる」［Rawls, 1971 = 2010：28］ことである。反照的均衡に関するロールズの説明はきわめて難解であるが，あえて誤解を恐れずに表現するならば，正義に関する諸原理と，我々が現実社会との関係において生み出された確信（もしくは判断）との対応関係のプロセスを捉えたものが，反照的均衡だということである。

　反照的均衡のプロセスを経て，最終的にはつぎの二つの原理が提出される。

　　第一原理　各人は，平等な基本的諸自由の最も広範な全システムに対する対等な権利を保持すべきである。ただし最も広範な全システムといってもすべての人の自由の同様な体系と両立可能なものでなければならない。

　　第二原理　社会的・経済的不平等は，次の二条件を充たすように編成されなければならない。
　　　(a)そうした不平等が貯蓄原理と首尾一貫しつつ，最も不遇な人びとの最大の便益に資するように。
　　　(b)公正な機会均等の諸条件のもとで，全員に開かれている職務と地位に付帯するように。［Rawls, 1971 = 2010：403］

ロールズの正義論の批判的検討

　正義の二原理が，無知のヴェール，マキシミン・ルール，反照的均衡などの概念を用いて，うまく導出されているのかどうかということについては，これまでのロールズ研究において，さまざまな検討が試みられているので，ここでは論じない。[7]ただ『正義論』でロールズが試みた膨大な研究の特色を，①『正

義論』を構想した意図，②正義の原理の階層性，③ロールズの人間観・社会観の3点について，整理しておく。

① 『正義論』を構想した意図　ロールズ研究者の間で，一つの議論になっているのは，ロールズが正義を導出する過程が基礎づけ主義（foundationalism）にあたるかどうかということである。基礎づけ主義とは，「それ自体で正当化された命題（基礎命題）から推論規則によって他の命題を導き出すことで導出された方の命題も正当化されるという考え方である」[伊勢田, 2012：4]。盛山 [2006：145] は，「基礎づけ主義というのは，「疑いえない確実な真理」というものがあって，それを究極的な根拠や出発点にすることによって理論を構成していくことができるはずだ，という方法上の態度を意味している」と述べている。盛山は，ロールズの論理の丁寧なフォローをした上で，「いうまでもなく，ロールズの『正義論』の原初状態のモデルも「正しい規範」を導き出すための「公正な基盤」をなすものだ。少なくとも，そのように理解された。」[盛山, 2006：314] として，ロールズの正義論は基礎づけ主義だとしている。

これに対して，伊勢田はロールズの反照的均衡が，必ずしも基礎づけ主義にあたらないのではないかという問いを提出する。そしてロールズは，反照的均衡について，非常に多様な考え方（答え方）を示しており，少なくとも古典的な基礎づけ主義ではないし，調和主義（coherentism）でもないとしている。調和主義とは，「ある命題の体系が全体として調和していることをもって，その体系に個々の命題は正当化されるという考え方」である [伊勢田, 2012：5]。

これらの議論で参考になるのは，やはり伊勢田が指摘している，ロールズの正義論が古典的な基礎づけ主義ではないということである。21世紀の現在ほどではないにしても，第二次世界大戦後，価値相対主義および文化相対主義が擡頭するなかで，ロールズは正義の考察という壮大な研究に挑んだのである。価値相対主義および文化相対主義のもとでは，アプリオリに道徳的人間を設定した上で，正義（や善）を論じることは不可能である。したがって正義（や善）を措定した上で，正義を可能にする社会制度を構想することもまた不可能であ

る。かくて価値や規範の内実を問うことを可能な限り避けた上で，正義を実現する方策として，ロールズは正義の二原理を提出したのではないだろうか。だとすれば，ひとまず，ロールズの議論は「古典的な基礎づけ主義」ではないと考えることも，それなりに「腑に落ちる」ロールズ解釈だといえよう[8]。

　ただし，ロールズには捨てきれない，最後の一線ともいうべき「守るべき」価値があったことも事実である。それが価値としての自由主義であり，格差を是正することの正当性であった。

　政治哲学的思考になれていない人びとが，正義の二原理を読むと，つぎのような素朴な感想を抱く可能性は大いにある。正義の二原理が，T. H. マーシャル［Marshall, 1950＝1993］が展開した市民権（citizenship）概念の三類型と類似しているという感想である。

　マーシャルは，市民権が，自由権，参政権，社会権の順に歴史的に展開してきたとしている。これはロールズが第一原理で，自由権を主張し，第二原理で，公正な機会均等原理および格差原理を提唱したことに，ほぼ対応しているのである。もちろんロールズの方が，マーシャルに比べて抽象度の高い議論をしているのであるが，両者が似通っていることは注目に値する[9]。

② 正義の原理の階層性　　一つの解釈として，ロールズの正義の二原理と社会的基本財（primary goods）との関係が，塩野谷［2004］によって提示されている。塩野谷によれば，社会的基本財は階層性をなしており，以下のような対応関係にあるという。

　この表1-3から明らかなようにロールズの論理を単純化すると，マズローの欲求の階層構造のように，社会的基本財は，下層にあるものから上層にあるものへと，より優先される財から順番に実現されなければならないと考えることができるのである。

　ここで注目されるのは，塩野谷も指摘しているように，社会的基本財として自尊の社会的基礎が考えられていることであり，しかもこの自尊の社会的基礎が第二原理のb（格差原理）と対応していることである。過剰な解釈になるかもしれないが，ロールズにとって，格差原理こそが人間が人間らしく生きるた

表 1-3　正義の二原理と社会的基本財

	経済的財（所得・富）
	社会的財（地位・権能）
第二原理のb（格差原理）	自尊の社会的基礎
第二原理のa（機会均等原理）	公正な機会均等
第一原理	基本的諸自由

（出典）　塩野谷［2004］の図1より作成。

③ **ロールズの人間観・社会観**　原初状態を設定して、正義の二原理を導出するという思考実験は、やはり一つの思考実験として興味深い。原初状態において無知のヴェールにおおわれているという想定も、いわゆる自然科学の実験における常套手段である変数のコントロールという方法であるから、それなりに評価すべきである。

　しかしここで気になるのが、原初状態において意思決定する主体が、合理的な意思決定をできるという前提をおいているからある面では仕方ないとしても、相互に自律した主体として設定されていることである。つまり原初状態において想定されているのが、対等な（対称的な）主体相互の関係であることである。

　そもそも西欧近代において、〈個人〉が発見され、自律した個人を前提として社会制度が立ち上げられていったことは、近代社会の制度が個人主義にもとづいて構成されていることを示しており、その歴史的意義は高く評価さるべきである。しかし意思決定できる自律した個人というのは、あくまでフィクションであって、現実社会にはそのような主体は完全な形で存在することはほとんどないであろう。もちろん理論的説明に用いられるモデルもしくは理念型は単純化されたものであるから、現実に存在する必要はない。モデルないし理念型は、現実の中核的な部分を切り取ったものとして存在すればよいと考えられている。

　しかし現実社会には、親子関係（母－子関係）、健常な人と障がいを持つ人、認知症等で意思決定できない人と意思決定できる人といった具合に、非対称な関係があまりに多いのではないだろうか。ロールズの言葉をあえて誤解して用

いるならば，社会的な偶発性（貧困・飢餓）によって，他者の意思決定に従わざるを得ない人たちもいるのだ。

今まで述べてきたロールズの人間観に対する批判は，ロールズの正義論に対する全面批判でないことは，言を俟たない。ただ「近代的な，あまりに近代的な」ロールズの正義論の展開の仕方には，違和感を感じてしまう。この違和感を払拭するための一つの方策としてあるのが，「ケアする－ケアされる」関係から正義を考えることである。ケアを必要とする人びとあるいは依存せざるを得ない人びとに焦点化して考えること，違った言葉で表現するならば，「圧倒的な非対称」を前提にして考えることにこそ，新しい正義の可能性があるように思われる。

4．正義から公共性へ

圧倒的な非対称から出発する正義論

ロールズが格差原理を提唱したことは，その後の社会においてアファーマティブ・アクション（積極的格差是正措置）の遂行ということで実現していった。ロールズの提唱する格差原理は，機会の平等原理がもつ難点を克服するという意味で画期的なものであった。

しかるに，ロールズが『正義論』を刊行した1971年から40年以上経過し，グローバル化が進行する世界社会においては，圧倒的な非対称が，以前よりも顕在化しているのではないだろうか。すでに述べたように，冷戦構造の崩壊の帰結として発生した社会主義への幻滅と資本主義のひとり勝ちが跋扈する現在では，圧倒的な非対称を容認する雰囲気さえある。

このような時代状況を考えると，圧倒的な非対称を直視しつつ，それを克服するための正義の構想が要請されているように思われる。それではどうすればよいだろうか。この点については，筆者はこれまで論じてきたことであるが［友枝，2012］，あらためて考えてみることにしよう。端的に表現するならば，圧倒的な非対称の関係もしくはケアされる関係から正義を構想することに，新

しい正義および公共性の端緒があるのではないだろうか。

「不条理な苦痛」あるいは受苦圏

圧倒的な非対称の関係もしくはケアされる関係とは，前述したように，具体的には，親と子の関係，健常な人と障がいを持つ人との関係，極度の貧困にある人と普通の人との関係，重度の疾病をかかえている人と健康な人，難民として他国へ移住せざるをなくなった人とそうでない人との関係などと，枚挙に暇がない。これらの事例で注目しておかねばならないのは，親と子の関係以外は，当該行為者にとって，一生（かなりの長期間）継続するような非対称な関係であるということである。ちなみに親と子の関係における非対称性は，子どもが成長し自立することによって，対等な（対称的な）関係になるのである。

圧倒的な非対称な関係のなかで従属させられている人びとあるいはケアされる人びととは，「不条理な苦痛」を強いられている人びとであり，受苦圏に生きる人びとということもできる。

ここでいう受苦圏とは，元来環境社会学における公害研究から生み出された言葉である。公害の発生によって被害を強いられている地理的空間および人びとのことである［舩橋晴俊，2010］。

ここでは受苦圏の具体的事例を取り上げることはしないが，受苦圏を克服するものとして正義は構想されねばならないのである。

「不条理な苦痛」とは市井三郎［1971］の言葉であり，この「不条理な苦痛」と同義なものとして受苦圏という言葉があると考えておいてよいであろう。

髙坂健次［2007］は，市井の言う「不条理な苦痛」を減ずるということを，「幸福の加算から不幸の減算へ」と捉え直して，発展的に展開することを試みている。

要するに，不条理な苦痛を減ずる，幸福の加算から不幸の減算へ，受苦圏の克服ということが，正義を構想する際のアルファでもあり，オメガでもあるのだ。そしてこのような内実をもつ正義と関連する形で，公共性を考察することが肝要であろう。すでに公共性の特質として，①market（市場原理）に対立

するものである，② national なもの（「国家」「国境」）に対立するものである，③ individual, individualization（個人，個人化）に対抗するものであるという三点を指摘した。これらの特質が顕現するような形で，社会秩序の構想は試みられるべきであろう。

正義の捉え方をめぐって──残された課題

本章では，ロールズの人間観・社会観を批判した上で，正義および公共性を考察する端緒が，圧倒的な非対称もしくはケアされる関係にあるとした。たしかに圧倒的な非対称もしくはケアされる関係に注目することは，それなりに意義のあることである。しかしその結果として，取り上げられる「不条理な苦痛」もしくは受苦圏というものが，ロールズが格差原理によって俎上に載せたものとどの程度違っているのか，という疑問が出てくるのは，必至である。この点については，稿をあらためて論ずることにするが，一点記しておく。すでに指摘したように，ここで取り上げた圧倒的な非対称とは，当該行為者にとって，一生（長期間）継続するような関係性であり，この点で，ロールズが格差原理で想定していたものとは，本来的に質が異なるものとして考えていることである。

正義および公共性にもとづく社会秩序の構想は，社会学者の見果てぬ夢であるかもしれない。本章で論じたことは，正義および公共性を考える上でのプレリュードであるというのが正確であろう。しかしこのようなプレリュードがあってこそ，将来社会をデザインするという社会学本来の使命が活性化するのではないだろうか。

注
(1) 日本の社会科学における市民および市民社会の理解のされ方もほぼこれに近いものであった。すなわち社会変革の駆動力として，市民および市民社会が位置づけられていた。
(2) ドイツ帝国は，1871年に成立する。
(3) これについては，すでに友枝［2012］で論じている。
(4) 社会的資源とは，経済学における財（goods）の概念を一般化したものであり，個人

行為者および社会の活動に，さまざまなかたちで使用されるものの総称．富永健一 [1986] は，社会的資源を次のように分類している．

社会的資源の分類		
	手段的（手段として）	完結的（報酬として）
物的資源	資本財	消費財
関係的資源	勢力・権力	威信
文化的資源	手段としての知識・教養	尊重の対象としての知識・教養

(5) 属性主義（ascription）とは，本人の努力によって変更することが困難な属性によって地位が与えられることである．たとえば門閥，血縁，性別，人種，宗教によって地位が与えられることがこれである．これに対して，業績主義（achievement）とは，個人の能力・実績によって地位が与えられることであり，実力主義といわれるものである．

(6) マキシミン・ルールとは，ゲーム理論においてプレイヤーが選択する戦略の一つであり，相手の出方によって決まる利得のうち最悪のものを考え，そうした最悪の利得の中で最もましな利得を得るような選択肢を採用する戦略のことである［盛山，2006：76-80］．

(7) サンデル［Sandel, 1982 = 2009］，ノージック［Nozik, 1974 = 1995］らによるロールズ批判は，あまりにも有名である．この点については，すでに多くのロールズ研究書で取り上げられているし，本稿の目的は，公共性の基礎に正義を位置づける作業の一環として，ロールズの正義論を参照することにあるので，上記の批判については取り上げないことにする．

(8) この点について，塩野谷［2004：39］は，「ロールズの正義論は基礎主義に基づくのではなく，広義の「内省的均衡」としての整合主義に基づく．」と述べている．ここでいう基礎主義は本稿でいうところの基礎づけ主義であり，内省的均衡が反照的均衡であり，整合主義が調和主義であることはいうまでもない．

(9) この点については，つとに川本［1997］，中正［2013］によって，第一原理，公正な機会均等原理，格差原理が，フランス革命の政治的理念であった自由，平等，博愛（友愛）に対応していると指摘されている．

参考文献

Beck, U., 1986, *Risikogesellschaft*, Suhrkamp（東廉・伊藤美登里訳，1998,『危険社会』法政大学出版局）．

Beck, U. & Grande, E., 2010, "Varieties of Second Modernity: the Cosmopolitan Turn in Social and Political Theory and Research," *British Journal of Sociology*, 61(3): 409-443.

Beck, U., Giddens, A. & Lash, S., 1994, *Reflexive Modernization*, Polity Press（松尾精文・小幡正敏・叶堂隆三訳，1997,『再帰的近代化』而立書房）．

舩橋晴俊，2010,「受苦圏」日本社会学会社会学事典刊行委員会編『社会学事典』丸善出版：751-752.

Hegel, G. W. F., 1821, Grundlinien der Philosophie des Rechts, *Werke in zwanzig Bänden*, Bd. 7, Suhrkamp, 1970（藤野渉・赤沢正敏訳，1967，『世界の名著35　法の哲学』中央公論社）.
平田清明，1969，『市民社会と社会主義』岩波書店.
市井三郎，1971，『歴史の進歩とは何か』岩波新書.
伊勢田哲治，2012，『倫理学的に考える——倫理学の可能性をさぐる十の論考』勁草書房.
川本隆史，1997，『現代思想の冒険者たち23　ロールズ』講談社.
髙坂健次，2007，「21世紀社会と人類の幸福」友枝敏雄・山田真茂留編『Do！ソシオロジー』有斐閣：241-256.
Marshall, T. H., 1950, *Citizenship and Social Class*, Pluto Press（岩崎信彦・中村健吾訳，1993，『市民権と社会階級』法律文化社）.
Marx, K., 1844-1846, *Die Deutche Ideologie*（廣松渉訳，1974，『ドイツ・イデオロギー』河出書房新社）.
仲正昌樹，2013，『いまこそロールズに学べ——「正義」とは何か』春秋社.
Nozik, R., 1974, *Anarchy*, State and Utopia, Basic Books（嶋津格訳，1995，『アナーキー・国家・ユートピア』木鐸社）.
Rawls, J., 1971, *A Theory of Justice*, Harvard University Press（川本隆史他訳，2010，『正義論』紀伊國屋書店）.
Rostow, W. W., 1960, *The Stage of Economic Growth: A Non-Communist Manifesto*, Cambridge University Press（木村健康・久保まち子・村上泰亮訳，1961，『経済成長の諸段階』ダイヤモンド社）.
佐藤慶幸，2003，「公共性の構造転換とアソシエーション革命」佐藤慶幸他編『市民社会と批判的公共性』文真堂：3-25.
Sandel, M. J., 1982, *Liberalisim and the Limits of Justice, 2nd Edition*, Cambridge University Press（菊池理夫訳，2009，『リベラリズムと正義の限界』勁草書房）.
盛山和夫，2006，『リベラリズムとは何か——ロールズと正義の論理』勁草書房.
塩野谷祐一，2004，「ロールズの正義論と福祉国家」塩野谷祐一・鈴村興太郎・後藤玲子編『福祉の公共哲学』東京大学出版会.
高島善哉，1974，『アダム・スミスの市民社会体系』岩波書店.
富永健一，1986，『社会学原理』岩波書店.
友枝敏雄，1993，「社会システムの変動」厚東洋輔・今田高俊・友枝敏雄編『社会理論の新領域』東京大学出版会：101-120.
友枝敏雄，2012，「社会理論の基礎としての公共性と正義」牟田和恵・平沢安政・石田慎一郎編『競合するジャスティス』大阪大学出版会：289-310.

> コラム　隣接領域との対話：社会工学
> ## 集合行為ジレンマと市民的公共性
>
> 坂野達郎

リベラリズム vs. リパブリカニズム

　憲法13条では，個人の幸福追求権と公共の福祉の関係について，「生命，自由及び幸福追求に対する国民の権利については，公共の福祉に反しない限り，立法その他の国政の上で，最大の尊重を必要とする」と規定している。ここでは，個人の自由な選択が，公共の福祉に反する状況が想定されており，その際には，個人の自由な行動は，制限されるべきだと規定されている。しかし，個人の自由な行動が公共の福祉に反する状況とは，そもそもどのような状況なのだろうか。

　経済学の厚生定理は，市場メカニズムがうまく機能していれば，私益を追及する行動がパレート最適な社会厚生を達成することを論理的な帰結として導き出せることを示している。しかし，空気や国防のように，その便益を排除的に享受できない財貨や，環境汚染のように経済行為が外部性を伴う場合には，市場メカニズムを通じた自由な交換ではパレート最適な社会厚生を達成できない。パレート最適な社会厚生を達成するためには，私益を追及する行動を制限する必要が生じる。言い換えると，個人の自由な行動を制限することで，自由な行動を容認した時よりも全ての個人がより多くの私益を得ることになるので，このような状況においては，私益の追及を目的とする個人であってもその個人の自由な行動を制限することの正当性を自ずと認めるはずである。

　私益と公益の関係をどのように考えるかによって，政治思想は大きく二つの系譜に分けることができる。社会とは，個々の利益あるいは幸福を追求する個人からなっており，個人の利益を超える社会全体の利益のようなものは存在しないとするリベラリズムの立場と，社会とは個々人の行動には分解しきれない

相互依存的な関係から成り立っており，社会には個々人の利益の単なる集合には還元しきれない公共善（public good）が存在する，もしくは集合的な意思として形成されうるとするリパブリカンの立場である。上述した経済学の公共性の論理は，リベラリズムの立場に立った，憲法13条の解釈とみなすことができる。

　この経済学的な公共性の論理を，ゲーム理論の記述枠組みを使って，より一般化した形で定式化したものが，社会的ジレンマあるいは集合行為ジレンマとよばれる問題状況である。社会生活において我々が得ている効用は，多くの場合，自分の行動だけではなく他者の行動にも依存している。同様に，自分の行動は，そのことを意図しているかどうかにかかわりなく，他者の効用に影響を与える。社会の多様な相互依存関係の中には，個人がそれぞれの利得を高めようとした結果，パレート最適な社会厚生が達成できない状況があることが分かっている。個人がそれぞれの利得を高める行動を個人合理的な行動とよび，パレート基準に基づいて社会厚生を高める行動を社会的に合理的な行動とよぶと，個人合理性と社会的合理性が一致しないので，こういった状況は社会的ジレンマ，または，集合行為ジレンマとよばれている。

公共財ゲーム実験

　集合行為ジレンマの一つに，公共財ゲームがある。例えば，初期資産1万円をすべての人が持っている社会を考える。各人が保有する資産から，拠出金を募り，集まった拠出金を投資する。投資から得られる総利得は，拠出金の総額の2倍とする。この2倍の総利得を，拠出額に関係なく全員で均等配分する。公園や道路などの公共財は，その使用は誰に対しても開かれている非排除的な財なので，一銭も拠出しない人も便益を受けることができる。こう言った状況を，このゲームでは総利得を均等配分するという形で表現している。すべての人が個人合理的に行動すると，社会の成員が3人以上の時，このゲームは全員が拠出額0円で均衡する。自分が拠出したお金が2倍になっても，3人以上で分配することになるので，拠出金より少ない便益しか得られない。したがって，

他者の拠出額にかかわらず，常に拠出しないことが得になるからである。他者が拠出してくれれば，その分だけ配当額が増えるので，拠出をしない人は，他者の拠出にフリーライドできることになる。そこで全員がフリーライドすると，拠出総額はゼロなので，初期資産1万円が各自の手元に残ることになる。もし，全員が1万円投資したとしたらどうなるだろうか。2倍になった拠出総額を均等配分することになるので，各自2万円を得ることができる。ところが，先に説明したように，全員が1万円拠出してくれる状況であっても，自分一人がフリーライドすることは誰にとっても得になるので，この状態は社会的に不安定であることがわかる。反対に，全員が拠出しないことは社会的に安定な状態ではあるけれども，全員が拠出すれば得られる便益を享受できないという意味で，社会的には望ましい状況とはいえない。受信料を払わずにNHKを視聴する，空気の汚染費用を払わずに自動車に乗る，消失することが分かっているにもかかわらず熱帯雨林の消失を止めることができないなど，集合行為ジレンマによって特徴づけられる問題は，枚挙にいとまがない。公共性のことをラテン語では，res（公共的な）publica（モノ），その英訳がcommon wealthと言われているが，生態系にせよ国家そのものであるにせよ，いずれも集合行為ジレンマ的な相互依存関係を生み出すシステムと考えるとわかりやすいように思う。

　集合行為ジレンマ問題を解決するためには，個人の自由な行動に何らかの形で制限を加えることが必要になる。このことが，公的権力にもとづき，規制を行ったり，税を強制的に徴収し公共財を供給したりすることの正当性の根拠となっている。しかし，集合行為ジレンマ問題は，常に権力を用いなければ解決できないのだろうか。先に説明した公共財ゲームを，筆者の授業を受講する学生にこの数年やってもらっている。結果はほぼ安定していて，拠出金を出さない学生は5割程度にのぼる。一見，個人合理的に行動しているように見受けられる。実はこのゲームを行うときに，自分の拠出意思額を聞くのと同時に，他者の拠出額がいくらになるか予想してもらっている。面白いことに，自分の拠出額と他者の拠出予想額は，相関係数が0.7程度になる。平均拠出額も2000円から3000円になる。この結果は，フリーライドすることが個人合理的な状況で

あるにもかかわらず，相手の行動に依存して自分の行動を決定していることを示している。同様の結果は，東日本大震災の後に行った節電行動でも確認されている。震災後，電力需要がピークに達する夏季において，政府は節電行動を呼びかけたが，法的に節電義務があった大企業だけではなく，法的に義務のない個人消費者も節電に協力した。その際，筆者の研究室で行った東京電力管内に居住する市民に対するインターネット調査では，他者が節電行動をしていると思っている者ほど自分も節電に協力する傾向があることが確認されている。個人合理的に行動するのであれば，他者が節電行動をしていることがわかれば，安心してフリーライドするはずである。また，住民同士が自発的にまちづくり協定を締結して都市環境を守ったり，長年にわたって地域ルールにもとづき景観を維持したりすることに成功している事例は，決して少なくはない。これらは，法的な裏付けがない私人対私人の任意協定であるから，そこから離脱することは自由である。また，環境や景観は，排他的に所有できないフリーライド可能な財である。もし，全員がフリーライドすれば，長年守ってきた環境や景観は崩壊してしまう。それにもかかわらず，なぜ，こういった集合行為ジレンマ状況で，人々は必ずしもフリーライドしないのだろうか。

互酬的と市民的公共性

上記の事例は，集合行為ジレンマ状況において，多くの人は他者の行動に依存する互酬的な行動を行っていることを示している。成員の大多数が互酬的な行動をとる社会においては，権力的な統制を行わなくても，パレート最適な状態を実現できることがわかる。集合行為ジレンマ状況で，互酬的行動をとる個人のことを市民の徳（civic virtue）を備えた個人と呼び，そういった徳を民主的な社会の実現に重要な役割を果たすソーシャル・キャピタルの一つだと論じたのが R. パットナムである。民法学者の吉田克己は，国立景観訴訟を取り上げ，景観や環境は，市民的公共性の領域に属すると論じている。景観や環境から生じる利益は，人格権や財産権のように個人個人に排他的に帰属させることはできないので，公共的な性格のある利益である。つまり，人格権や財産権に

コラム　隣接領域との対話：社会工学

よって保障される私的利益でもなく，法が想定している公共の利益のどちらでもない公的利益で，市民の自発的な行為によって守りうる利益なので，これを市民的公共性と呼んでいる。彼の論旨をゲーム論的に言い直せば，公権力や法が想定していない領域においても，集合行為ジレンマは存在しうるし，そのような領域において自由は無制限に保障されるべきではない。また，そのような領域において生じる集合行為ジレンマ問題を市民の自発的な行為によって解決してきたという実態があるのであれば，これを市民的公共性と認定すべきだということになる。

計算的信頼と道徳的信頼

　市民的公共性を実現するうえで重要な問題の一つは，なぜ我々は，集合行為ジレンマ状況においてフリーライドではなく互酬的行動をとるのかという問題である。理論的には，1回限りの集合行為ジレンマゲームでは，フリーライドすることが個人合理的な行動になるが，終わりがいつ来るかわからない繰り返しの集合行為ジレンマゲームを行う場合には，①自分から先にフリーライドはしない，②相手が協力する場合に次のゲームで自分も協力し，③相手がフリーライドしたならば次のゲームでフリーライドするという三つのルールからなる条件依存戦略（しっぺ返し Tit For Tat の頭文字をとり TFT 戦略）の組み合わせが社会的に安定することがわかっている。条件依存戦略とは，相手の行動によって自分の行動を変える戦略であるので，双方が条件依存戦略をとっているときには，ルール①②は，協力行動を維持させる誘因になっているし，ルール③は，フリーライドしたら罰を与えることになるので，1回限りのゲームでは不安定であった協力行動を安定させることができる。社会心理学の実験では，無条件戦略に従う相手と対戦する場合は，その戦略が無条件にフリーライドする戦略であっても，無条件に協力する戦略であっても，協力行動は実現しないことがわかっている。自分の行動が，相手の行動に影響しないということは，協力行動を行うことで相手の協力行動を引きだす可能性がないことを意味する。その意味でコミュニケーションは成立せず，結果として協力行動を行う誘因が

働かなくなるからである。反対に，互酬的行動をとる相手に対しては，互酬的行動を行う誘因が働くし，自分が互酬的行動をとることで相手も互酬的行動をとると期待できる状況が，繰り返し集合行為ジレンマ状況である。

　このように説明すると互酬的行動は，個人合理的計算の結果であることがわかる。しかし，計算的合理性は，社会の規模が大きくなると限界がある。2人ゲームでは，相手の行動は確実に知ることができるので，相手がフリーライドした時には確実にやり返すことができる。しかし，社会の規模が大きくなるとフリーライドをした者を特定することは困難になる。匿名性が高くなると，こっそりとフリーライドする誘因が再び作用することになる。社会心理学者のPluitt & Kimmelは，集合行為ジレンマ状況で人々が協力行動をとるのは，両者同時に協力することが望ましいという目標の共有だけでは不十分で，さらに，相手が協力するとの期待が成立していなければならないと論じている。この状況では，自分が協力するかどうかは，相手が協力するはずだとの期待に依存し，相手が協力するはずだとの期待は，相手が抱いている自分に対する認識（自分は相手に協力するはずだと相手が抱いている自分に対する認識）に依存するという，再帰的な関係になっていることがわかる。このような関係は，規模の小さな社会では成立し得ても，規模が大きな社会では合理的計算の範囲を超えてしまう。計算的合理性の範囲でこの状況を乗り切るためには，国家的な制度の強制力という外生的な力に頼らざるを得ないように思われる。

　不特定の見知らぬ他者を信じることを，一般的信頼という。計算的合理性をもとにした，互酬的行動は，法制度に依存せざるを得ない。しかし，一般的信頼を，計算にもとづく信頼ではなく，道徳にもとづく信頼だと考えると，計算の限界を制度に頼ることなく乗り切れる可能性が生じる。相手が信頼できるかできないかはわからないかもしれないけれども信頼するという，知識と行為のギャップを埋めるのは，それでも信頼すべきだから信頼するという道徳や規範にもとづけば可能になる。規模の問題を法制度に頼らずに乗り越えるには，合理的計算にもとづく戦略的な互酬的行動ではなく，道徳としての互酬的行動が必要ということになる。

政治思想史的に分類するならば，合理的計算にもとづいて行動する個人はリベラリズムの系譜に，市民の徳あるいは道徳にもとづいて行動する個人はリパブリカンの系譜に属する。ゲーム論の記述枠組みに依拠した，経済学的な公共性の論理の一般化は，リベラリズムの系譜に属するものである。しかし，ゲーム論が想定している個々人の行動には分解しきれない相互依存的な関係は，もともとはリパブリカンの発想にあった政治コミュニティに近いものである。反対に，集合行為ジレンマ的な相互依存関係を想定すれば，公共善という概念を持ち出さずに計算的合理性の限界を示せることがわかる。ゲーム論的記述枠組みのおかげで，リベラリズムとリパブリカンの距離は少し近づいてように思われる。何よりも，公共性の意味がより明確になったように思われる。

参考文献

Habermas, J., 1994, "Three Normative Models of Democracy," Constellations Vol. 1 No. 1.
Komorita, S. S., & Parks, C. D., 1994, Social dilemmas, Westview Press.
Ostrom, E., 1990, *Governing the Commons: The Evolution of Institutions for Collective Action*, Cambridge Univercity Press.
ロバート・D. パットナム，河田潤一訳，2001,『哲学する民主主義——伝統と改革の市民的構造』NTT 出版.

第2章 政策評価とソーシャル・ガバナンス

三重野 卓

1. 問題設定

　公共問題に注目しつつ，政策を科学化し，合理化しようという問題意識は，特別目新しいことではない。欧米諸国においては，1960年代から学際的な試みとして政策科学への志向が強まり，わが国でも，1970年代，政策科学への研究が盛んになった。1980年代から欧米諸国においては，70年代の2度にわたるオイルショック，その後の経済の低成長化により，財政改革，行政改革が推進されるようになった。そこで民間の方法の公共分野への適用などがなされ，政策の合理化のために政策評価（policy evaluation）が関心を集めるようになった。[1]
　それは，公共活動のアウトカム（outcome，成果）を如何に把握するか，業績を把握するのか，如何に目標の達成を測定するのか，というものである。そこでは行政の成果に関するアカウンタビリティ（説明責任）を確保しようという問題意識がある。わが国ではそうした流れを受け，90年代にとりあえず，地方自治体レベルで政策評価が導入されるようになり，先行事例（三重県，静岡県，北海道，滋賀県など）に学びながら，広まっていった。そして21世紀に入り，政策評価は中央省庁レベルで制度化され（総務省『政策評価に関する標準的ガイドライン』2001年），多くの自治体で普及するようになっている。
　政策評価では主に公的組織に関わる経営学，さらに行政学，経済学などからの貢献があり，また民間のコンサルタント会社の活躍が目立った。実際，政策

評価は，優れて学際的なテーマであり，こうした時代の流れの中で推進されたが，わが国の社会学からの直接的な貢献はなかったといえる。

一方，近年，「ガバメント（government）」から「ガバナンス（governance）」へという動向が指摘され，統治，そして共治のあり方が議論されている。こうした動向は，財政難の中で，政府にのみ公共問題の責任を負わせることの限界が明らかになり，民間営利，民間非営利などの主体の協働により公共問題を解決する必要性が高まったからである。そのため各主体の指標，数量的認識に基づく対話が必要になっている［山谷編，2010：序章］。政策評価は，本来こうした点で機能すべきであるが，実際には単なる公共当局内部の管理の用具になっているといえる。

本章では，第一に，政策評価に注目しながら，数量化の歴史を遡ることから始める。そして第二に，福祉政策の概念図式，福祉政策の評価をめぐる概念図式を提出することにしたい。さらに第三に，ガバナンスと政策評価の関係について，考察することにしたい。こうした作業を通して，福祉社会学における政策評価の可能性を探求することになる。人びとの対話により公共問題の解決を図るということは，公共性へのひとつのアプローチとなろう。公共当局が肥大化するほど，人びとは単なるサービス受益主体となり受動的になる。公共当局と様々な主体のコミュニケーションこそ，公共性への糸口であるといえる。

2．指標化をめぐる状況

1970年前後の動向

振り返ると1970年前後は，どういう時代であったか。わが国ではシビル・ミニマムという考え方，思想が政治学で提案され［松下，1971］，革新自治体に広がっていった。それは生活権として，その都市で生きるための施設（都市公園や公民館，福祉施設など）やサービスについて最低限の基準を示したものであり，政策公準として機能すべきであるというものであった。また住民がその政策公準，生活権に対して異議を申し立て，充実を求めることが可能であった。

その意味から住民参加の視点が不可欠であり，人びとの公共問題への関心が前提にあった。

　その後，多くの自治体ではシビル・ミニマムが充足したとし，また革新自治体の衰退，そして73年のオイルショックを境として，その注目度は落ちていった。ただ重要な点は，シビル・ミニマムにおいては，権利に焦点があったということである。また本当のシビル・ミニマムは何かと考えると，単なる施設やサービスの充実のみではなく，危機のとき，ライフラインが確保されるという状況がその基礎にあるといえる。それは阪神淡路大震災，東日本大震災でライフラインが寸断され，市民生活が成り立たなくなったことからも理解できる。

　その一方で，1970年前後のアメリカ合衆国においては，計画（Planning），プログラム（Programming），予算（Budgeting）を体系づけるPPBSの考え方があった。その一つはプログラム体系を作成するというもので，たとえば，「社会政策およびリハビリテーション」の下位に「個人の自活能力の向上，促進」が位置づけられ，それに「身体障害者，精神障害者および社会的障害者のための職業リハビリテーション・プログラム」が対応づけられる。それは「身体障害者および精神障害者のリハビリテーション」「社会的障害者のためのリハビリテーション」に分かれる。前者は，「結核障害，腫瘍障害，精神障害など」の障害の種類に分かれる。こうしたプログラム体系の最下位はプログラムエレメントといわれ，それに具体的な実施プログラムが対応し，さらに費用が対応づけられることになる［宮川編，1969：84］。もうひとつはシステム分析，すなわち，ここではアウトプットが金銭評価可能な場合は費用便益分析，金銭評価が出来ない場合は費用効果分析を行おうというものであった。

　PPBSの方法はアメリカ合衆国の連邦政府に導入されることとなったが，国防分野や建設分野ではこうした試みは一応，成功したとはいえ，結局，挫折に終わった。一方，わが国では，当時，大蔵省（現・財務省），経済企画庁（現・内閣府）など各省庁にシステム分析室が創設され，香川県をモデルとして，プログラム体系の構築がなされたが，実際には試作の段階にとどまり導入されることなく消えていった。

その挫折には，様々な理由がある。たとえば第一に，詳細なプログラム体系を作成し，予算と対応づけるという作業は困難を伴い，データの操作化もネックとなった。第二に，国防，建設の分野は，アウトプットを金銭評価可能（例えば，公共施設の建設の波及効果を金銭換算）であり，システム分析は導入し易かったが，福祉サービスの分野は，金銭評価になじまず（最終的な効果は満足度や人数など），また福祉サービスの受益主体は様々であるため，効果の把握が困難を極めたという点がある。また第三に，こうした分析では，事前にその達成のための代替案を列挙し，費用対効果を比較し，評価しなくてはならなかったが困難を極めた。第四に，たとえ費用効果分析が可能であるとしても，それは全体の公共分野から見ると部分的最適化に過ぎないという点も指摘できる。

それに対して，60年代から欧米諸国，およびOECDなどにより世界的に「社会指標運動」（Social Indicators Movement）が盛りあがり，わが国にも社会指標が導入されるようになった。それはマクロな集計された社会統計を整備し，さらに福祉（welfare），生活水準（level of living），「生活の質」（quality of life）などを測定し，体系化しようというものであった。その場合，達成のための目標値を設定し，さらに実際の公共活動，計画で活用されることが望まれた。社会指標の構築では，社会学や経済学などの分野が貢献した点は認識すべきであろう。なお満足度（例えば，満足，やや満足，どちらともいえない，やや不満，不満，といった段階で尺度化）といった福祉，生活に関する領域への主観的な指標の開発も当時，注目を集めた。

わが国では社会指標の構築においては，経済企画庁（現内閣府），地方自治体（東京都，兵庫県など）の貢献が大きかった。それは，公害など経済成長のマイナスの側面が顕在化し，また福祉政策が立ち遅れた点による。わが国においては，1970年代に福祉に対する社会学的研究が注目され，社会指標論とともに社会計画論が議論の対象となった。また経済計画が当時機能していたが，そこに社会的要素，福祉的要素を導入しようというものであった（連立方程式体系としての計量モデルへの社会的，福祉的変数の導入）。社会指標の構築は，

一応の制度化がなされたが、オイルショック以降の経済の停滞により、沈滞化していった。しかしこうした試みは脈々と続き、「新国民生活指標」(1992年)や「幸福度指標」(2011年)へと続いていった。

その後、「ものからこころ」「ものから人々の関係性」という社会状況の動向の中で、「生活の質」についての問題意識は引き継がれた。そしてわが国においては、1990年代頃、共生社会論が注目を集めるに至る。それは、当時の本格的なグローバル化への予兆、高齢化の進展、女性の社会進出、障害者の権利問題と関わるもので、多様性、異質性を踏まえ、共に在るというものであった。そこでは、異質な人々、多様な人々の対話、コミュニケーションの視点が重要であり、共生を通した公共問題への着目が特記されよう［三重野、2010：第7章］。

アメリカ合衆国では、PPBSは挫折に終わったが、その後、公共当局により業績測定を行い、そして業績指標を構築しようという動きが顕在化した。それはたとえば、80年代のオレゴン・ベンチマーク（目標値の設定）へと結実していった。またイギリスでは、90年代、自治体監査委員会による各自治体の業績測定、その評価という動きへ続いていった[3]。

その間、アメリカ合衆国では、様々な評価研究がなされ、エバリュエーション・リサーチの方法が確立していった［Weise, 1998＝2014］。そこでは社会学の貢献がなされ、社会調査の適用がなされた。比較対象群を設けて介入する（何らかの福祉プログラムを実施するグループ、地域と実施しないグループ、地域）という実験計画法の適用が、倫理的に許容出来るかという疑問はあるが、より単純に同様な地域、集団と比較し、政策の効果を明らかにするという方法は、70年代から80年代に既に確立していたといえる。こうした方法は、プログラム評価のための方法の基礎として貢献している。

NPMと社会指標

1980年代、オイルショック以降の経済の逼迫化により、福祉国家の限界が明らかになった。実際、福祉国家（welfare state）は、幾つかのレジームに分岐

していったという議論が注目された。エスピン・アンデルセン［Esping-Andersen, 1990＝2001］による自由主義型（アメリカ，カナダ，アイルランドなど），社会民主主義型（スウェーデン，フィンランド，ノルウェー，デンマーク），保守主義型（ドイツ，フランス，オーストリアといった大陸諸国）の福祉国家は有名である。そこでは，日本の位置づけが常に問題になった（自由主義型と保守主義型のミックスか）。

　そういう中で，福祉国家の見直し，ポスト・福祉国家の議論とからめ，1990年代からニュー・パブリック・マネジメント（NPM）という動きが確立していった。新公共管理といわれている。こうした動きは，新自由主義の流れを受けた市場重視，企業の方法の適用，競争主義という点に特色があり，さらに執行部門と政策部門の分離，つまりエージェンシー化をあげることができる。また顧客満足度の重視，アウトカム（成果）志向，政策評価をあげることができる［大住，1999］。

　それでは社会指標，および当時の社会計画の流れと NPM および政策評価の特色は何か。武川正吾の議論(4)を参照しつつ，拡張すると以下の通りである。

　まず社会指標，および社会計画については，理論志向をあげることができる。そこでは効用理論，システム理論，および社会変動論をあげることができる。効用理論は，財の欲求充足機能に着目するものであり，公共サービスや公共施設において，限界効用が逓減するのか，という問題意識に基づく。ここでのシステム論の立場は，相互連関関係からなる社会システムの中心的な変数を社会指標により開発しようというものである。そして社会変動論の立場は，当時の社会的目標，社会変動を社会指標により表現しようというものである［Baur, 1966＝1971：第2章］。

　また福祉のための計画，すなわち社会計画の策定というものがある。これは地域レベルはもとより国レベルでも構想され（経済企画庁『総合社会政策を求めて』1977年），さらに計画における指標化，数量化が重要とされた。そこでは福祉や生活水準，「生活の質」に着目し，当該社会のアウトプットを測定しようという志向があった。しかし実際には，データの制約からインプット（たと

えば施設数) に過ぎない場合もあった。

　それに対して，NPM はどうであろうか。まず第一に，実践志向をあげることができる。そのために第二に，戦略計画の策定がある。これは民間の経営計画の考え方を適用している。第三に，成果 (アウトカム) 志向をあげることができる。社会指標では，アウトプットといったが，それを踏まえつつ，より上位のアウトカムの実現を志向している。さらに第四に，顧客満足度の向上を志向しつつ，効率性志向も重視するというものである。ここでは，一般的な生活満足度というより具体的な行政サービスについての満足度 [野田, 2013] が注目される。第五に，アカウンタビリティ，すなわち説明責任の確保という視点があり，数量的に国民，住民に対して行政の成果を示そうというのがそれである。それにより，人びとの議論を活発化しようというものである。

　NPM では，既に述べた通り，経営学，行政学，財政学およびシンクタンクなどが重要な役割を果たした。その戦略は実践的で，ひとつの学問を構築するというより，使えるディシプリンは活用していこうというものである。公共選択の理論やエージェンシー理論，予算との関係では発生主義会計の考え方を指摘することもできる。こうした多様性から，理論志向は曖昧化した。

　筆者は，政策評価の動きに直接，貢献することはなかったが，指標化 (社会指標)，数量化との関連で関心を持ち続けた。現在，筆者が専攻する福祉社会学は，一見盛隆を極めているようにみえるが，事例研究，質的研究，そして個別的な制度，政策の研究に終始しており，また量的な研究は弱い。政策評価，評価研究は，ほとんど注目されていない。福祉社会学における政策評価に関する研究が期待されるのである。福祉社会学は，当該社会の「望ましさ」に関する理念，規範も取り扱うため，政策的な営み，その評価に正面から取り組むべきである[5]。

3．幾つかの概念枠組み

政策分析の枠組み

　それでは，以上の検討を踏まえつつ，ここで政策分析の枠組みについて，そのひとつを提示し考察したい。政策評価は，広範な公共政策の分野に及ぶが，ここでは主に福祉政策に限定する[6]。図2-1を参照されたい。

　まず，ミクロ-マクロという社会科学的な課題がある。ミクロを集計してマクロが導きだせるかという問題である。そのひとつは合成の誤謬といわれるものである。例えば個人を豊かにする貯蓄が社会全体を貧しくするという経済学的な有名な例をあげることができる。もうひとつは，当該社会には個人を超える創発的性格があるというものである。例えば，個人を超える共同体意識，共同体的価値が存在し，それが個人に内面化すると仮定する。

　さらに個人間の相互作用のみならず個人と社会の相互作用という視点もある。具体的なケースワークの場面と支援環境は，ミクロ-マクロの関係であり，その相互作用により人々の福祉水準は向上するといえる[7]。さらに欧州ソーシャル・クオリティ財団の「社会の質」(social quality) は，個人の自己実現過程と集団的アイデンティティの過程，つまりミクロとマクロの相互作用による[8]。

　ここで個人のニーズ，社会のニーズについて考えることにしよう。ニーズ (needs) には，欲求という側面と福祉政策における必要という側面がある。ひとつは，個人のニーズ，必要を最大限重視した結果，財政が肥大化し，経済が停滞し，それゆえ人々の福祉が危うくなり，全体として貧しくなるということもあり得る。個人の「望ましさ」が必ずしも社会の「望ましさ」に通じない例である。そのため，希少な資源の配分問題が生起する。さらにこうした議論では，個人の価値と社会の価値との関係が想起される。ここに社会のニーズ（必要）にかかわる価値が個人に内面化しているか，社会のニーズは個人のニーズの単なる集計か，それ以上であるか，という問いがある。

　「生活の質」(quality of life) は，基本的には欲求としてのニーズの充足，個

第2章 政策評価とソーシャル・ガバナンス

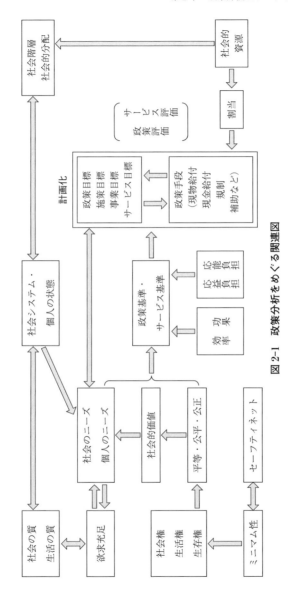

図2-1 政策分析をめぐる関連図

第1部　公共性理論と計画の評価

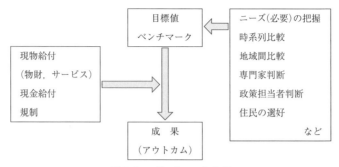

図2-2　ベンチマーク方式

人の生活に関わることである。その一方，個人の環境的側面という視点もある。具体的な環境的側面としては，財，サービスの集合があるが，社会関係資本（social capital，ソーシャル・キャピタル），社会的包摂（social inclusion，ソーシャル・インクルージョン）といった「関係性」の視点も不可欠になる。

なお近年，効用概念が拡張され，財から自由時間や人間関係的なものへと射程を広げる方向がある。幸福論はこうした効用を議論の対象としており，幸福感ないしは幸福度には，社会報告の中で取り扱う場合と，その規定要因（性別，年齢層，失業，既婚など）を詳細に分析する方向がある。

ここで目標設定，ベンチマーク方式について検討しよう（図2-2）。ベンチマークとは，もともとは比較する基準という意味であるが（例，組織間比較），政策評価では，目標値を表す場合もある。そこでは当該社会のニーズが係わってくるが，目標設定の困難性はいうまでもない。ここで，幾つかの可能性を指摘したい。

第一に，地域比較で先進地域の値を目標値とする場合がある。また時系列トレンドを延ばし，目標値とする。確かにその目標値の実現は政策のアウトカムであるが，ニーズの充足という点からはあくまでもひとつの目安となる。

第二に，そのためニーズ分析，必要分析（介護ニーズ，貧困ニーズ，保育ニーズなど）を行うことになる。その場合，専門家の判断の位置づけが重要になり，さらに果たして個人のニーズを集計して妥当な目標値が設定できるか，と

いう問いがある。また，目標値の設定では，国民，住民の価値を把握し，平等，公平，公正の考え方について検討する必要がある。

　第三に，政策担当者の判断という立場があり，実際，総合計画の目標値がそのまま政策評価の目標値になる場合も多い。意思決定の過程において，計画と評価を関連づけ，調整するということになる。

　第四に，主観的な選好，欲求という面からは，満足度と客観的指標の関連性から，満足度の高い地域の客観的な値を目標値に設定する。

　第五に，さらに行政当局と住民の協働（会議，委員会など）により，目標値を設定するという場合もある。

　いずれにせよ，当該社会のアウトカムに関連する目標値（ベンチマーク）については，その根拠を明らかにする必要があるが，現実には不十分である。

　なお既に述べたとおり，社会的価値は，広義には平等（equality），公平（equity, fairness），公正（justice）と関係してくるが，それらは論者により様々である。例えば，機会の平等，結果の平等の視点がある。また最低限の保障もある。全てのひとの同様な処遇もあるし，自由の平等な保障もある。さらに重要な点は，平等に扱われているという平等感がある。公平では，貢献に対して報いるという貢献度原則もあるし，公正では，ニーズを充足するという必要原則もある。平等，公平，公正はこのように多様であるため，文脈により如何に使用されているか明らかにする必要がある［三重野・平岡編，2005：第1章］。

　こうした社会的価値は，生活権などの権利で裏付けられる。現代的にはシビル・ミニマムの復活という視点も必要であり，権利性を付加された目標値の設定が課題になろう。さらに近年では，多様なアクセス，アクセシビリティへの権利がある。それは様々な機会，サービスにアクセスできる権利であり，セーフティネットの保障に通じる。セーフティネットとは，基本的には，これ以下には落ちないという安全網の役割を果たす。

　現在の格差，それも個人間のみならず地域間の格差の拡大，社会保障の切り下げにより，セーフティネットの再構築，ミニマム性への注目が不可欠になる。

そこでは公的扶助，社会保険のみならず，生活環境，公共サービス，とりわけ医療の視点，さらにミニマム点は設定しにくいとはいえ，社会関係資本（ソーシャル・キャピタル）の視点も必要であろう。地域での人間関係が孤独死を阻止するために機能する。

このようにこの図（図2-1）の特色は，価値，ニーズ（必要）分析に注目している点にある。実際，政策基準，サービス基準は平等，公平，公正によるが，それとともに効率（efficiency）の基準も関係する。平等などと効率はときとして，トレード・オフの関係にある。そのためにニーズに対して，政策，サービスが如何に適合的かという効果（effect）の視点が不可欠になる。また費用負担の面からは，応能負担と応益負担がある（さらに定率負担，医療の3割自己負担など）。より高次のニーズに対しては，応益負担（シルバービジネスといった市場が作用しやすい領域）が重要であるが，基礎的なニーズ（例えば，税を財源とする生活保護）に対しては応能負担となる。

ところで政策分析の枠組みの中核となるのは，目標-手段である。目標にはレベルがあり，政策目標（例，健康水準の向上），施策目標（健康増進活動の推進），事業目標（施設，相談など），さらに具体的なサービス目標（処遇，診断，治療など）がある。こうした目標は，ニーズから設定されるといえる。それに対応する政策手段としては，現物給付（サービス給付），現金給付，他の主体の規制，他の主体への補助などがある。これを実現するために社会的資源が動員される。

一般に政策では，ニーズ充足という図式が採用されるが，実際には資源の希少性に基づいて，資源を割り当てることになる（割当，rationing，ラショニング）。優先順位，緊急性などに基づくのである。そして，目標-手段としての政策が事前的に設定される場合，計画となり，またその評価が政策評価（施策評価，事業評価を含む）となる。とりわけ具体的な場面での評価がサービス評価であり，実際のサービスの割り当てもミクロな視点から重要である。そのため，ニーズの充足という単純な図式は必ずしも成り立たないといえるが，目標の達成は当該社会のアウトカムと関連づけられるのは事実である。

このように政策分析自体では，目標ないしは目的，手段の評価の視点が重要である。例えば，八王子市の例では，事業レベルで，法規から目的を設定し，それに対する現金給付，現物給付などの手段を位置づけている。またその業績を示し，さらに市の自己評価として，目的の実現度合を評価している。なおその時の重要な事業に限定し，専門家の意見も含め，評価を行っている。

　平成25年の行政評価（八王子市では行政評価と命名している）を詳細にみると，五つの都市像が示されている。福祉関係は，「一人ひとりが大切にされ共助で築くふれあいのまち」であり，基本施策として，「市民生活・コミュニティ」「地域福祉」「健康・医療」に分かれ，「地域福祉」は「子供の健全育成」「障害者支援」「高齢者支援」「社会保障」に分かれている。例えば「高齢者支援」は，「高齢者が健康で生きがいを持ち，社会参加をしやすい環境を整備し，住み慣れたまちで安心して暮らせるまちをめざします」が施策の方向を示し，評価指標は，「生きがいを感じている高齢者の割合」とし，経費も示されている。そして具体的な事業として例えば「高齢者の相談・情報機能」について目的（相談窓口の整備，介護サービス等の質の向上），手段（具体的な相談窓口，介護相談員の訪問）を示し，実績，成果を示している。八王子市の行政評価は，総合計画，予算との連携を図っている。

政策評価をめぐる関連図

　それでは政策分析と関係する政策評価は如何なるものであろうか。図2-3を参照されたい。ここで，既に述べたとおり，図では政策評価，施策評価，事業評価に分かれている。なお政策評価，施策評価，事業評価については，この全体を政策評価という場合があるし，上位の評価を政策評価という場合もある。また実際には，政策評価より行政評価という用語が使用されている場合もある。こうした考え方は，地方自治体レベルで一般化している[11]。なお政策体系における施策評価をプログラム評価と同一視する場合もあるが，英米でいう詳細なプログラム評価は，わが国では十分には確立していない[12]。

　もう一方として，政策評価のプロセスに注目した事前評価，途中評価，事後

第1部　公共性理論と計画の評価

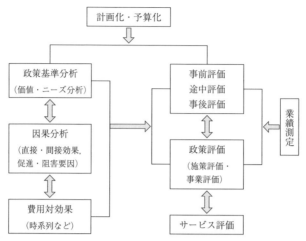

図2-3　政策評価をめぐる図式

評価という分け方もある。事前評価は，事業ないしは施策を実行する場合，事前的に評価を行うもので，その場合，費用対効果の視点がある。中央省庁レベルでは，事前評価，事後評価を事業評価と命名している。しかし福祉政策では，多くの場合，費用対効果の詳細な分析は示されず，どの程度予算を投入し，どの程度目標値が達成するか，大まかに示されているに過ぎない。途中評価は，時系列的に，目標値（ベンチマーク）に向かって，どの程度，実現しているかをモニタリングするということになる。わが国の厚生労働省では，特定のテーマ，施策，事業の効果を総合的に判断するためのものは，総合評価といわれている。総合評価は，プログラム評価に近いといわれている。

　日本の政策評価では，現状では業績測定（パフォーマンス・メジャーメント），業績指標が中心となっている。図では，業績測定（ないしは実績評価）が三つのレベルに関係しているが，とりわけ途中評価，事後評価で重要になる。

　政策評価には，費用対効果という効率の考え方があるが，既に述べたり通り，価値，ニーズ（必要）の分析に焦点を合わせ，効果がどうか，という点も課題になる。効果とはプログラムが意図したことを実現しているか，如何にニーズを充足しているか，という点に係わる。

そしてニーズを充足するための因果関係，阻害要因‐促進要因を明確にすることが必要になる。社会指標ではこうした因果関係の解明が重視されなかった点が限界になっている。社会指標の値を高めるための政策手段への配慮が不十分であったといえる。そのため，政策評価では，ロジック・モデルが注目を集めている。インプット，アウトプット，中間アウトカム，最終アウトカムに定式化し，さらにそれに影響を及ぼす要因を特定化するのである。ここでは福祉サービス一般について，汎用的な概念図（図2-4）を描くことにする。

インプットは，福祉サービスに関する予算，マンパワーの投入である。それにより実際の事業が実施され，アウトプットとして事業実施実績が位置づけられる。中間アウトカムとしては，サービスの効果があり，また実際のサービスの評価がある。そうした事業，サービスは，利用者のニーズに適うものである。こうして多様なニーズへ対応するサービス提供が望まれる。そして最終的なアウトカムとして，満足感，不安感，利用者の意識の変化といった側面，さらに状況の改善した人数の増加もある。そして平等の実現，格差の縮小といった客観的側面のみならず，平等感の増大も必要である。

こうしたプロセスに多くの要因が関係してくる。図では，中間アウトカムに住民，市民，様々な主体の協働が関係している。また広報（インターネットでの普及），社会の理解，専門職の役割も影響要因である。マンパワーの確保，予算も影響要因である。こういう要因は，促進要因であるとともに阻害要因でもある。

ここでは福祉サービス一般の概念図式を示した[15]。例えば，介護サービスについて考えると，そのサービス量，福祉専門職による相談実績があろう。そうしたサービスがニーズに適い，効果をあげ，そして評価されるといえる。生活保護の自立の助長では，相談，職業訓練の実績が課題になる。その自立が促進されれば，効果的で貧困ニーズに適うものになる。このふたつの例では，利用者の意識，また平等，公正，格差是正の実際などが位置づけられる（介護サービスでは家族の平等感も含む）。

現在，自治体レベルでは，ロジック・モデルへの多様な関心が高まっている。

第 1 部　公共性理論と計画の評価

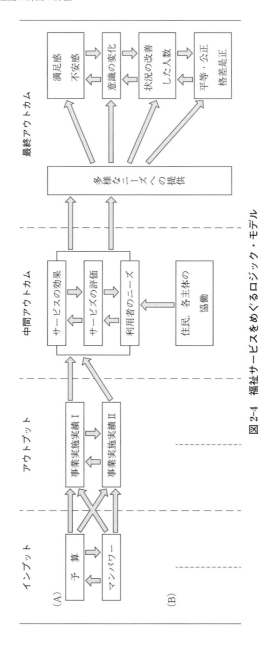

図 2-4　福祉サービスをめぐるロジック・モデル

ただその因果関係,影響要因は複雑である。実証のためには,新たな調査などが必要になる。いずれにせよ,政策,プログラムの効果,因果認識は不可欠の作業である。

4. ガバナンスと政策評価

政策評価は,NPM(ニュー・パブリック・マネジメント)の動きと関係するが,それとともにどういう方向に向かうべきか。ガバナンスへの注目である。伝統的には経営学の分野でコーポレート・ガバナンスという考え方がある。とりわけ「会社は誰のものか」という議論は有名である。実際には,社外取締役会への様々な主体の参加が検討事項になる。また政治学主導で,「ガバメント(政府)からガバナンス(共治)」といわれるようになる。福祉社会学の分野では,ガバナンスという考え方は,十分には注目されていなかった。そのため,近年,ソーシャル・ガバナンスという考え方も指摘されるようになっており[16],そこでは実体のみならず各主体の統治の機能も対象になる。

ガバナンスには,グローバル,ナショナル,ローカルのレベルがあるといわれているが,ここでは,ローカルなレベルを想定する。ひとつの図式(図2-5)を示すと,ガバナンス空間は,各主体,すなわち公共当局(中央政府,地方政府),民間営利部門,民間非営利部門(社会福祉法人,NPO法人など),利害関係者(ステークホルダー),市民,住民,家族などが相互作用を行うというものである。これらの相互作用はパートナーシップ(協働)といわれている[17]。そして社会システムがシステム自体を制御すると仮定する。ここに「社会制御」という考え方がある[18]。

そこでは,ハンディキャップ,ニーズのある人々を代弁するアドボカシーの役割もあり,民間非営利部門の活動がとりわけ,注目される。本来,パートナーシップは市民組織,市民,住民と公共当局の相互作用に使われているが,ここではその範囲を広げることにしたい。様々な主体の水平的対等,平等な関係に注目する必要がある。

第1部 公共性理論と計画の評価

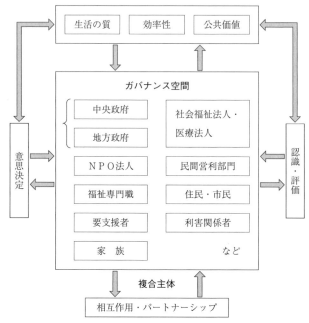

図2-5 ガバナンスをめぐる図式

　ガバナンス空間では，システムの効率性を目指すとともに，個々人の「生活の質」，広い意味の「福祉」を志向するということになる［大山，2010：第2章］。また公共価値，すなわち民主主義，参加，さらに平等・公平・公正などの創出といった点が課題になる。実際，システムの効率性と人々の「生活の質」は，トレード・オフになり易いが，補完関係になることが望ましい。そしてこうしたシステム自体が自己組織系となり，自身を変えるということにより環境に適応することになる。
　このようにガバナンス論では社会制御および自己組織系の考え方が注目され，そこでは協働，パートナーシップの考え方が不可欠になる。ここに社会システム論とガバナンス論が関連する。
　ところで図の右側をみると社会システム各主体は，環境ないしは，自らのシステムについて認識し，時には予測することになる。また良いか，悪いか，そ

れともどちらともいえないか、評価する。そのために、とりわけ評価では、平等、公平、公正などの価値基準が重要になる。しかし、実際の各主体の認識、評価、制御は錯綜し、一致、乖離のメカニズムにより作動する。どこで一致し、どこで不一致になるか、価値の多様化の中で、合意は得にくくなる。

　公共当局の評価に着目すると、内部評価ないしは自己評価とともに外部評価ないしは第三者評価があるが、こうした評価が形骸化しないためにも、他の主体との対話、そして他の主体の参加の視点が必要になる。また図が複雑化することを避けるために、評価機構は位置づけられていないが、例えば福祉サービスの第三者評価機関や、日本医療機能評価機構などがある。しかしそれらが、どれだけ社会的に認知されるかは疑問である。また家族、市民、利害関係者がどう認識、評価しているか、それに対する公共当局の調査のみならず、第三者、研究者などの調査も可能になる。ここに既に述べたガバナンス、それぞれの主体の認識、評価が重要な論点になる。

　一方、図の左側には意思決定のトレンドとしてのガバナンスがあり、それは実際の計画、政策により具体化する。そこには人々の参加、民主主義がある。こうした図式については、図2-5を参照されたい。公共問題に対する各主体の関心は、対話、参加により促進され、ガバナンス、共治がなされ、そこに公共性の確保が期待される。

　政策評価の現状は実際のところどうか。わが国においては、制度化し、そして現在、評価疲れ、制度の劣化が叫ばれている。評価シートへの書き込みに疲れ、また政策評価が公共当局の管理の道具となり、そしてその機能も十分に果たしていないといわれている。しかし政策評価は、本来、公共当局による説明責任を果たすべきものであるとしたら、一方的に情報を示すのみではなく、それは他の主体との対話のための用具として作用すべきである。対話を通した公共問題への接近、公共性の確保が必要になる。

5．政策評価の方向性

ところで，政策評価の現代的な課題，今後の方向性とは何か。そこでは行政志向か学問志向かという問いが，底流にある。ここでは，今までの議論も踏まえつつ八つの視点に限定して，検討を進めることにしたい。

第一に，政策評価における理論志向の弱さを指摘できる。社会指標，社会計画では，理論志向が強かったが（効用理論，システム理論，社会変動論），それに対して，NPM，政策評価では，使える方法は何でも使う，という傾向がある。もちろん行政志向（既存の行政，政策の体系に依拠する）は重要であるが，理論志向も再認識する必要がある。

第二に，そもそも実証との関係で理論を考えると，理論的概念，操作的定義が不可欠になる。理論的概念は，当該社会現象を把握するために意味ある概念である。社会学の領域では，社会階層，社会移動，共同性などの概念は理論的概念であり，その他に福祉との関係では，不平等，公正，適正負担，さらに安心，自由などもあり，また人間関係，健康水準などをあげることができる。

基本的には，こうした概念を操作的定義に変換し経験的対応物を考えながら，指標化，指数化することになる。例えば人間関係を表すソーシャル・キャピタルは，ネットワーク，信頼，互酬性の規範に細分化され，それに対して指標が対応づけられる（人々の付き合いの程度，信頼感，ボランティア行動率など）。そこでは概念に対して複数の指標が考えられ（＝多重指標），如何に概念を表しているかが妥当性となる。理論的位置づけは，概念，指標を重視するということに通じる。学際的なソーシャル・キャピタル（社会関係資本）研究の盛隆があった。しかしソーシャル・キャピタルの指標が政策評価，計画において制度化しなかったという事実には注意する必要がある。そのためソーシャル・インクルージョン（社会的包摂）とともにその制度化が望まれる。

実際，政策評価では行政活動に依拠する部分が多く，理論的側面は弱い。具体的な施策，その目標から指標化を行っている。もう一度，概念の位置づけを

検討する必要があろう。

　第三に，日本の政策評価は，業績測定（パフォーマン・メジャーメント）に偏っているともいわれている。欧米流のプログラム評価の伝統は弱い。ところで上位レベルの政策評価，業績測定，アウトカム志向は，福祉，生活水準，「生活の質」の測定を目指す社会指標と類似している。その意味で，時代を超えて政策評価は，社会指標研究と収斂する可能性がある。その一方で，政策志向を重視しつつ，社会報告としての社会指標ないしは，政策評価の指標体系を考える立場がある。ここに近年の幸福感研究，幸福度研究の貢献の可能性がある。欧米諸国では，幸福感の研究は盛んであるが，わが国の政府レベルでは低調である。

　第四として，上位レベルの業績測定は，それ自体，大まかな動向しか示さない，なかなか下のレベルの施策評価，事業評価と繋がらないという欠点がある。それゆえ政策評価，施策評価，事業評価の因果認識，因果関係の特定化という課題がある。一方，既に述べたロジック・モデルの考え方が近年，自治体で注目されている。豊中市，一宮市，習志野市など多様な試みをあげることができる。基本的には，お金，マンパワーとしてのインプット，実際の行政のアウトプット，中間アウトカム，最終的なアウトカムと続く因果関係，それへの影響要因を明らかにする。ロジック・モデルは，プログラム評価のひとつと考えられ，現在，普及しつつある。

　第五に，指標化自体の問題がある。指標化は，恣意的に解釈される可能性がある。実際，国レベルで，各種の経済指標（GDP，平均賃金，消費者物価指数，完全失業率，非正規雇用率など）が自らの主張を裏付けるものとしてゆがめられて使用されることも多い。

　ところで，われわれ住民，国民は，そもそも上位レベルの政策評価を認識しているか。その一方で，詳細な事業評価は，誰がみているか。役人は詳細な評価に追われるが，住民はみていない，という事実がある。しかし政策評価には単なる自治体の管理の道具ではなく，情報提供という意味があり，議論の活性化に寄与する可能性がある。そのため分かり易い政策評価，その周知徹底化が

望まれる。

　第六に，目標の優先順位（およびウェイトづけ）については，階層化意思決定法という方法があり，具体的には代替案を一対比較法で分析し，総合化し，その優先順位と予算配分を結びつけるものである［佐藤，2009：第4章］。しかしそこまで考えなくとも，価値，ニーズ，目標について，トレード・オフ，代替，補完関係などの解明は不可欠である。それらの関係を多変量解析で解明して行く地道な努力が必要である。

　第七に，それらとも関係するが，政策評価における社会調査，統計調査の適用という課題がある。社会調査としての実験計画法の適用では，実際には準実験計画法に過ぎないともいえる。また対象群を設定せず，介入の効果を時系列的に分析するということもある。実験の困難性が横たわっている。それゆえ評価研究としての社会調査についてのさらなる議論が望まれるのである。なお経済学からの貢献としては，費用効果分析，財政分析などをあげることができる。

　第八に，英米といったアングロサクソン系諸国に比べて，日本人の国民性のため自治体比較が困難であるかというと疑問もある。しかし自治体レベルの政策評価の多様化のなかで，収束ないしは，モデル化は可能か，という課題は十分に検討する意味がある。こうした可能性に研究者の貢献の余地があろう。

　政策評価は，そもそも学際的なものである。しかしそのデータは，社会調査，統計調査により得られる。福祉社会学は，単なるデータによる記述，仮説の検証のみならず，評価研究の視点から大いに寄与できる。また社会はシステム的構造をなしているため，それぞれの主体の動態の把握，システム論的な把握が望まれる。この意味から「生活の質」，福祉の達成を目指す福祉社会学の当該分野への貢献が期待される。

注
(1) 本章は，［三重野，2010］の補論「政策評価の論理と方法」の問題意識を深めたものである。政策評価の方法の詳細などについては，同補論を参照されたい。
(2) 社会指標では，例えば，健康，教育・学習・文化，雇用と勤労生活の質，余暇，所得・消費，物的環境といった社会的目標の概念を細分化し，関連樹木型の体系を構築し，

第 2 章　政策評価とソーシャル・ガバナンス

指標を対応づける．その場合，PPBS が実際の行政活動をもとに体系化するのに比較して，社会指標では福祉や生活に関する概念をもとに体系化する．例えば，旧経済企画庁の『新版　社会指標』[1979]の「雇用と勤労生活の質」は，「有利な雇用機会の入手可能性」，「勤労生活の質の向上」に分かれ，前者は，「能力適性に応じた就業機会の確保」，「就業能力の開発」などに分かれ，さらに前者は，「就業機会の増加」，「就業条件の向上」に分かれる．そして，前者の指標として失業率，新規求人倍率，有効求人倍率が位置づけられている．なお，個別指標は，単位が様々であるため，共通尺度化が必要である．ある時点を100として時系列の伸びを表すとか，標準得点（偏差値）方式により，地域間比較を行うとか，目標値との関係で達成度を表す．なお，福祉領域にウェイトをつけ，一本化した尺度により評価する方法もあるが，福祉や生活に関する現象は本来多元的である．

(3) その後のアメリカ合衆国での予算と事業を制御する GPRA 法（Government Performance Results Act），イギリスの市民憲章（目標値の設定など）については，[上山，1998：第 1 章]．

(4) 武川は，社会計画と NPM の時代について，政策思想，政府の性格，学問的背景，重視する側面，制度化に焦点を合わせ議論している．ここでは，その議論を参考にしつつ，拡張している．理論志向と実践志向，リベラリズムとニューライト，目標の重視と結果の重視などの指摘は有意義である．[武川・三重野編，2007：序章]の武川の論文を参照のこと．

(5) 『福祉社会学研究』（特集「福祉社会学のアジェンダを問う」三重野卓・平野寛弥・田渕六郎，ほか）11号，2014における機関誌に掲載された論文の分析（田淵）がある．政策評価への社会学的なアプローチは遅れたが，2015年 2 月，菊池いづみ氏のコーディネートにより，「福祉サービス・政策評価の社会的・学問的意義」をタイトルとするシンポジウムが開催された（福祉社会学会，於：日本社会事業大学）．報告者は，大島巌・平岡公一・大森正博氏であり，三重野は「総合討論」を担当した．ここでの論考は，同シンポジウムにおける筆者の報告による部分が大きい．

(6) 福祉政策は，「生活の質」，「福祉」の達成を目指す政策で，具体的には，高齢者，障害者，母子，貧困者，低所得者への対策，住宅，労働政策などを意味する．使用文脈により，その領域は広く狭くもなる．

(7) 政策評価，施策評価，事業評価をマクロ−ミクロとみる場合がある．

(8) ソーシャル・クオリティの解説は，[三重野，2010]の第 9 章を参照されたい．

(9) 福祉社会学における社会関係資本は，『福祉社会学研究』（第 4 号，2007）の中で，特集が組まれている（「福祉社会の基盤を問う──ソーシャル・キャピタルとソーシャル・サポート」三重野卓，田渕六郎，藤澤由和，稲葉昭英ほか）．

(10) 社会指標に関しては，社会報告としての公表，社会計画策定のための使用がある．また政策評価においては，社会指標の活用があり，「生活の質」の視点，幸福感との関係が重要になろう．なお幸福感，幸福度については，[三重野，2015]を参照のこと．幸福感は，一般的には（幸福，やや幸福，どちらとも言えない，やや不幸，不幸）のよう

に尺度化する。幸福度では，人間関係，経済，環境など，幸福に関連する客観的側面も指標化する。

(11) 三重県の政策評価では，政策体系は，「1「守る」―命と暮らしの安全・安心を実感できるために」，2「「創る」―人と地域の夢や希望を実感できるために」，「3「拓く」―強みを生かした地域の躍動を実感できるために」からなり，1は，「1危機管理」，「2命を守る」，「3暮らしを守る」，「4共生の福祉社会」，「5環境を守る持続可能な社会」から成り立っている。ここで福祉政策に関連する「共生の福祉社会」は，「介護基盤整備などの高齢者福祉の充実」，「障がい者の自立と共生」，「支えあいの福祉社会づくり」から成り立ってる。そして，介護基盤関係は，めざす姿，達成目標，さらに評価結果を踏まえた施策の進展度と判断理由から成り立っている。さらに県民指標として，「介護度が重度で在宅の特別養護老人ホームの待機者」の時系列的な目標値，実績値が示されている。また活動指標として，例えば基本施策として「介護保険の円滑な運営とサービスの質の向上」をみると，「主任ケアマネージャー登録数」の時系列的な目標値と，実績値が示されている。

(12) 地方自治体における施策評価は，政策のレベルとして上位の政策と下位の事業の中間での評価を意味する。それに対してプログラム評価は，プログラムを詳細に分析，評価するものであり，わが国の施策評価とは異なる。

(13) 厚生労働省では，基本目標（例，安心・信頼してかかれる医療の確保と国民の健康づくりを推進すること）が施策大目標に分かれ（例えば，利用者の視点に立った，効率的で安心かつ質の高い医療サービスの提供を促進すること），それが「医療情報化の体制整備の普及を推進すること」などに分かれる。ここで，保育関係の最下位の「保育所の受け入れ児童数を拡大するとともに，多様なニーズに対応する保育サービスを達成すること」（施策目標）に対して予算が対応づけられ，測定指標（保育所受け入れ児童数，家庭的保育事業利用児童数，延長サービスの保育サービス（利用児童数））の目標値，実績値が示されている。

(14) 厚生労働省の事前評価，事後評価として，例えば「就職氷河期世代を含むフリーター等の就職支援の強化」。総合評価は，既存の政策，テーマについて見直し，新たなモデルから展開を図るものである。たとえば，「ワークライフバランスの推進，超過勤務の縮減，男性職員の育児休業の促進」のプログラムがある。

(15) この図は，文部科学省の「少子化対策に関する「子育て支援サービス」のロジック・モデル」からヒントを得て作成。

(16) ガバナンス論は，政治学，行政学などで普及しているが，社会学では遅れている。福祉社会学の立場から，『福祉社会学研究』（第3号，2006）で「ソーシャル・ガバナンスの可能性」という特集が組まれている（宮脇淳，武川正吾，野口定久ほか）。

(17) 青森県『政策マーケティング』は，政策実施のための各主体の貢献度合いを有識者調査で明らかにしている。初期の研究として特記される。

(18) 社会制御は公共当局による公的制御と対比される。具体的には，委員会，ワークショップ，パブリック・コメントなどの役割も検討課題になる。

参考文献

Baur, R A, ed., 1966, *The Social Indicators*, The MIT Press (=1971, 小松崎清介監訳, 『社会指標』産業能率短大出版部).
Dean, H., 2010, *Understanding Human Need; Social issues, policy, and practice*, the Polity Press (=2012, 福士正博訳『ニーズとは何か』日本経済評論社).
Esping-Andersen, G., 1990, *The Three Worlds of Welfare Capitalism*, Basil Blackwell Limited (=2001, 岡沢憲芙・宮本太郎監訳, 『福祉資本主義の三つの世界——比較福祉国家の理論と動態』ミネルヴァ書房).
Harty, H P., 1999, *Performance Measurements, Getting Results*, the Urban Institute (=2004, 上野宏・上野真城子訳, 『政策評価入門——結果重視の業績測定』東洋経済新報社).
伊多波良雄編, 2009, 『公共政策のための政策評価手法』中央経済社.
金子勇, 2008, 「社会変動の測定法と社会指標」金子勇・長谷川公一編『社会変動と社会学』(講座　社会変動　第1巻) ミネルヴァ書房.
菊澤研宗, 2004, 『比較コーポレート・ガバナンス論——組織の経済学アプローチ』有斐閣.
松下圭一, 1971, 『シビルミニマムの思想』東京大学出版会.
三重野卓, 1984, 『福祉と社会計画の理論——指標・モデル構築の視点から』白桃書房.
三重野卓, 2001, 「政策評価と指標体系」『山梨大学教育人間科学部紀要』第2巻, 2号.
三重野卓, 2002, 「高齢社会の「生活の質」と生命倫理」金子勇編『高齢化と少子社会』(講座　社会変動　第8巻) ミネルヴァ書房.
三重野卓, 2010, 『福祉政策の社会学——共生システム論への計量分析』ミネルヴァ書房.
三重野卓, 2013a, 「「生活の質」概念の再構築へ向けて——その現代的意義」『応用社会学研究』第55号.
三重野卓, 2013b, 「生活意識をめぐる論理と実際——満足感, 不安感, 幸福感を手掛かりに」『季刊環境研究』172号.
三重野卓, 2014, 「福祉社会学の到達点と理論的課題——その回顧と展望」『福祉社会学研究』第11号.
三重野卓, 2015, 「『福祉』の測定から幸福度へ——数量化をめぐる半世紀を振り返る」『福祉社会学研究』第12号.
三重野卓・平岡公一編, 2005, 『福祉政策の理論と実際——福祉社会学入門 (改訂版)』東信堂.
宮川公男編, 1969, 『PPBSの原理と分析——計画と管理の予算システム』有斐閣.
野田遊, 2013, 『市民満足度の研究』日本評論社.
大住荘四郎, 1999, 『ニュー・パブリック・マネジメント——理念・ビジョン・戦略』日本評論社.
大山耕輔, 2010, 『公共ガバナンス』(公共政策学　第8巻) ミネルヴァ書房.
佐藤徹, 2009, 『自治体行政と政策の優先順位づけ』大阪大学出版会.

第 1 部　公共性理論と計画の評価

武川正吾，2006,「福祉社会のガバナンス──グローバルとローカル」『福祉社会学研究』第 3 号．
武川正吾・三重野卓編，2007,『公共政策の社会学──社会的現実との格闘』東信堂．
上山信一，1998,『「行政評価」の時代──経営と顧客の視点から』NTT 出版．
Weiss, C H., 1998, *Evaluation: Methods for Studying Programs and Policies*, second version（＝2014, 佐々木亮監修，前川美湖・池田満監訳『入門評価学──政策・プログラム研究の方法』日本評論社）．
山本隆，2009,『ローカル・ガバナンス──福祉政策と協治の戦略』ミネルヴァ書房．
山谷清志編，2010,『公共部門の評価と管理』晃洋書房．

第3章　社会的共通資本と都市社会の公共性

金 子　　勇

1．社会学にみる「私性」と「公共性」

　現代都市社会の社会学的認識枠組みに，鈴木広［1986］が体系化した「私化する私性」と「全体化する全体性」を活用すると，後者の主な構成要因に「公共性」が位置づけられる。本章では，「公共性」を「公」と「共」に細分して，それぞれの特徴を都市社会学と都市政策論の文脈で考察する。同時に「公共財」の議論を経て，宇沢弘文に代表される社会的共通資本の概念と理論をウェーバーの「価値自由」の観点から整理する。
　その結果，東日本大震災後においても重要な社会的共通資本としての道路，堤防，港湾，学校，病院，ライフラインなどの復旧・復興工事では，同じく社会的共通資本としての大気の一部である二酸化炭素が膨大な排出量を伴うにもかかわらず，社会的共通資本論の歴史では完全に無視されてきたことを論証する。ともに社会的共通資本であるこの両者の関連について黙殺してきた学術的な非現実性を指摘して，都市研究の「全体性」へのアプローチとしての「都市学」を改めて主張しつつ，「少子化する高齢社会」の人口学と環境論に「生活の質」論を加えた新しい都市研究パラダイムの可能性を示唆する。

私化と社会システム
　さて，1970年代から，日本における現代社会分析に際して「私化」（privati-

zation）が一つの柱として取り上げられてきた［鈴木，1970：173］。「快楽原則に準拠する自己愛」［鈴木，1986：546］が顕著になり，それに呼応して資本主義社会システムの要件充足度が上がり，社会システムに内在する広告・生産・分配・消費という一連の過程すべてが機能を強め，社会成員の肥大した欲望を満たすためのシステム遂行力が増大する。このような個人の欲望に応える社会システムの機能強化こそが，元来は不均衡で格差を内蔵する社会システムを安定させるのである。

　社会システム諸機能の遂行力は具体的には広告・生産・分配・消費を軸とした「全体化する全体性」として強まり，その対極では個人の側にある「快楽原則」に特化した「私化する私性」も確実に構造化される。このような「全体性」と「私性」の相互依存関係が，日本も含めた先進的高度産業社会の原動力となった。

　現代日本社会の実状が教えるように，「私的自由をつねに増幅させ，自ら満足製造器，すなわち消費社会となる以外に，全体性の自己維持は不可能である」［同上：547］。「私化」を社会システムが容認し続けないと，「全体性」も維持できないという図式が完成しているので，個人の「自己愛」優先の結果，実際の政治参加や社会貢献は後回しにされ，むしろ社会システムへの「フリーライダー」が許容限界までいたるところで現出する。すなわち私的自由が優先されれば，「全体性」の側から，「フリーライダー」の登場が増えるのである。[1]

　少子化研究領域ではそれに関連して「子育てフリーライダー」概念が鋳造され，環境問題でもたばこのポイ捨てやゴミ分別収集に協力しない元祖フリーライダーは今でも健在であり，ベラーが嘆いた「地域におけるフリーライダー」も依然として認められる。「地域共同体にとってもっとも深刻な問題は，『ただ乗りをする人間』すなわち，自らの働き以上に受け取って，善良な市民が投資に見合う正当な見返りを得るのを妨げてしまうような人間をどうするか」［ベラーほか，1985＝1991：211］という問題は，21世紀の日本社会でも未解決のまま残っている。

　鈴木のいう「全体化する全体性」は全体社会システムの基本動向にほかなら

第3章　社会的共通資本と都市社会の公共性

ないが，個人の「私化する私性」との関連は，結局のところ「社会と個人」に還元されてしまうので，この両者は社会学の根本問題そのものでもある。しかし，個別事例を取り上げて実証的に研究する立場からは，社会システムの「全体性」というよりもその構成要因である「公共性」や「共同性」への視点を優先して，「私性」との関連分析をめざしたほうが具体性に富むし，有効活用の機会も増える。すなわち，「全体性」への一里塚に「公共性」や「共同性」がおかれるという認識である。鈴木の表現では，「社会学文化における均衡回復」［同上：547］となり，これには様々な組み合わせが考えられるが，その一環として都市における「公共性」を「公」と「共」に分けて検討することが可能である。

　1970年代の都市における公的生活と私的生活の均衡の乱れに触れて，たとえばセネットは「われわれは私的であること，自分自身とだけいること，家族や親しい友人とのみいることそれ自体をひとつの目的とすることに努めてきた」［セネット，1977＝1991：16］と書いている。同時に，「公事への関与は，大体においてひとに追随していくだけの事柄」［同上：16］になり，「公的生活のための公共の場は，衰退した状態におかれている」［同上：16］とした。1970年代までそしてそれから2017年の今日に至るまで，都市における「公共性」は脆弱化しており，その現状と課題は各方面で問い直されてはきたが，多くはセネットにみるような「私性の肥大」と「公共性の衰退」という文脈からの検討が主流となってきた。(2)

　この関連を，高田保馬的に表現すると「公私関与均衡の法則」ともいうべき「法則性」が得られる。(3)自分と家族親族レベル，および友人知人関連の私的な出来事への拘りが強い人は公的な関与に乏しくなり，私生活主義の程度が低い分だけ政治運動や行政参加に代表される公的生活に関わる傾向をもちやすい。加えて，行政への積極的な異議申し立てや都市市民としての社会活動も増加するというのが，「法則性」を認める理由である。この場合，あくまでも独立変数は職業活動と家族生活を軸とした「私生活」にあり，「私生活」への傾斜度次第で従属変数としての「市民としての政治運動」に代表される「公事」が左

91

右されるとみる[4]。

アメリカ大都市の死と生

さて，ジェイコブズが『アメリカ大都市の死と生』を出したのは1961年であった。当時のアメリカ都市は都市計画の専門家の無知と愚行により混乱して，治安が十分ではなく危険であり，機能秩序が破壊されたという判断からの刊行であった。やや過激な内容に加えて，題名に使われた「死と生」もまた読者に強烈な印象を与えた。

ただジェイコブズにとって幸いしたのは，その内容が近代都市計画の全面批判を含みながら，他方では都市の多様性の擁護を強調していたことにより，単なる専門家批判に止まらず，批判された専門家からもいろいろな読み方が可能になったところである。たとえば「都市の機能的秩序には活発さと多様性が必要です」［ジェイコブズ，1961＝2010：408］は，50年後の日本における「地方創生」や「地域創生」の文脈でも，いくつかのヒントの源になっている[5]。

アマチュアのジェイコブズが既存の専門的な都市研究成果と体系に根源的な疑問を投げかける直前に，後に日本の都市学の泰斗になる磯村もまた「都市社会研究への反省」をのべた後で，「日本の社会学の進展は，理論の充実と，実態の把握に加えて，これが診断・対策が要望される段階といわれる」［磯村，1956：526］と指摘していた。その後1969年から，磯村は「都市学」を60回も『自治実務セミナー』誌に連載して，学際的にまとめた『都市学』(1976) を完成した。都市は多様性に富む複合体だから，都市社会学だけではなく，文字通り学問の総合的な協力による都市の「全体性」の解明と政策展開がそこでは主張された。ちなみに都市形成論，都市政策論，都市行政論，都市計画論，都市施設論，都市交通論，都市情報論，都市システム論，都市文明論，都市生態論，都市生命論，都市性格論，都市体制論，都市市民論，都市範域論，都市類型論，都市学の成立，都市研究法などすべてがそこに網羅されていた。

都市学を主導する概念は学際的 (interdisciplinary) であったが，まもなく類似の 'multidisciplinary'（多くの専門分野にわたる）研究や 'transdisciplinary'（超学的）研究という表現が，世界的にも都市研究や人口動態分析や環境問題では等しく使われるようになった。その日本での嚆矢となったのが，1940年に『現代大都市論』を書いた奥井復太郎を初代会長として，総合都市研究を標榜して1953年に設立された日本都市学会であったのは偶然ではない。ちなみに磯村も2代目「会長代行」，6代目会長として活躍している。

　都市社会学でいえば，ワース［1938＝1978］のアーバニズム図式が40年間ほど世界的な都市研究の準拠点になってきた。そのアーバニズムの総合的認識から離れて，都市が多様な下位文化の集合であることを指摘して都市の下位文化を体系化したのは，フィッシャー［1984＝1996］を始めとする第二世代の都市社会学者であった。これ以降は都市の「全体性」についてよりもそれを構成する諸領域の個別研究が盛んになったが，依然としてその対極にあるアーバニズム論を基盤とする総合的把握，ないしはマルクス主義的な資本主義体制分析に密着させた都市把握の必要性もまた説き続けられてきた。そして総合性を重視するアーバニズム論を基盤とする総合的把握方法の理念が「学際性」であり，「超学的な方法」の実践であった。この動向は20世紀末まで断続的に続き，私もその周辺にいた。

社会学の生と死

　ところが，21世紀も10年経過した後に，社会学の入門書でロバーツは「社会学の生と死」に触れて，「interdisciplinary, multidisciplinary, transdisciplinaryの区別はボンヤリとしてはっきりしない」［Roberts, 2012：145］と論じた。この数十年間，様々な領域で「学際的」や「超学的」な成果が求められてきたが，実際のところそれには乏しかったという判断からである。確かに「学際性」を前面に打ち出している日本都市学会での大会研究発表をみても，地理学，社会学，政治学，経済学，都市計画，土木建築など個別学問に立脚した成果が大半を占めている。むしろ「超学性」などの総合的把握を当初から志向するよりも，個別の学術的課題についてそれぞれの個別科学たとえば社会学の知見を応用して，診断したり，処方箋を提示する試みの方に総合性が認められ，政策

的にも有益な成果が得られることがある［金子，2014b］。

　ただロバーツは「学際性」や「超学性」への批判を行うだけに止まらず，その代わりに「現代人の不安，無意味感，正当性の危機などの解決は，家族ではなく自由で開かれた新しい運動としての公共圏の再生にある」［ibid.：149］とした。これは彼なりの見識であろうが，果たしてそうか。不安，無意味感，正当性の危機はいわゆる社会学におけるアノミー論の範疇にあるが，ロバーツがいうように，これらは家族とは無縁の「公共圏」再生運動だけで解決するのであろうか。

　その主張に対して私には疑問が残るが，そのような問題解決を求めて現代都市における「公共圏」を取り上げる意味は理解できる。おそらく高度先進産業社会の都市で生きる市民の「私化」（privatization）が進み，「自己中心主義」（me-ism）が蔓延している現状への不安と不満が，社会学者に「公共性」への関心を高めさせるのであろう。これは1970年代のセネットの場合と変わらない。同時に社会的共通資本が社会システムの装置として完備されている現代都市において，「公共性」の重要性は説明するまでもない。[8]

　日本でも21世紀初頭にかけて，民間の公共哲学共同研究会が軸となった「公共哲学」全10巻（東大出版会）が好意的に受け止められた時代がある。それは「滅私奉公」ではなく，「活私開公」という時代の「私」と「公共」を全面的に問いかけたシリーズであり，私も第7巻「中間集団が開く公共性」（2002）に参加した。

公共社会学

　学術的には同じ時期の2005年に就任したアメリカ社会学会会長としての演説で，ビュロウォイは公共社会学を宣言したから，高度先進産業社会では「私」と「公共」の問い直しは必然の時代になっていたのであろう［Burawoy, 2005：259-294］。もっとも私は，「私」「公」「共」「互」「商」と5分割してきたので，このような流れとは異なる立場である［金子，1997；2014b；2016b］。

　ビュロウォイは，現代社会学を専門社会学，批判社会学，政策社会学，公共

社会学に分類して，自らの立場を公共社会学に求めた。しかし，社会学をこの4種類に分ける意味はどこにあるのか。私ならば，「政策」でも「公共性」を主題にして，先行研究やそれまでの業績を「批判」的に継承して，最後まで「専門性」に拘りたい。少子化でも高齢化でも環境問題研究でも，そのように努力してきた。なぜなら「専門性」に欠ける「政策」には不十分さが残るからである。ましてそこからの「現状批判」は上滑りになりがちであることは，ジェイコブズの翻訳者自身による解説でも触れられている通りである。(9)

定義の不十分さの象徴としては，1970年代からの日本の地域研究では，「上からの決定」を批判して，「下からの参加」を対置させる図式が指摘できる。これは地域研究では長期間重宝がられてきたが，「上からの決定」も「下からの参加」も依然として無内容なままである［金子，2016a］。これでは学術的に有効な議論にはなり得ない。迂遠ではあろうが，理論面と実証面の双方で専門性を鍛え，構築して，積み重ねるしか途はない。それを放棄しては，「社会学の死」から脱出して，「生」ないしは「再生」に向けての歩みは期待できない。

ロバーツもまたビュロウォイの4分割を受け入れて，

① 専門家（他の社会学者たちのために研究したり書いたりする）
② 政策社会学者（権力のしもべ）
③ さまざまな種類の自己規定された批判的社会学者
④ 公共社会学者であろうとする人々

とした。［Roberts, *op. cit.*：138］。ただしここには「社会学者は自らの研究成果が，自分の暮らしている社会に一定の影響を与えたいと常に望んでいる」［*ibid.*：143］という告白がある。個人の研究成果が「公共社会学」ないしは「公共圏」にどのように結びつくかという問題は，さらにその背景としてはウェーバーの「価値自由」問題に重なり合う。

18世紀以降の近代科学が宗教的権威や世俗的権力から離脱し始めた原動力は，実験の結果集められた証拠となる事実の確認と蓄積にあった。そして徐々にで

はあるが，試行錯誤の中で近代科学はその精度を高めていった。ただそこでは，ウェーバーのいう「価値自由」が併走していた。もっとも，科学の世界では価値判断を避けるという意識が共有されたが，科学的な成果の活用を決定する特権的な地位は政治が受け持ち，結果的に価値判断を避けた科学自体には決定権が回ってこなかった。それは核兵器の使用に象徴される。核兵器の製造は自然科学の到達点だったが，その使用の決定は政治のみに委ねられた。

その流れが今日でも存在して，科学と政治に溝が生じて，科学者に共有されてきた「価値自由」が「些末な偏執」に拘泥する傾向を生み出し，本来は自然科学が担うたとえば酸性雨による顕在的な社会問題解決の指針の提供や放射線による人体への影響判断でさえ，科学ではなく政治による発言が主流となった。自然科学ないしは医学による発言権が低下したのである。さらにその科学分野の素人である政治家による繰り返された判断ミスが，東日本大震災と福島原発人災への対応をめぐり連続して発生したため，政治家への社会的信用もますます失われるようになった。

人間活動に由来する二酸化炭素の増加が，地球温暖化の最大の原因であるという世界的には30年近く続いている環境問題の構造でも事情は同じであり，物理学や気象学などの専門家の意見は分裂しているが，政治家では与野党を問わず一致する傾向をもっている［金子，2012］。

同じように，社会学の研究で少子化の原因が未婚率の上昇と既婚者への産み控えにあることが判明しても，その対策には政治的な配慮やマスコミレベルの言説が優先されるようになる［金子，1998；2003；2014b；2016b］。国民に負担を求める対策や選挙公約への判断が科学的な処方箋よりも重視されてしまう。政治家にとっては，科学よりも選挙が大事な判断材料になるのであろう。

専門家の役割

そのために専門家の中にも，社会現象や自然現象についての「科学的理解」だけにとどまらず，それに基づく政策形成への関与まで主張する科学者が登場することになった。政策を政治家や行政だけに任せるわけにはいかないという

立場で，本来は「現状の科学的理解」で止まったはずの社会科学者から，政策への関与も行うという主張が強くなった。この人々は初期にはテクノクラートと命名されたが，その後は政策内容までも志向する政策科学者として位置づけられた。

　これもまたウェーバーの「価値自由」とは抵触する。なぜなら，政策は'is'というよりも'ought'の世界に所属するので，「価値自由」の範疇に収まらないからである。そうなると，政策科学研究者各様の'ought'の世界が現出して，「自由な価値」同士が衝突する。加えて少子化対策に典型的なように，専門家だけではなく，政治家もマスコミも行政担当者も一般市民もそれぞれに'ought'の世界への発言権を行使するから，その政策分野はまさに「神々の闘争」に変貌する。

　しかし「価値自由」を広く解釈すれば，「研究者の価値はその主題に常に影響しているし，個々の研究者は選択的に研究しており，その諸発見の解釈にも価値が影響している」［Roberts, op. cit.：143］とみることにより，「価値自由」に由来する厄介な問題はひとまず棚上げされる。

　実のところ，日本の社会学史でも政策や実用性への要求は半世紀前から指摘されてきた。たとえば内藤は，「概念の明確化」と「概念の実用化」を区別して，「既存概念をいかにして実用化するか」を問いかけていた［内藤，1956：31］。同時に武田はより積極的に「診断学としての社会学」として，「没価値的立場から評価的立場へ推移する」［武田，1956：553］を提唱していた。これらに半世紀遅れて，私もまたその観点から小さな本を出したことがある［金子，2013］。

　半世紀前のこれらの指摘は必ずしも今日の段階までそのまま継承されたわけではないが，社会指標や生活の質研究に象徴されるように，そして高齢者の生きがい健康づくり示されるように，「診断・対策」面が強い分野が現代社会学界に定着したことも事実である。

　これに関して武川は，社会学が「公共政策への関与を回避してきた理由」として，以下の3点を指摘した［武川，2007：35］。

第1部　公共性理論と計画の評価

① 理想主義のバイアス　高邁な理想の追求はしばしば幻滅感や無力感を生むので,「公共政策」に近づかなかった。
② 価値中立のバイアス　ウェーバーの「価値自由」の批判がタブー視され,社会問題や社会政策の研究が回避されてきた。
③ 批判主義のバイアス　理念と現実との切断により,批判主義は社会学者に現実との緊張関係を強いなくなり,「抵抗科学」の立場を取り,そこに安住できる。

この3点の克服から政策科学が始まるという見方は,今後の応用可能性に富む。

価値自由に向けて

日本でもこれらの学的伝統を活かして,21世紀の先進資本主義社会では,研究者による政策への発言を一定程度を留保しつつも,科学における伝統的な「価値自由」の中から比較的支持されやすい「公共性」という価値が選択されるようになった。もちろん「公共性」それ自体も多面性をもっており,どの立場からの発言かで「公共性」の内容は変わってくる。そのため,社会学者としての専門性を堅持すること,および社会システムの機能障害を除去して,ベンサム風の「最大多数の最大幸福」という価値を優先して,少しでも人類の進歩(progress)に寄与すること,秩序を維持して社会的な発信(transmission)を増加し,人類の活用(use)に資することなどが,現代的な「公共性」に含まれるに至ったように思われる。[11]

その達成手段がさまざまな計画であり,これは社会システムの目標設定,資源投入,計画の実行,結果の評価などから政策評価としても体系化されている。いずれも論理的なシステム性に富むものであり,古典的にはPDS(plan‐do‐see　計画‐実行‐評価)があり,同じくPDCA(plan‐do‐check‐action　計画‐実行‐評価‐改善)もある。都市研究ではEDID(evaluating‐diagnosis‐implementing‐describing　評価‐診断‐実行‐説明)も出されている。

今後考えておきたいことは，「価値自由」という場合の「価値」の内容および「自由」の意味の位置づけ方である。価値をゆるやかに把握すれば，テーマの設定や研究方法の選択それに対象の決定に関してさえも，価値判断が働くといってよい。

　ロバーツは，福祉国家での「価値自由」に抵触する社会学者のテーマとして，①住民の生活程度の測定，②貧困の危険性における変化，③労働者階級の子どもの教育機会を挙げて，これらはすべて価値判断が含まれているとした［ibid.：144］。

　一般に「住民の生活程度の測定」をテーマとして選択する研究者では，現状についての一定の判断，たとえば調査対象者の生活程度を平均的にみると低いから，もっと全体の生活程度をあげたほうがいいというような価値判断が前提として含まれている。都市的貧困の危険性も労働者階級の子どもの教育機会についても，収入・所得を指標としてみれば経済的貧困が増加しているという前提がある。とりわけ労働者階級の子どもの教育機会がその家庭の貧困により奪われているという判断のもとで，この指摘がなされることが多い。したがって，ウェーバー以前のマルクスに遡って，社会問題とされるテーマでは実質的な「価値判断」がなされてきたといえるのである。

2．公共性と公共財

　「公共性という概念は議論を展開してゆく上で，たいへん生産性の高い概念である。しかし一方で，公共性概念は多義的で，定義が困難である」［田中，2010：43］。そのため，「定義しても，内包が広すぎて定義として意味をなさない」［同上：43］し，「限定的な定義をしようとすると共通の理解が得られない」［同上：43］。このジレンマは他の社会学概念にも多かれ少なかれ見られるのだが，田中自身は先行研究の検討を踏まえて，「潜在的な共同性」「自覚的な共同性」「目的を持った共同性」に区分した［同上：71］。この試みのうち，自覚の内容が異なれば，数多くの「目的を持った共同性」が生まれるとされた。

第1部　公共性理論と計画の評価

　これに関して私の少子化研究の経験でいえば，次世代育成に直接は無関係で「おひとりさまの老後」の安定を求める「共同性」グループもいれば，次世代育成の負担をしっかり行ってきて「おひとりさまの老後」の限界を指摘する「共同性」グループもいる。そして両者には決して同じ「目的」には収束しえない「自覚的な共同性」が認められる。むしろ両者の「自覚的な共同性」は異なる目的を追究するのだから，そこには一元的な「目的的な共同性」は誕生しえない。

ガルブレイスの理論

　しかしだからといって，共同性概念での議論が生産的ではないとはいえないというのが，本書の根源的な立場である。学術的にもっと視点を広げて，公共性はどのように使われてきたのかを振り返ってみよう。たとえばガルブレイスは，市場体制（the market system）とは区別して，計画化体制（the planning system）に対する政策を次のように論じた。「発達しすぎた分野での資源の利用を制限し，国家資源を計画化体制ではなく一般国民に奉仕する方向へ向けなおし，環境保護のより高度の目的を推進し，科学技術をテクノクラートの利益でなく国民の利益に奉仕させる」［ガルブレイス，1973＝1975：306］。この場合，「国民の利益に奉仕」は「国民」も「一般的利益」も多様性に富むが，ともかくこれも公共性議論の一般的な入口になる。

　さらにガルブレイスは，公共目的と計画化体制の目的の対立を超えた地点に「公共性の認識」（the public cognizance）を位置づけた［同上：332；398］が，この概念は実行可能な事例を必ずしも提供できていない。同時に「公共国家」もまた魅力的ではあったが，それは未熟な概念に終始した。なぜなら，「公共的な機能を市や州から連邦政府へ移し，それによって，連邦政府のもっとも潤沢な歳入の分け前にあずかれるようにする……もう一つの是正策は，連邦政府の歳入の一部を割いて，州や市に配分する」［同上：406］などは，世界の先進国と同じく日本でも多少ともすでに行われているからである。

　「公共性の認識」の表明とは，「公的財源の割りふりについて審議し，公聴会

第3章　社会的共通資本と都市社会の公共性

を開き，討論をおこなうことは，……計画化体制の目的を抑え，公共の目的にかなった資金の配分をおこなう格好の機会」[同上：410]であることは間違いない。ガルブレイスによれば，この流れの中で公共の利益を反映するルールは，

① 財政支出をより一層公共目的にふりむける
② 税金をもっと累進的にする
③ 金融政策を受け身の役割に切り替える
④ 需要の拡大を財政支出によって図る
⑤ 需要の縮小は増税によって図る
⑥ 賃上げは生産性の伸びに合わせる
⑦ 賃金の調整のねらいは平等化の促進に置く
⑧ 物価の上昇は賃金の平等化で対応する

とされた[同上：431]。ガルブレイスの議論は示唆に富むが，残念ながら金融，需要，賃上げ，増税，物価などの範疇を現代社会学は取り込みにくい。なぜなら，それらは経済学の文脈にあるからである。

セネットは公的な領域の変化を歴史的素材に求めながら，「パブリック」を社会的な公益と見て，「『パブリック』とは誰が詮索してもよいということであり，『プライヴェイト』とは家族あるいは友人に限定された，生活の保護された領域のことを意味した」[セネット，前掲書：33]とまとめている。さらにパブリックを，「家族と親しい友人たちの生活の外側で過ごされる生活を意味する」[同上：35]とした。家族の外側で家族生活を支え，「公益」を保障する具体的な装置もしくは施設とは何か。都市経済学の分野ではそれを総称して'public goods'（公共財）と規定してきた。

これは，電力，ガス，上下水道，公園，道路，鉄道，空港，河川，堤防，港湾，海洋，義務教育，国防，治安など国民や法人を含む社会全体の欲求・ニーズを満たす財とサービスを指し，市場では供給されないから，「公」としての国や自治体が供給にも管理運営維持にも最大限の責任を果たす義務をもつ。い

わば国民すべてが作り上げたコミュニティとしての「共同生活」を支えるために，「公」的アソーシエーションとしての国家や自治体が生産・維持・管理する財のすべてである。公共財は，文脈に応じて「社会的共通資本」(social common capital) とも表現される。

　公共財の特徴は，有償無償の違いはあるにせよ，老若男女を問わず外国人かどうかにも無関係で，誰にでもその利用や活用が開かれているところにある。公園は無料で使えるし，堤防は誰でも歩けるし，すべての人に開放されている上下水道は「公」が定めた料金を定住市民や法人が支払うことが前提とされる。電力やガスそれに交通通信など公共財の管理運営をしている民間企業では「公」としての国家からの数多い規制がかかっているが，料金を支払えば自国民外国人の区別なく利用可能であるのは万国共通である。

　たとえば限りなく自由競争といいながら，民間企業が提供する鉄道は公共財だから，その運賃も営業時間も運行本数も路線延長すらも国土交通省の許可や認可が必要になる。その意味で，公共財では完全な市場原理は成立しない。航空路線や航空運賃でも自由競争に見えるが，空港利用の頻度や空港付近住民の騒音苦情への対応，それに管制塔による安全性の徹底などの問題は，民間企業単独では適正な対処が難しく，「公」としての国家の出番が増える。

Public とは何か

　以上の公共財についての都市的経験を参考にして，言葉の世界を通して'public' がどのように使われてきたか，英語辞典から代表的な単語を列挙してみよう。public assistance（公的扶助），public bads（public goods がある条件により，社会全体の一部もしくは全部にマイナスの影響を与える際の公共財を表現する。いわゆる公害等のマイナスの公共財，負の公共財がこれに当たる），public convenience（公衆便所），public corporation（公共団体），public education（公教育），public enterprise（公営企業：市電，地下鉄，公立病院），public health（公衆衛生），public interest（公共の利益），public land（公有地），public law（公法），public nuisance（公的不法妨害：個人ではなく地域

社会全体に対する），public office（官庁），public opinion（世論），public relation（広報宣伝），public scandal（誰もが周知の醜聞），public school（公立学校），public servant（公務員），public service（公共サービス事業），public spirit（公共心），public transport（公共交通機関），public welfare（公共福祉：国民一般の福祉），public welfare payment（公共福祉支出：高所得者から低所得・未所得者への制度的な所得移転の社会保障制度），public works（公共事業），public works project（公共事業計画），public utility accounting（公共事業会計：私企業ではあるが公共性の強い電力，ガスなどの公共事業会計），public utility company（電力，ガスなどの公益企業）などがすぐにあげられる。

　これらの単語は，公共財の通常の定義に含まれる「私とは異なる」「民間には含まれない」「全体への開放」「無償かそれに近い適正価格」などを含んでいるので，私たちの日常生活経験と整合する。

　このような言語の側からの予備的作業を受けて，実際に社会学での公共性はどのように扱われてきたか。いくつかの社会学的な先行例を検討してみよう。

　たとえばコールマンは，「公共財は定量性がみられ，すべての人に影響を及ぼす」「全員に供給されなければ，一人にも供給されない」［コールマン，1990 = 2004：64］，全員とは「地理的，市民の権利，組織の成員資格などによって定義された領域内のすべての人」［同上：64］「家族の関心は個人的な自分自身への将来への関心，あるいは夫婦による彼ら自身による将来への関心に置き換えられてしまっている（いずれの場合も，関心は自分の世代に限定されている）」［コールマン，1990 = 2006：426］とした。そこには「自分以外，家族以外，誰にでも供給され，影響する」という公共財の原則が読み取れる。しかも無制限に増加しないという。

　そしてコールマンは，とくに家族に触れて次のように指摘した。「家族はもはや福祉の主要な構成単位ではない。高齢者を世話する責任は，全体としての社会に任されているし，医療の責任は，国家と雇用主に任されている。次世代を生みだすことやその扶養に，全体社会よりも，家族の方が関わるということはほとんどない。家族はその規模と機能が大いに縮小したので，多くの福祉活

動を遂行することはできなくなっている」[同上：431]。

　一般論ではもちろんこの通りであるが，家族が次世代を生みだし，子どもの社会化を支援する中心的位置にあることは今も昔も変わらないので，全体社会がその機能を応援する必然性がここにも存在する[14]。家族は道路と同じ意味での公共財ではないにしても，だからといって「おひとりさまの老後」ばかりになれば，「すべての人に影響を及ぼす」のは自明であるから，一定の価値判断を伴う「次世代育成支援」は社会診断論としても必要になり，政策的にも公共性に富む内容に変貌するのである。この価値判断の代表的事例は，次世代を担う子どもを「公共財」と位置づける視点である。なぜなら，子どもが居なくなれば次世代社会はありえず，どのような展望も描けないからである[15]。家族機能が弱まってきた現在，子どもの社会化を軸とする次世代育成は「公」も含めた「共」が主体になり，いわば社会全体で行うしかないとする立場が出てくる。

　翻って，日本の社会学界で「公共性」はどのように扱われてきたか。たとえば新は，広い意味での福祉および公共性の課題として，①組織および組織化の原理に〈メンバーの満足〉という要件，②活動の計画と制御によって環境に適応する〈社会システムの経営〉という要件，をあげている［傍点原文，新，1995：225］。ここには，鈴木の「私化する私性」の欲望原則と，それを満たす「全体化する全体性」としての社会システム遂行力の対応関連が読み取れる。社会構成員のニーズを社会システムが満足させる機能を強化することが，公共性を維持する条件というわけである。

　これは社会システム論からの理解であるが，「メンバーの満足」をかなえる主体として，また「社会システムの経営」主体としても「公」としての国家があり，必然的にそこでもガバナンスの問題への言及は不可避となる。

「共」と「同」に分けて考える

　その他，共同化の在り方について，ⓐ「同」（＝同一化，合一化）が「共」（＝「協」－一致化）より重視されるものか，それとも逆に，ⓑ個別の差異化にもとづく「共」の比重が，「同」より高いものかという区別［中，1999：571］

をして，グローバルな現代では「『共』が『同』よりも明らかに強調され，ⓑが特徴的である」［同上：571］と判断した中久郎がいる。中は「共同」を「共」と「同」に分けて考えた。ここでは，「『共同性』が現代社会の嚮導理念として基本的な『公共性』に連動される2つの主題設定」［同上：579］がなされた。

1つは，全体を普遍的なコミュニティの共同意志として，その「器官＝機関」としての国家すなわち政府の社会的意義を強調するものであり，都市経済学の社会的共通資本論につながる。もう一つは，共同性化を可能とする社会的変換の，とくに主導的な社会制御の準拠理念としての「公共－公正」の論議がなされた［同上：580］。「公共性は，そのような諸施策推進の準拠としての意義によって広く社会的な共同性化のための基本とされる理念であるが，とりわけ，それは公共政策や社会政策の基準となる理念である」［同上：580］と中は考えた。

中は公共性を論じる三つの視点をより具体的にあげている。それによれば，①公と私，②公と民（この場合は「官と民」の意味になる），③公正－正義，となる［同上：580-581］。公正は「分配の公正と矯正（あるいは減刑）の公正」に区別される［同上：581］。この3点のうち中が重視するのは③であり，特に「分配の公正」が取り上げられる。なぜなら，それが「公権力としての国家－政府－自治体による国民生活の分配の公正－平等化実現の制度」［同上：581］だからである。「公正－公共性化は，社会的な共同性化の前提としての意義により重視される」［同上：581］という視点は，社会的な共同性の条件として器官＝機関である国－政府－自治体の分配作用が優先して位置づけられたところに生まれるとみたのである。

『社会学評論』での特集

ただし論述全体が難解な組み立てだったために，1999年に中が提唱した理論枠組みは学界では広がらなかった。世紀が変わる2000年に学会機関誌『社会学評論』では「公共性」の特集を行ったが，中の理論には全く触れられていない。

第1部　公共性理論と計画の評価

　巻頭の長谷川は「共同性と公共性は，社会学にとって古くて新しいテーマである」［長谷川，2000：436］として，「公的な空間のもつ性質や価値が公共性である」［同上：437］とした。しかし，これでは「公的な空間」が定義されていないために，トートロジーの危険性がある。また「国家から自立した市民社会の伝統の強弱は，公共性の含意を大きく規定している」［同上：437］が，ここでも常に論争概念である「市民社会」が無定義なために，それ以上の論議が難しい。長谷川による公共性論は，それ自体が多義的な「市民社会」「市民」「市民セクター」「近代市民社会」というまことにやっかいな概念を公共性の定義に入れたために，読者に伝わりにくくなった。

　なぜなら，たとえば同じ特集号のなかで，油井［2000：466］はバーバーの「誰も市民citizenではない」をわざわざ引用して，「このような状況下で『いったいどのようにして，〔社会的〕責任性という社会的・政治的要請が保障されるのか』」を問いかけていたからである。この文脈からすれば，長谷川のように「市民」を無媒介的に公共性の定義に挿入することは非現実的になる。[17]

　同じ特集号で，市民と国家を念頭に置いて，橋爪は「市民が，国家に対して，一方的に公共性を体現する存在であると，単純に考えるわけにはいかない」［橋爪，2000：458］とのべている。[18] むしろ「国家は，市民社会を超越するメタレヴェルに立ち，不完全な市民社会を完全にするために活動する」［同上：457］。

　長谷川は，公共性が「誰に対しても開かれた」点を取り上げながら，「日本人が思い描きがちなgovernmentという語感は皆無でないにしろ希薄である」［長谷川，前掲論文：438］とした。しかし私は，国民生活の「共同空間」を維持運営する主体としてのgovernmentの存在を評価して，「公」が「共」を支える空間で機能する社会的共通資本の維持管理（ガバナンスの一部）を計画的に行うことを踏まえて「公共性」を理解してきた。そのために，社会的共通資本の研究はすべて「誰に対しても開かれた」空間を取り上げるが，そこでは自治体や国家というgovernmentを抜きにしては研究が前進しないから，「公」の一部にはgovernmentの要素が確実にあると考える。

たとえば橋爪が，「公共財には維持補修や生産のためには，膨大なコストがかかっており，それをある組織が専門に分担するほかはない。この組織（エージェント）に，必要な物財やサーヴィスを供給するための仕組みが，税である」［橋爪，前掲論文：454］という時，このエージェントは言うまでもなくgovernmentとしての国家であり，橋爪はそれを「公的エージェント（国家）」と表現した。[19]

　「今日的には，(1)広範な社会的有用性とともに，(2)環境破壊をともなわないこと，(3)社会的合意が得られていることが，公共事業が備えるべき要件である」［長谷川，前掲論文：445］といわれるとき，「環境破壊」も「社会的合意」も現実的には相対性を免れないことへの配慮がどこまで可能か。素朴な環境論の入り口にある手つかずの自然保護のみが「環境保全」ならば，新幹線の延長，ゴルフ場建設，登山道の開発，大規模公園整備，宅地開発，山を切り開いた大学キャンパス造成，新しい道路建設，リニアモーターカーの路線開発などはすべて「環境破壊」となるのではないか。

　さらに現在北海道石狩湾で計画されている1基当たり4000 kw級26基の洋上風力発電施設は，海岸から沖合10 km幅5 kmつまり50 km^{2}の海底は魚介類，海藻，海底生物，微生物全部が死に絶えるようなプランが環境アセスメントに合格している［金子，2013：211-213］。この現実に見る限り，社会的合意として現今の環境アセスメントもまた万全ではない。

　北海道石狩市と石狩湾では，10基ずつの陸上風力発電機が3社，26基の洋上風力発電機が1社というように4社が別々に風力発電を計画している。こちらもまた発電施設という意味では公共財の一つなのであろうが，実態はそれほど簡単ではない。

　なぜなら，それぞれ会社ごとの環境アセスメントにはすべて合格していても，4社による「合成の誤謬」により上記のように石狩湾の海底の一部は死の海になることが予見されるからである。社会的合意には「合成の誤謬」への配慮が欠落している。しかし，環境省も経済産業省もそれぞれの会社だけのアセスメントしか念頭になく，「合成の誤謬」には気が付いていない［金子，2013：

211-218]。

　同時に景観のアセスメントについては「フォトモンタージュ法」の自画自賛性への対応や「決まった評価基準」のなさについても，何も配慮されてはいなかった［同上：211-218］。社会的合意としてのアセスメントに合格はしていても「合成の誤謬」への配慮がない。その26基予定の洋上風力発電施設は自然に優しい「再生可能なエネルギー」とは縁遠い施設であり，環境社会学ではこれを「環境破壊」といわないのだろうか。おそらくこれらを単純な「環境破壊」としないのは，それ以上に「社会的有用性」への期待が大きいからであろうが，その評価基準は時代によって変動することは自明であり，「社会的合意」もまた社会システムの構成要素間の「勢力関係」（高田保馬）次第であることはよく知られたことである[20]。

　洋上風力発電施設と同じように，新幹線の騒音・振動という「環境破壊」への研究者による反対運動と，新幹線が研究者を含む国民全体に「広範な社会的有用性」をもつことの間の緊張関係は，この開業以来の50年間でどのように処理されたか。その社会的合意は確認されないままに，全国的な新幹線網の整備は進み，北陸新幹線や北海道新幹線が動き始めている。

　公共財という枠に入ってもこのような不十分さが残るのであるから，実物感覚から浮いた観念の世界にある「公共性」概念はさらに慎重な取り扱いが望ましい。なぜなら，二つの公共財がゼロサム現象を引き起こすことがあるからである。それを宇沢が主導した社会的共通資本論と，大気中の二酸化炭素の濃度を主原因とする地球温暖化論にみる。

3．社会的共通資本と地球温暖化問題

トレードオフ関係

　二酸化炭素地球温暖化論に立脚する経済学の一部には，学問的にも現状分析面でも貴重な役割を果たしてきた社会的共通資本（social common capital）論をめぐって，大きな欠陥が目立つようになった。公共財としても既に触れたよう

に一般に社会的共通資本とは，道路，港湾，鉄道，上下水道，電力，ガス，通信，学校，公園，病院などのインフラストラクチャーを指している［宇沢，1995：137］。40年にわたる社会的共通資本研究における宇沢の功績は周知の事実であるが，同時に手掛けていた地球温暖化論では，化石燃料の大量消費に伴う二酸化炭素の膨大な排出を前提として，社会的共通資本が建設され維持管理されるという認識を晩年まで宇沢がもったことはなかった[21]。

　たとえばこの事情は晩年の2008年段階でも変わってはいない。宇沢は「私が考えている社会的共通資本はまず自然。そして道，鉄道，水，電気，ガス，通信などのインフラストラクチャー。重要なのは，それらがどういうルールで運営され，どう供給されているかも含めて考えることです。第三は，教育とか医療といった制度。……これらがうまくつくられてはじめて，一つの国あるいは社会が，長期間にわたって調和のとれた経済発展を持続できる」［宇沢，2008：106-107］とみている。二酸化炭素による地球温暖化を論じなければ，社会的共通資本論についてはこのレベルの議論でも構わない。

　しかし2008年当時でも，国土交通省のホームページに掲載された2007年度予算における財源構成によれば，8兆860億円が道路投資総額であった。社会的共通資本の筆頭である道路の建設は鉄もコンクリートもコールタールも含むから，道路自体が「化石燃料の大量消費」物であり，膨大な二酸化炭素の発生を自明とする。この逆説的な理論への配慮が，社会的共通資本と二酸化炭素による地球温暖化論を同時進行させた晩年の20年間の宇沢作品には皆無なのである。

　宇沢の理論を忠実に紹介する柳沼［2014：211］は，現代科学の「知の切り離し（decoupling of knowledge）を批判して，「実践的な世界とつながった知」の重要性を指摘するが，一方で社会的共通資本建設や管理運営維持を説きながら，他方で二酸化炭素の排出規制による地球温暖化防止策を主張するほど，「知の切り離し」を象徴する言説は珍しいと私には考えられる。加えて，宇沢を含む二酸化炭素を主因と見る地球温暖化論のグループの特徴は，平均的なジェット旅客機1機が1分間で排出する二酸化炭素の量が600キログラム，10分間で6トン，100分間で60トンにもなる事実を例外扱いにする「非現実性」がある

［金子，2014a：166］。このレベルの二酸化炭素の排出量を前提としたフライトが毎日全世界で30万便にも達しており，加えて軍事目的の戦闘機のフライトが加わった「人間活動」による「化石燃料の大量消費」の典型であるのに，地球温暖化の主因からは外してきたという IPCC や関連の省庁や学界の「非現実性」にも疑問がある。

地球温暖化関連で宇沢の晩年には「比例的炭素税」の理論があるが，このようなジェット旅客機や戦闘機が排出する二酸化炭素への「炭素税」はどのように扱われる予定であったか。また，東日本大震災の復興工事で排出される二酸化炭素への「炭素税」はどのように考えられていたのであろうか。

なぜなら，東日本大震災の復旧・復興過程（redintegration）はまさしく道路，港湾，堤防，電力施設，鉄道，電線，上下水道などの社会的共通資本の建設が最優先されるからである。同時にその工事過程では膨大な二酸化炭素が排出される。この矛盾点を地球温暖化論者に向けて，私は何回か指摘してきた［金子，2012：159-169；2013：223-225；2014a：172-173］が，無関係の回答か黙殺されることが多かった。

より広く問題点を周知してもらえるように，新聞を媒介にしてこの問題を提起したこともある。「北海道新聞」文化面で，地球温暖化論者の江守にこの矛盾点について尋ねたのである［金子，2013.11.7］。1カ月後の江守の回答は，「震災復興の問題も，エネルギー政策の問題も，真剣に論じられるべきである」［江守，2013.12.3］というものであり，「地球規模の問題と国内の問題を同時に真剣に論じねばならない」という結論まで添えた全く無内容なものであった。私は，復旧・復興を本気で行うのならば，その過程では膨大な二酸化炭素の排出が予想されるが，地球温暖化論ではこの関連をどう処理するのかと「真剣に論じる」ために問いかけたのであるが，江守からは「真剣な内容」とはいいかねる返答が届いただけであった。

資源エネルギー庁の「エネルギー需給実績」によれば，2012年度は原発停止を受け輸入化石燃料による火力発電増に伴い，前年度比で二酸化炭素排出量は2.8％増加して，電力料金の恒常的な上昇も普遍化した。また，2013年度も前

年度比で二酸化炭素排出量は1.1％増加した。

　地球温暖化論では，ジェット旅客機を除く「人間活動」のうち，身近なレジ袋製造や自動車排ガスや化石燃料の燃焼で発電する際の二酸化炭素排出などを対象にしてきたという限界がある。しかし，ジェット旅客機の運行も空撮用のヘリコプターでも，さらに道路建設や発電所建設や空港建設ですら膨大な化石燃料を消費する。社会的共通資本の建設製造や維持管理を含むあらゆる産業活動すべてで，二酸化炭素の排出がなされている。その意味では，二酸化炭素地球温暖化論を本格的に信奉する立場なら，社会的共通資本論においてもすべての「人間活動」による二酸化炭素排出を理論化する義務がある。

宇沢地球温暖化論の限界

　また，宇沢温暖化論の結論部で繰り返し示された農業農村の姿は，現実離れしており，現代都市においては不思議な印象を与える。そこでは，農業が化石燃料とは無縁であるという架空認識が支配的であった。電気がない時代の村落を彷彿させる「農社」を作り，「農村を再編成して，農社の組織を中心として，持続的農業が可能となるようにすることは，地球環境の問題を解決するために重要な役割をはたす」［宇沢, 1995：206］という結論は，どの時代の何をイメージしたのであろうか。

　同時に「農業部門では，化石燃料を使わないでも，生産活動をおこなうことができます」［同上：187］とはいくら「小学生」［同上：はしがき］相手とはいえ，「非現実」的な実情無視であろう。水田耕作，果樹生産，酪農，温室栽培その他のあらゆる農業活動で，今日「化石燃料を使わない生産活動」があるはずもない。エネルギーベースで食料自給率が40％と低く，農家人口が着実に減少して，農業就業人口の高齢化率が2007年に60％を超えた日本で，「化石燃料を使わない生産活動」だけでは，国策としての食料自給率の上昇は不可能であろう。

　「農村を再編成して農社あるいはコモンズの組織中心とした持続的農業ができるようにすること」が「環境問題を解決するのに重要な役割を果たす」［宇

沢, 2008：107] という結論では，永年のせっかくの功績が霞んでしまう。

　なぜなら，ここにいわれるような非現実な「多様性」を都市は容認しないからである。それはジェイコブズの「多様性の自滅」［ジェイコブズ，前掲書：270］の事例ではあっても，現実的な機能を果たさない。いくら「多様性」が都市における諸問題の解決の手段として重視されるといっても，「秩序のシステム」［同上：404］がそこに内在しないから，宇沢のいうような諸概念は現代都市での有効性が得られない。

　経済学全体に不滅の功績を遺した宇沢ではあるが，2014年の逝去後に疑問や批判が出されるようになった。たとえば吉岡は，宇沢が地球温暖化の主因と見なした火力発電と生態系や環境を破壊するとして水力発電への厳しい批判をしている割には，「原子力発電について沈黙した」姿を浮き彫りにした［吉岡，2015：193］。「公害・環境問題に対して被害者サイドに立って分析・評論してきた日本の学者のほぼ全てが，原子力発電に対して批判的」［同上：194］であり，宇沢もまたそれらの人々との「付かず離れず関係」をもっていたにもかかわらず，「意図的に沈黙した」［同上：194］と吉岡は指摘する。

　反原発運動の成果で日本の発電量の90％以上が火力発電に依存して数年を経過するが，それを地球温暖化論の立場から批判し，7％の水力発電を生態系破壊の理由で批判した宇沢が頼ったのは原発でもなく，ましてや「再生可能エネルギー」でもなかった。「宇沢さんは再生可能エネルギーについてもほとんど実質的な議論をしていない」［同上：195］からである。これでは社会的共通資本論の不滅の功績が薄れてしまう。

　もう一人の室田はさらに強い批判を加える。「地球環境の将来を憂慮した先生は，テクノロジーとエコロジーの本格的な吟味に至らず，二酸化炭素に関する通説を無批判に受け入れて，地球温暖化脅威説を展開することに終始してしまった」［室田，2015：204］。同じく「リオ宣言以降の気候変動の議論が，科学的な根拠のあいまいな温暖化政治となってしまい，宇沢先生もこれに完全に巻き込まれてしまった」［同上：209］もまた，宇沢の限界を指摘したものである。[28]このあたりは，後継者による社会的共通資本としての電力システムの理論化な

らびに地球温暖化論との整合性についての議論がほしいところである。

　社会的共通資本の恒常的現状維持（メンテナンス）と建設（コンストラクション）が二酸化炭素を必ず排出する以上，この両者の論理的関連についての「混乱と無秩序」［同上：407］には，学術的に一定の判断と診断を加えることが政策的にも求められる。これもまた，都市社会学における鈴木のいう「たえず全体化する全体性」［鈴木，1986：542］への配慮の一部としておきたい。

4．公共性と共同性

非排除性と包摂性

　本章のまとめとして，公共性と共同性の関連を論じておこう。公共性（publicness）の基本は非排除性（non-exclusiveness）にあるのに対して，共同性（community-ness）のそれは包摂性（inclusion）にある。公共性が共同性と重なりつつも微妙に異なる理由は，共同性とは違って公共性の大原則には開放性（openness）があり，これによって公共施設や公共空間は日時や資格などの利用条件がなく，誰にでも開かれているからである。

　開放性が前面に出された空間や施設においては，これらを使うか使わないかの決定は利用者の意のままである。たとえば大規模な公園は公共空間の代表であるが，管理運営の責任主体である国，都道府県，市町村という「公」が定める日時は無制限に開かれている。ただし，その維持には主体者である「公」が税金を使って管理運営するので，見えるところに「管理事務所」などが設けられることも多い。

　しかし包摂性では，イングループとして所属することに何らかの条件（会費を払う，同じ施設や地区の居住者，農業者や漁業者として同種の生業を営む，一定年齢以上である，同じ職場の元同僚，学校の同窓など）を満たすことが求められる。これには必ずしも可視的な施設が不可欠というわけではない。

　しかし公共性と違って共同性では，それを体現した集団に参入するための条件が設定されやすい。たとえば，歴史的にみると村落では水をめぐる水利権に

関する共同性はもちろん，入会地や共有林の利用権についての共同性の問題があり，漁村でも漁業権に関する共同性の問題があった。それらの利用については，当該地区に居住して，年に数日間の道普請などの共同作業などを行ったり，同じ職業に従事するというような条件を満たすことが必要であった。集落全員が恩恵を受ける水であり，あるいは共有林であり漁場であるから，その集落の居住者でなければ使えないのである。

他方，社会運動にもイングループだけの共同性による区分があり，特定の主張を掲げたデモへの参加や街宣活動への関与，あるいは街宣のための新聞や資料の購読が求められたりする。また，カンパやデモ行進前後の集会への出席が義務づけられる。それらは包摂性の存続のために必要な共同行為であり，すべてが共同性を構成する。この場合，メンバーシップの包摂性は，その集団がもつ共同性の前提として機能している。

近隣がそうであるように，おそらく共同性は「公」が存在しなくても成立するが，公共性は何らかの「公」がなければ維持できない。大規模公園はもちろん，道路，港湾，上下水道などは「公」が主体となったガバナンスによってその公共性が保障される。さらに鉄道，バス，高速道路，通信，電力，ガスなどは民間企業が運営主体ではあっても，対価を支払えば誰にでも開放される高度な公共性を持つので，「公」が「民」（民間団体，NPO，運動組織）や「商」（企業，商店，商工団体）にたいして責任をもつという体裁を取りやすい。

電車バスの運賃値上げや電力ガス料金値上げはそれぞれの政府官庁の許諾が前提になっているし，輸入小麦や大豆などの食料品価格でさえも農林水産省がその権限をもっている。首相の一言がケータイ電話の利用料金を左右する。このように「公」の責任主体が明白である領域では，利用する側である市民，住民，国民などの範疇にまとめられる人々の社会規範にも公共性意識が確実に投影される。

これに対して，共同性は「公」の関与が弱く，まして「公」が共同性を管理指導することはめったにない。たとえばゴミステーションのゴミ捨てマナーは環境をめぐる地区住民による共同性の象徴的事例の一つであるが，「公」とし

第 3 章　社会的共通資本と都市社会の公共性

ての市役所や町役場は地区住民の共同管理の一部を支援するために清掃業務を果たしているのではない。

むしろ逆に，清掃業務は地区住民の共同性維持を目的に行われるのではなく，税金による市町村行政サービスの一部としての日常活動である。ただし該当地区に最低限の共同性がなければゴミの分別収集業務が困難になり，「公」としての清掃業務の円滑な遂行ができなくなる。だからこの共同性は必ずしも明示的ではないが，ゴミ出しルールを地区住民が守らないと居住環境の質が低下し，それは守った住民にも等しく悪い影響を与えるので，これはよくないという何らかの価値判断基準ないしは社会規範に左右されていることになる。

すなわち公共性も共同性も，それを担う人々（市民，住民，国民）に様々なレベルで共有されており，全体としては社会統合（パーソンズのいうⅠ機能）に向けた社会規範（パーソンズのL機能）が存在すると考えられる。そしてそれは，社会システムの共有価値の問題につながっていくのである。

注

(1) フリーライダーとは社会的共通資本に代表される集合財への「ただ乗り」を意味する専門用語であり，歴史的には「集団内の各個人は，集団が望む集合財に対して異なる評価を行うという事実から生ずる」［オルソン，1965＝1983：20］ことが端緒になって，「公共財」としても理論的な彫琢がなされてきた。「異なる評価」をした個人のうち，「合理的で利己的個人は，その共通のあるいは集団的利益の達成をめざして行為しない」［同上：2］ので，利益は享受するが負担は拒否するという「フリーライダー」が発生する。その多くは社会的共通資本論や環境研究で活用されてきた概念であるが，私はこれを「少子化する高齢社会」論にも取り入れてきた。

(2) 私の基本的な理解もこの線に沿っているが，その一方で都市の社会システムが「たえず全体化する全体性」を帯びて，逆に個人が「たえず私化する私性」［鈴木，1986：542］を濃厚に示す現状についても留意する。さらに本文のように，「公共性」を「公」と「共」に分割する可能性を模索してきた。なぜなら，周知の「都市的生活様式」論［倉沢，1998］では，下水にしてもゴミにしても元来は「共同性」による処理が通例であったが，行政を中心とする専門機関での処理が普遍化したために，市民の間には地域における「共」が薄れ，行政としての「公」への依存が高まったからである。ただし，都市部における下水道の普及率は，札幌市の99.7％，神戸市の98.7％が認められる一方で，北海道夕張市の24.8％，兵庫県洲本市の24.7％，福岡県田川市の０％などばらつきが大きく，全体社会レベルでの議論ではこの普及率の格差については気を付けておきた

い［東洋経済新報編集部，2015］。
(3) 高田保馬の「法則」志向は一つの個性として高く評価される。これについては富永［1971＝2003］による高田理論の解説論文，盛山［2003b］の高田勢力論にも詳しい。高田の「社会学概論」では，代表的な「法則」が「節」として登場しており，「結合定量の法則」「基礎社会拡大縮小の法則」「中間社会消失の法則」「基礎社会衰耗の法則」「社会分散の法則」「錯綜の法則」「利益社会化の法則」としてまとめられている。これらの多くの「法則」はいわゆる定量的な調査データによって証明される性質のものではないが，経験則では納得できる「法則性」をもつために，実証研究の仮説としては有益なものが多い。
(4) 通常の役割理論では個人の職業生活役割は「公」的役割とされることもあるが，ここでは家族役割と同様に「私」の役割に入れている。この一番大きな理由は，高齢者の増加にある。定年その他で退職した高齢者もまた市民なのであるから，職業生活を「公共」ないし「公」と位置づけると，退職後には「公共」や「公」の側面は大幅に縮小してしまう。アクティブエイジングという観点からは，高齢者でも公私の役割バランスが重要である。私的な役割である職業役割が定年退職により無くなっても，政治運動や行政への参加や社会活動への関与という公的役割は40歳でも70歳でも同じ意味をもっている。そこから，家族と職業活動は「私」的役割と位置づけて，それらを超えた政治運動や行政参加や市民参加活動などを「公」的役割が関わる領域として「公共圏」を取り上げるのである。

　しかしこの観点から国策としての厚生労働省「ワークライフバランス」を再検討すると，その不十分さが分かる。この政策では基本的に職場と家庭のバランスを取ることを強調していて，「公共性」ないしは政治や行政や地域社会における「公的役割」への関与はほとんど省略されている。また，政治運動や市民参加活動も地域社会がその背景にあるので，職場と家族優先の「ワークライフバランス」では地域社会が抜け落ちていることも見えてくる［金子，1998］。政府がこのライフスタイルを長年にわたり一つの基準として強引に国民に押しつけてきたことは，むしろ自由な生き方と働き方を憲法で保障されている国民にとっては有難迷惑なのではないか。
(5) 「多様性」は，日本において「地方消滅」を主唱する側も，それを批判し「地方創生」を強調する立場からも等しく重視されている［金子，2016a］。
(6) この要約と解説はたくさんあるが，私も簡単ながら行ったことがある［金子，2000：144-180］および［金子，2009：245-279］参照。
(7) たとえば都市社会学の延長線上に，「少子化する高齢社会」研究で都市高齢者調査結果を具体的に活用したことは，私なりのささやかな「学際性」の実践であった。
(8) 既述したように，「公」が管理運営する各種の専門機関による市民ニーズ処理システムである「都市的生活様式」の浸透は，現代都市市民の「公」への依存を強化するように作用した。道路建設でもゴミ処理でも「公」としての市役所が行うのであるから，現代都市ではますます「公」の存在が大きくならざるを得ない。ただし，都市に生きる「私」や「民」が「共同性」を媒介とした政治参加や行政関与を行い，さらには意思表

示行為として社会運動などへ参加するという「共」の領域は,「公」への異議申し立てを含むので,実態としても「公共」ではなく,「公」と「共」の分離と融合を含む学術的な精錬が必要になっている。
(9) 翻訳者の山形による解説はかなり本音の部分を含んでいる。たとえば「定義のない印象批評,きちんとした調査やデータの不在,目先の少数の例をもとにした過度の一般化」[山形,2010:485] は,もちろんアマチュアとしてのジェイコブズ批判だけに該当するものではなく,専門家でさえ当てはまる場合がある。
(10) 「少子化危機突破」宣言は政府でも全国知事会でも2013年以降繰り返されてきたが,私が主張してきた国民に負担をもとめる「子育て基金」の創設には選挙の際に支持されにくいという理由で政治家には無視されて,旧態依然とした「税金面での配慮」に終始してきた。これでは「少子化危機突破」は不可能である。なぜなら,「子育てフリーライダー」のほうが生涯獲得収入ではかなり得するので,一定比率の男女がその生き方を続けるからである。「育児をすると損する」,「育児と無縁ならば得する」という「価値判断」に切り込まないかぎり,「少子化危機」は続くであろう。この「価値判断」は周知の「ワークライフバランス」などよりも自然な形で国民に深く浸透している。
(11) 「進歩」と「秩序」はコント社会学の根本命題である。
(12) この概念が提起されてからの30年間は 'social overhead capital' が英語表現とされてきたが,2010年に宇沢を中心として刊行されたシリーズ[宇沢ほか,2010]では,説明抜きに 'social common capital' とされ,それ以後は柳沼[2014:205]のようにこちらの訳語が踏襲されている。なお宇沢からの手紙を紹介した大塚[2015:210]によれば,2003年4月の手紙に「宇沢が Social Overhead Capital を最終的に Social Common Capital と直してい」たと書いている。
(13) このような事例から公共財を論じる場合には,ガバナンスへの言及は不可避であると私は判断する。
(14) 「全体性」への視点がここでも不可欠である。
(15) ここにはかならず「フリーライダー問題」の視点を入れておきたい。
(16) 中久郎は「共同性」を「共」と「同」に分けたが,私は「公共性」を「公」と「共」に分ける点で異なる。
(17) なぜなら,「市民」の存在そのものが問いかけられていたからである。
(18) 国家政策に関連する高度の政治問題関連のデモでさえも,賛成派と反対派は必ず存在するのだから,国家に対抗するデモの参加者のみが「市民」というわけにはいかない。すでにマスコミ界では「プロ市民」という表現さえも珍しくない。
(19) この機能がガバナンスに他ならない。
(20) 「勢力」を社会現象だけでなく,経済現象にも適用するのが高田保馬の「勢力経済学」である。
(21) 宇沢の単著を30冊近く扱い,宇沢の伝記的紹介を行った元岩波書店社長の大塚[2015]にも,宇沢による社会的共通資本論への貢献が称賛されてはいるが,東日本大震災の復旧・復興に伴う社会的共通資本としての道路,堤防,港湾,鉄道,公園などの

㉑ 造成工事に伴う膨大な二酸化炭素の排出への言及は，宇沢同様に全くなかった。
㉒ 大塚は宇沢の著書から重要な個所を引用している。たとえば宇沢の社会的共通資本は，ミルの「定常状態」を実現するための制度から考えていこうとするものと紹介している［大塚，前掲書：28］。「東日本大震災」はもちろん「定常状態」ではなく，空前の「異常状態」である。そのために，宇沢は，復興に伴う工事による二酸化炭素の排出（宇沢は地球温暖化の主因と見た）と社会的共通資本の理論との関連については無視したのであろうか。
㉓ 同じく大塚は，宇沢が「尊敬する師」であったアローの「一般均衡理論」に対して投げかけた「非現実性」という批判を紹介している［大塚，前掲書：94］が，この「非現実性」は，社会的共通資本論に東日本大震災の復興工事に伴う二酸化炭素の膨大な排出を無視する宇沢を含む地球温暖化論者たちにも向けられことになる。
㉔ 2011年3月10日までに，二酸化炭素の濃度上昇と地球温暖化を結びつけ，二酸化炭素の削減を強調していた研究者の大半は，3月11日以降沈黙するか，異なった研究テーマを取り上げるようになったと思われる。おそらく，東日本大震災被災地の復旧・復興工事に伴う膨大な二酸化炭素排出が見込まれるために，地球温暖化を防止するための二酸化炭素の排出規制を叫べなくなったからであろう。
㉕ これは日本全国の原発停止の結果，個人も法人も原発分の節電をしなかったために，火力発電に依存することを余儀なくさせられたためであり，復旧・復興工事による二酸化炭素排出量の増加ではない。
㉖ もちろん大塚にはこのような視点はなく，宇沢を引用しながら，「地球温暖化を考えるさいに，二酸化炭素が重要な役割をはたしている」［大塚，前掲書：156］と書いている。
㉗ 2007年時点で農家の世帯主の高齢化率が60％という数字は，2005年国勢調査結果の日本人全体の高齢化率20.2％に比べると，約3倍にもなる。農林水産省はこの高齢化率の格差を無視しており，この年齢の世帯主を中心にして食料自給率を10年後に上昇させるプランの実行は絶望的に困難である。
㉘ 同じような指摘は明日香壽川［2009］，諸富徹・浅岡美恵［2010］，西岡秀三［2011］，佐和隆光［1997］にも向けられるであろう。いずれも岩波書店刊行であることは興味深いものがある。

参考文献
明日香壽川，2009，『地球温暖化』岩波書店．
新睦人，1995，『現代社会の理論構造』恒星社厚生閣．
Bellah, R. N. et. al. 1985, *Habits of the Heart*, University of California Press（=1991，島薗進・中村圭志訳『心の習慣』みすず書房）．
Burawoy, M., 2005, "2004 American Sociological Association Presidential address: For Public Sociology", *The British Journal of Sociology*, 2005 Volume. 56 Issue 2：259-294.
Coleman, J. S., 1990, *Foundation of Social Theory*, Harvard University Press（=2004，久

慈利武監訳『社会理論の基礎』（上）青木書店；＝2006, 久慈利武監訳『社会理論の基礎』（下）青木書店）.
江守正多, 2013,「地球温暖化懐疑論に応える」『北海道新聞』2013年12月3日.
Fisher, C. S., 1984, *The Urban Experience*, Harcourt Brace Jovanovich（＝1996, 松本康・前田尚子訳『都市的体験』未来社）.
藤田弘夫編, 2010,『東アジアにおける公共性の変容』慶應義塾大学出版会.
Galbraith, J. K., 1973, *Economics and the Public Purpose*, Houghton Mifflin Co（＝1975, 久我豊雄訳『経済学と公共目的』河出書房新社）.
長谷川公一, 2000,「共同性と公共性の現代的位相」『社会学評論』Vol. 50, No. 4：436-450.
橋爪大三郎, 2000,「公共性とは何か」『社会学評論』Vol. 50, No. 4：451-463.
磯村英一, 1956,「都市社会研究への反省」福武直ほか『林恵海教授還暦記念論文集　日本社会学の課題』有斐閣：523-527.
磯村英一, 1976,『都市学』良書普及会.
Jacobs, J, 1961, *The Death and Life of Great American Cities*, The Random House Publishing Group（＝2010, 山形浩生訳『アメリカ大都市の死と生』鹿島出版会）.
金子勇, 1997,『地域福祉社会学』ミネルヴァ書房.
金子勇, 1998,『高齢社会とあなた』日本放送出版協会.
金子勇, 2000,『社会学的創造力』ミネルヴァ書房.
金子勇, 2003,『都市の少子社会』東京大学出版会.
金子勇, 2006a,『少子化する高齢社会』日本放送出版協会.
金子勇, 2006b,『社会調査から見た少子高齢社会』ミネルヴァ書房.
金子勇, 2007,『格差不安時代のコミュニティ社会学』ミネルヴァ書房.
金子勇, 2009,『社会分析』ミネルヴァ書房.
金子勇, 2011,『コミュニティの創造的探求』新曜社.
金子勇, 2012,『環境問題の知識社会学』ミネルヴァ書房.
金子勇, 2013,『「時代診断」の社会学』ミネルヴァ書房.
金子勇, 2014a,『「成熟社会」を解読する』ミネルヴァ書房.
金子勇, 2014b,『日本のアクティブエイジング』北海道大学出版会.
金子勇, 2016a,『「地方創生と消滅」の社会学』ミネルヴァ書房.
金子勇, 2016b,『日本の子育て共同参画社会』ミネルヴァ書房.
金子勇編, 2003,『高田保馬リカバリー』ミネルヴァ書房.
金子勇, 2013,「CO_2 地球温暖化論への懐疑」『北海道新聞』2013年11月7日.
倉沢進, 1998,『コミュニティ論』放送大学教育振興会.
室田武, 2015,「宇沢理論における経済の形式と実在」『現代思想』43巻4号, 青土社：204-213.
諸富徹・浅岡美恵, 2010,『低炭素経済への道』岩波書店.
内藤莞爾, 1956,「理論研究の位置と展望」福武直ほか『林恵海教授還暦記念論文集　日

本社会学の課題』有斐閣：17-35.
中久郎，1999，『社会学原論』世界思想社.
西岡秀三，2011，『低炭素社会のデザイン――ゼロ排出は可能か』岩波書店.
Olson, M., 1965, *The Logic of Collective Action*, Harvard University Press（＝1983，依田博・森脇俊雅訳『集合行為論』ミネルヴァ書房).
大塚信一，2015，『宇沢弘文のメッセージ』集英社.
Roberts, K., 2012, *Sociology: An Introduction*, Edward Elgar.
佐々木毅・金泰昌編，2002，『公共哲学7　中間集団が開く公共性』東京大学出版会.
佐和隆光，1997，『地球温暖化を防ぐ』岩波書店.
盛山和夫，2003a，「高田社会学における勢力理論」金子勇編『高田保馬リカバリー』ミネルヴァ書房：184-201.
盛山和夫，2003b，「高田保馬における勢力理論の展開」高田保馬『勢力論』ミネルヴァ書房：343-363.
Sennett, R, 1977, *The Fail of Public Man*, Cambridge University Press（＝1991，北山勝彦・高階悟訳『公共性の喪失』晶文社).
資源エネルギー庁，2015，「2013年度エネルギー需給実績」（資源エネルギー庁ホームページ).
鈴木広，1970，『都市的世界』誠信書房.
鈴木広，1986，『都市化の研究』恒星社厚生閣.
高田保馬，1959＝2003，『勢力論』ミネルヴァ書房.
高田保馬，1971＝2003，『社会学概論』ミネルヴァ書房.
武田良三，1956，「診断学としての社会学」福武直ほか『林恵海教授還暦記念論文集　日本社会学の課題』有斐閣：549-555.
武川正吾，2007，「公共政策と社会学」武川正吾・三重野卓編『公共政策の社会学』東信堂：3-45.
田中重好，2010，『地域から生まれる公共性』ミネルヴァ書房.
富永健一，1971＝2003，「高田保馬の社会学理論」高田保馬『社会学概論』ミネルヴァ書房：331-371.
富永健一，2003，「高田保馬とパーソンズ」金子勇編『高田保馬リカバリー』ミネルヴァ書房：223-260.
東洋経済新報編集部編，2015，『都市データパック　2015年版』東洋経済新報社.
宇沢弘文・鴨下重彦編，2010，『社会的共通資本としての医療』東京大学出版会.
宇沢弘文，1973，「都市装置の理論」伊東光晴ほか編『現代都市政策Ⅷ　都市の装置』岩波書店：51-70.
宇沢弘文，1977，『近代経済学の再検討』岩波書店.
宇沢弘文，1995，『地球温暖化を考える』岩波書店.
宇沢弘文，2002，「地球温暖化と倫理」佐々木毅・金泰昌編『公共哲学9　地球環境と公共性』東京大学出版会：33-46.

宇沢弘文，2008，「地球温暖化と持続可能な経済発展」『環境経済・政策研究』Vol. 1, No. 1，岩波書店：3-14.
Wirth, L, 1938, "Urbanism as a Way of Life", *American Journal of Sociology*, (44)（＝1978, 高橋勇悦訳「生活様式としてのアーバニズム」鈴木広編 『都市化の社会学』〔増補〕誠信書房，127-147）.
Wirth, L. A. J. Reiss, JR (ed.), 1964, *On Cities and Social Life*, The University of Chicago.
山形浩生，2010，「訳者解説」Jacobs, J, 1961, *The Death and Life of Great American Cities*, The Random House Publishing Group（＝2010, 山形浩生訳『アメリカ大都市の死と生』鹿島出版会）：476-495.
柳沼壽，2014，「地球環境問題と自省的組織の役割」間宮陽介ほか編『社会的共通資本と持続的発展』東京大学出版会：203-234.
油井清光，2000，「パーソンズにおける『社会的共同体』と公共性」『社会学評論』Vol. 50, No. 4：464-479.
吉岡斉，2015，「原子力発電について沈黙した宇沢さん」『現代思想』43巻4号，青土社：191-195.

コラム　隣接領域との対話：社会工学
反テイラリズムの公共組織改革

坂野達郎

官僚制に代わる組織編成原理の模索

　社会システムを，客観主義と道具的合理性にもとづいて分析し，設計し，管理するという近代的な計画観の起源は，フランスの実証主義に見出すことができる。18世紀後半から19世紀初頭に成立した実証主義の主導者であるサン・シモンは，観察と実験によって社会の法則を発見し，それを応用することによって社会を進歩させることができるし，そのためには，科学者，エンジニア，そして経営者を集め，発明院（chamber of invention），評価院（chamber of review），実施院（chamber of implementation）の3部門からなる政府を組織すべきであると提唱している。J.フリードマンが指摘しているように，サン・シモンによって明示化された思想は，テイラリズム，システム分析などを経由して，現在まで脈々と受け継がれている［Friedman, 1987］。テイラーの科学的管理に代表される計画観と近代合理的な手法は，生産活動を超えて社会のあらゆる領域に影響を及ぼす。R.カニゲルは，テイラリズムの影響が，監獄，病院，学校といった規律を重視する施設における行動管理から，スポーツの練習，レジャーの過ごし方，料理のレシピ，健康管理法といった日常生活にまで及んだことに言及している［Kanigel, 2005］。社会の計画化である。

　しかし，客観主義は標準化を，道具的合理性はヒエラルキーを不可避的にともなうため，個人の幸福と社会の利益を調和させるはずの計画化が，社会全体の利益のために個人の幸福を犠牲にしているという批判はテイラリズム誕生の当初からあり，現在もこの問題から抜け出せずにいる。産業組織論の歴史は，特に1950年代以降は，テイラリズム，より広く捉えれば官僚制に代わる組織原理の模索の歴史でもある。ここで，問われていることは，客観主義は標準化を

道具的合理性はヒエラルキーを不可避的にともなうという前提は，本当に正しいのかということである。

道具的合理性の徹底と公的組織の脱構築

　計画，予算，組織，人事はいずれも組織をコントロールするための手段である。計画は，これら諸コントロール手段の中でも，道具的合理性を強く意識して考案された手法である。道具的合理性とは，目的達成に最上位の価値を置き，手段の価値を目的との関係においてのみ問う考え方のことである。道具的合理性の下では，組織や予算ありきで仕事を始めるのではなく，目的達成のために組織や予算を状況に応じて柔軟に変えることが求められる。

　道具的合理性を徹底することは，一見すると当たり前のことのようだが，実は組織のありようを根底から変革する契機となる。近年の行政改革は，行政組織の内部改革にとどまらず，行政サービスの市場化や官民パートナーシップといった官と民の境界自体を再定義することにまで及んでいる。官というだけでは公共サービスの独占的提供主体としての地位は保障されなくなってきている。そのことは，市場化テスト，PFI，指定管理者制度などに象徴的に表れている。このような改革の背景には，官民の差を問わずに目的達成の有効性や効率性の観点から組織の優劣を比較し，より優れている方を選択するという道具的合理性の考え方がある。道具的合理性は，行政の近代化が始まってからこのかた影響を及ぼし続けている。近年の行政改革は，その理念をより徹底させたものと捉えることができる。

　日本に計画行政という考え方が導入されるのは，概ね1950年代後半からである。それ以前の組織管理理論では，計画，組織，予算，人事について個別に論じられることはあったが，計画が諸経営機能の中で最上位に置かれることはなかった。これに対して，1950年代後半からは，次第に目的達成のもとに予算や組織といった組織コントロールの諸手段を従わせる理念が明確になってくる。しかしこの計画の理念は，行政組織のありようを根本的に変えるまでには至らなかった。計画担当部門は，多くの場合，予算，組織，人事を担当する部門と並

列的に設置され，資源配分の要は予算や人事が抑えるという状況に大きな変化はなかった。また，縦割り行政の弊害が問題視されながらも，合理的政策体系に合せて組織を再編するのではなく，既存の組織を前提にして政策体系の方を暫時調整するという組織慣行は根本的に変化することはなかった。

ところが1980年代後半から事情は大きく変化してきている。英語圏で始まったニューパブリック・マネジメント（以下NPMと略す）の動きがそのきっかけになっている。NPMは，官僚制の弊害を克服するための一連の行政改革と言われている。その背景には，深刻な財政赤字と官僚組織に対する信頼の揺らぎがある。日本でも，1990年代の後半からNPMの影響を受けて改革に取り組む自治体が次第に増え始めた。改革の原動力は，NPMに先行的に取り組んだ国々と同様に，深刻な財政赤字と官僚組織に対する信頼の揺らぎである。NPMは，道具的合理性をより徹底させることで，揺らぎ始めた行政に対する信頼を取り戻すための試みである。道具的合理性の追求という指導理念に沿った改革という点においては，計画の延長線上にある手法ともいえる。ただし，従来の計画が内部管理手法としての側面が強かったのに対して，NPMは，官僚制の弊害をただすための外部統制や説明責任の側面をより強く意識した手法となっている。

しかし，外部統制の強化といっても，益々複雑になる行政活動を細部にわたって組織外部から監視し統制することは，はたして効率的な経営管理手法たりえるのだろうか。新たに生じる管理事務の手間暇は膨大になり，かえってコストが増えてしまう。外部統制の強化は，統制を受ける側のインセンティブを考慮すること無しにはうまく進まないという問題もある。職員のモチベーション向上や状況に応じた柔軟な対応には，外部統制ではなく権限委譲の方が有効ではないのかという反論が容易に考えつく。

成果にもとづく管理と権限委譲の両立

統制強化と権限委譲の対立をいかに克服するかは，組織管理の基本問題である。NPM以前の道具的合理性を指向した改革は，この組織管理上の課題に解

コラム　隣接領域との対話：社会工学

を見いだせなかった。計画にもとづく統制を確実にするためには，計画部門に権限を集中させることが必要だと考えられてきた。計画部門へ権限を集中するために，企画財政部を設置する自治体もあった。しかし，企画部門への権限集中は，事業部門の抵抗で多くの場合うまく進まなかった。仮に，計画部門への権限集中が進んだとすると，行政効率は低下してしまう危険性もある。複雑な行政活動を集権的な組織構造でコントロールすることがうまくいかないのは，旧社会主義国で計画経済が破綻したことをみれば容易に想像ができる。

　道具的合理性が組織の指導理念として浸透しなかった原因は，統制強化と権限委譲の対立にあったと考えられる。同じ構造の問題は，市民と行政組織との関係にも存在する。NPMは，この組織管理上の対立を乗り越える管理手法である。管理部門の統制機能を強化しつつ事業部門の権限委譲を進める，あるいは市民統制の機能を強化しつつ同時に事業実施組織の権限委譲を進めることは可能である。そして，その鍵となるのが成果目標に基づく管理である。

　規則にもとづく管理と階層的組織編成は，近代的行政組織管理の２大原則であった。これに対して，成果目標に基づく管理と分権的な組織編成がNPMの２大原則である。一律の規則に基づく管理は，執行担当者による権限の乱用を防ぎ，標準的なサービスを公平に提供する上で一定の役割を果たしてきた。しかし，市民にとっては，事細かなルールは問題ではない。どのようなサービスが提供されるのか，またその結果生活がどう変わるかが重要である。また，規則によって裁量の範囲が狭められると，創意工夫の余地が狭められてしまうため，状況に応じて柔軟に対応しようという担当者の意欲がそがれてしまう。規則による管理では，統制強化と権限委譲の対立を克服するには限界があることがわかる。

　成果目標にもとづく管理は，規則にもとづく管理のこの限界を克服する手法である。まず，市民満足に直結するレベルで成果目標を設定する。その上で，執行担当者が目標達成に責任を負う。さらにその達成手段の選択について，執行担当者にできる限り権限を委譲する。こうすることで，市民は，事業実施上の細部について監視するコストを払わずに，サービスの質に対して監視が可能

となる。統制の対象を執行行為のレベルではなく成果レベルに上げることで，成果レベルで統制機能強化をはかりつつ，執行レベルで権限委譲することが原理的には可能となる。

　NPMの成否は，したがって，第一に成果目標がうまく設定できているかどうか，第二に成果を達成するために必要な執行上の権限が執行担当者に十分委譲されるかどうかにかかっている。ただ，成果主義を代表とするNPMの影響が日本の行政組織に影響を及ぼし始めてから10年以上たつ現在，組織は，かえって窮屈になってしまったと感じる人もおおいのではないだろうか。権限移譲の伴わない，成果主義は，ヒエラルキーを前提にしたテイラリズムと変わらないので，しばしばネオ・テイラリズム，あるいはハイパー・テイラリズムと呼ばれる。NPMが契機となってテイラリズムを乗り越えることができるかどうかの評価が定まるには，もう少し時間が必要である。

参考文献

Friedmann, J., 1987, *Planning in the Public Domain: From Knowledge to Action*, Princeton University Press.

Kanigel, R., 1997, *THE ONE BEST WAY: Frederick Winslow Taylor and the Enigma of Efficiency*, Viking Penguin.

坂野達郎，2000，「組織論から見た行政評価の位置づけ」NIRA政策研究，Vol. 13 No. 2：48-51.

坂野達郎，2003，「長期計画から戦略経営へ」『自治体と計画行政』日本都市センター：84-98.

第 2 部
災害,地域,家族をめぐる共同性と公共性

第4章 災害対策と公共性

田　中　重　好

1．災害は公共性が高い

　災害という社会現象は公共性が高い。災害は公衆の関心の的になるばかりではなく，被災者へ社会的支援を行うことも当然とされる。たとえば，B.ラファエルは自動車事故死と災害死とのケースを比較して，次のように述べている。「自動車災害は，犠牲者の家族に強烈な私的悲劇をもたらし，人間社会での個人的な災害体験の発生源の最たるもの」［ラファエル，1986＝1988：38］であるのとは対照的に，「災害による死別は公共性が高い。その［災害の］死別がいつ，なぜ，どのようにして起こったかについて，少なくともおおよそのことは，誰でも知っている。だから遺族に対しては一般からの多くの同情と支援が集まり，死者を出したこと以外にはその災害によって直接被害を受けていない場合でも，配慮や保護の手が集中することになろう」［同：168］。

　災害という現象そのものが公共性の高いことに関連して，行政の防災対策も「公共性が高い」案件で，その具体的な内容についても「公共的合意」が得られやすい。防災対策のアドバイザーとして長らく関わってきた吉井博明は，防災は「コンセンサス・イシューです。防災はあまり反対する人はいないのです」［吉井，2015：90］という。このように，常日頃の防災対策を実施するという政府の提案，あるいは，発災後の行政的支援を強力に押し進めるという政府の提案に対して，反対する人は少ない。たとえば，2011年の東日本大震災後の

補正予算案や2016年の熊本地震のための補正予算案については，それまでさまざまなイシューで対立関係にあった与野党間においても，容易に合意が図られた。

　このように一般的に，災害現象は公共性の高い事柄であり，防災対策も公共的な合意が形成しやすいものであると信じられている。そうであれば，何を公共性の観点から，あらためて「災害と公共性」について議論する必要があるのであろうか。実は，「防災の公共性」が自明のものとされてきた結果，さまざまな重要な問題が看過されてきた。その点を明らかにすることによって，「隠された」日本の防災対策の問題点が浮かび上がってくるのである。

　本章では防災対策と復興対策を取り上げ，日本の災害対策に見る公共性の特徴を明らかにする。第2節では，1961年に制定された災害対策基本法を基礎に作り上げられた防災体制を取り上げる。それ以前は大規模な災害発生をうけてその都度，防災に関する法律や政策が整備されてきた。しかし，伊勢湾台風をきっかけに制定された1961年の災害対策基本法は文字通り「災害対策の基本的な法」であり，この法が成立したことによって戦後日本の防災体制の基礎が形作られた。ここでは，この災害対策基本法を中心とした防災体制に見る特徴を検討する。第3節では，災害復興における公共性を議論するために，東日本大震災からの復興事業，とくに津波の激甚被災地の高所移転，嵩上げ事業を取り上げる。この事業を1933年三陸津波後の高所移転事業と比較検討することによって，現代の復興事業における特徴が浮かび上がってくる。第4節では，「公共性とは何か」を改めて定義した上で，防災体制と復興事業での特徴から，そのもとにある公共性を「官の公共性」であると結論付ける。

2．災害対策基本法と公共性

伊勢湾台風と災害対策基本法の制定

　戦中から戦後十数年にわたって，自然災害が相次いだ。その大災害の「総決算」をなしたのが，1959年の伊勢湾台風であった。

1959年9月23日に中心気圧894mb，最大風速75m/sの超大型台風に発達した台風15号は，26日18時頃には，929.5mbという強い勢力を保ったまま和歌山県潮岬に上陸し，三重県鈴鹿峠付近を通過し，富山県へと進んだ。本土に上陸した台風としては，過去最大を記録した。最大の被害を受けた東海地方が強風域に巻き込まれたのは21時台で，21時25分最大瞬間風速45.7m/s，ほぼ同時刻には名古屋港で最大潮位5.81mに達した。

全国で死者，行方不明者合計5,101名，被災世帯35万世帯，罹災者は160万人を越え，床上浸水19万世帯，床下浸水22万世帯，建物全半壊14万体，被害額は7,000億円を超えた。同年の政府の一般会計予算額は1兆4,192億円であったから，伊勢湾台風の被害額は政府予算の半分近くに達していることになる。被害は愛知県内に集中した。伊勢湾台風は，強風，集中豪雨，洪水，高潮災害を発生させたが，そのなかでも最大被害をもたらしたのは，高潮による広範囲の浸水であった。

未曾有な被害をもたらした伊勢湾台風災害を契機に，「総合的かつ計画的な」防災行政体制の整備をはかる必要性が指摘され，1961年，災害対策基本法が制定された。これによって，今日の防災体制の基礎が形作られた。災害対策基本法が制定される以前には，災害に関する事柄は150本以上の法律に及び，法律相互の関連性，整合性に欠け，総合的な災害対策を進めることができなかった。

災害対策基本法の特徴

災害対策基本法の最も重要な特徴は，防災対策の「総合性」の確保，防災対策の「計画性」の確立，緊急対応能力の向上，行政中心の防災体制の4つの点である。

第一の特徴は，防災対策の総合性の確保である。防災対策とは，本来，総合行政的な性格をもっている。すなわち，緊急支援には消防，警察，自衛隊，医療機関などが必要となるが，その後，道路修復などの建設土木事業，被災地の保健衛生対策，産業復興政策，住宅政策，生活物資の供給や生活資金の給付貸与などの社会福祉対策，学校の再建のための教育対策など，あらゆる行政部門

が関わってくる。

　こうした防災対策の総合性は，内閣総理大臣を会長にした中央防災会議の設置によって確保される。内閣総理大臣を会長とする中央防災会議を設置することにより，各省庁に分散している防災関連事業を束ねることが可能となり，中央政府レベルでの総合性が実現される。中央防災会議で防災の基本的な方針を整理し，その基本方針の下に，各省庁での事業を実施するという体制を作り上げたのである。ただし，災害対策基本法は，各省庁の既存の分担関係や権益に何ら修正を加えないように作られている。

　また，中央防災会議の下に，都道府県，市町村にも地域防災会議を設置して，地域ごとに総合的な防災対策を推進する。そのことによって，中央と地方との間の統合性が確保される。さらに，中央防災会議が放送，交通，電力，ガス，赤十字などの防災に関連する機関（指定公共機関）と連携をはかることによって，政府を中心に民間機関との統合性を確保する。以上見てきたように，中央政府内の各省庁間の関係，中央政府と地方政府との関係，中央政府と民間の指定公共機関との関係という三つのレベルで，防災対策の統合性が確立された。この統合性は中央集権的なものでもある。

　第二の特徴は，防災対策の計画性の確立である。災害対策基本法において初めて，防災対策において計画の考え方が持ち込まれた。その計画とは，防災基本計画，地域防災計画，防災業務計画の三つである。まず中央防災会議が防災基本計画を策定し，日本全体の防災の基本的な全体計画を策定し，防災全体の根幹を定める。次に，政府の基本計画に基づいて，都道府県レベルで地域防災計画，市町村レベルで地域防災計画を策定し，計画上の「中央と地方を通じた」整合性を確保する。さらに，基本計画に基づいて，各指定公共機関は防災業務計画を策定し，政府とそれらの機関との防災計画の一体性を作り上げる。防災業務計画は，防災基本計画に基づき，各指定行政機関の長及び指定公共機関が所掌事務又は業務に関し防災計画を作成するものである。以上の計画の体系も中央集権的なものである。

　戦後日本の行政全体は計画化を進めてきた。その点では，災害対策の計画性

を整備することは，行政の計画化の一環である。しかし，同じ計画のなかでも防災計画は特殊であり，そのことは全国総合開発計画と比較すると明らかである。総合開発計画は計画目標の設定が政治的な課題となり，社会的に幅広い議論のもとに策定される。それに対して，防災基本計画は，社会的な議論はもちろん，国会の議論においても取り上げられることが少ないし，制度的に国会の承認を必要としていない。

このように，日本の防災体制は，中央集権的に「総合性」「計画性」を束ねていた。

第三の特徴としては，防災対策基本法は成立当初，災害が発生した後の緊急対応力の向上に最も力がそそがれていた。第四の防災対策基本法の特徴は，防災対策を「行政の仕事」と位置づけたことにある。同法は，総則，防災に関する組織，防災計画，災害予防，災害応急対策，災害復旧，財政金融措置，災害緊急事態，雑則，罰則の各章から構成されている。これらの職務はすべて基本的には行政によって行われる，と規定されている。

災害対策基本法を検討する過程においても安井謙自治大臣は参議院地方行政委員会（1961年10月27日）において，「災害に対する予防，救助等の最終的責任というものは国にある，政治的責任は国にあると見なければならぬと思いますが，しかし，それを果たします上からは，国，地方団体あるいはそれの関係機関及び住民，こういうものが三位一体となって対処すべきものだと考えております」と答弁している。ここでは，防災は「国，地方団体あるいはそれの関係機関及び住民」が協力して行なうべきだとしながらも，「最終的責任というものは国にある」と断言している。

制定当初，同法では防災に関して「国の責務」「都道府県の責務」「市町村の責務」「指定公共機関及び指定地方公共機関の責務」と並んで，確かに「住民の責務」という条項が設けられている。「住民の責務」についてわずかに「地方公共団体の住民は，防災に寄与するように努めなければならない」と定められていたのみであった。同法中に「住民」という単語が登場するのは10ヵ所であるが，「住民」という言及の大部分は「都道府県は，当該都道府県の地域並

びに当該都道府県の住民の生命,身体及び財産を災害から保護するため」といったように「保護の対象」「防災の客体」として登場するだけである。「防災の主体」として登場するのは先にあげた条文のみである。全体として,成立当初の災害対策基本法には,防災に関連する団体を行政機関あるいは指定公共機関と規定しており,非行政部門や民間人についての規定が少ない［風間,1998：4］。

災害対策基本法制定以降

阪神淡路大震災までの間,着々と防災対策が進められていった。防災関係予算額の推移で見ると,災害対策基本法制定間もない1963年の1981億円から,1970年代半ばに1兆円を超え,1995年の阪神淡路大震災後には7兆円を越える。こうした防災関係予算の増加は,当然のことながら,防災行政の体制が整備され,防災政策が拡充されていったことを示している。1959年の伊勢湾台風,1960年のチリ津波の後,1995年の阪神淡路大震災まで約35年間,幸い大きなハザードが発生しなかったことにも関係して,防災関係予算の中身も,災害復旧費が減少し,それに代わって将来への予防対策費が増加していった。

こうした防災対策のあり方は,1995年に発生した阪神淡路大震災を契機にして,再検討が始まる。阪神淡路大震災の提起した重要な第一の問題は,「行政的対応の限界」である。たとえば,熊谷良雄は「阪神・淡路大震災では,行政による災害応急対応の限界が明らかに」なったと指摘している［熊谷,1999：45］。行政に側からも「公助」だけではなく,「共助」「自助」が防災対策には必要だ,という議論が起きる。共助とはボランティアとコミュニティによる災害対応であり,自助とは家族を含む私的対応を意味している。

しかし,こうした防災に関連する社会的な議論にもかかわらず,災害関連の法行政制度には基本的な変更はなかった。災害対策基本法は,阪神淡路大震災を契機に,制定後初めて大幅改定がなされたが,法律の改正点も国や自治体の組織や役割に関わる改正が主であった。わずかに,住民の責務に関する記述は次のように若干加筆された。当初,災害対策基本法では「住民等の責務」は

「地方公共団体の住民は，防災に寄与するように努めなければならない」とだけ規定されていたのが，「地方公共団体の住民は，自ら災害に備えるための手段を講ずるとともに，自発的な防災活動に参加する等防災に寄与するように努めなければならない」という規定に改正された。「自発的な防災活動」といった表現は，公助・共助・自助論の提起を受けてのことと考えられる。だが，現在まで，行政中心の防災対策の推進という原則には揺るぎがない。

3．災害復興と公共性

次に，災害復興過程に見られる公共性について検討してみよう。

東日本大震災からの復興事業の特徴を明らかにするために，昭和三陸津波からの復興事業と比較する。ただし，復興事業全体は幅広い分野に及ぶためすべてを取り上げるのは不可能である。そのため，ここでは復興事業のなかから，津波災害においてもっとも特徴的な復興事業である居住地の復興とくに高地移転に限定する。

また，東日本大震災の復興事業が，2016年4月現在でも進行中であるため，政策の基本方針と実施とのズレ，最終的な実施結果やその多様性などを検証するにはまだ時間が必要である。そのため，本稿では両災害の政策の基本方針を中心とした比較検討にとどめる。

昭和三陸津波からの復興事業

1933年3月3日，深夜2時31分に，三陸沖を震源としてM8.1の地震が発生した。沿岸での震度も5に達した。ただし，「地震による被害は少なく，三陸地方で壁の亀裂，崖崩れ，石垣・堤防の決壊があった程度」［渡辺，1998：114］であった。とはいえ，この地震を体験した人は「とにかく，夜中に大きな地震で揺れ起こされて。家の揺れによる，ギッツマ，ギッツマっていう柱の軋む音ですか。今にも崩れるんでないかと不安で」［田老町教育委員会，2005：31］飛び起きるほど激しい揺れを感じた。こうした大きな揺れのため，ほとんどの人

は地震の揺れで目を覚まし津浪来襲を警戒したと証言している。

案の定，大津波が三陸沿岸に押し寄せた。死者行方不明者が岩手県で2,671名，宮城県で315名，両県で合計2,986名に及んだ。流出家屋も岩手県で3,850戸，宮城県で477戸，両県で合計4,327戸であった。明治三陸津波では両県での死者行方不明者21,545名，流出家屋6,426戸であったから，被害そのもの，特に死者行方不明者数が大幅に減少している。また，東日本大震災の被害と比べても，被害は少ない。

被害の絶対数が明治津波と比べて少ないとはいえ，明治三陸津波災害からわずか37年しか経っていない時点で，同じ地域でこのような大災害を受けたことは，被災地の人々はもちろん，遠くはなれている人々にとっても，大きなショックであった。それを，地震学者の今村明恒は「三陸の太平洋沿岸は津浪来襲の常習地として世界一であるが，しかしそのような世界一は決して自慢にならぬ。否，これに基づく災害を防止し得ないのは，むしろ文明人の恥辱ではあるまいか」と述べた［今村，再録：331］。そのため，こうした被害に二度と合わないようにする対策が，真剣に検討された。その方策が，これから述べる復興事業，特に集落移転事業であった。

政府の災害対応は，岩手，宮城両県からの強力な陳情にも動かされながら，迅速に行なわれた。「中央官庁の各部局も不眠不休の努力を続け，3月中旬，昭和三陸津浪の復旧・復興のための追加予算が帝国議会に提出された。これを踏まえて岩手県，宮城県では臨時県会が開催された」［越沢，2012：110］。

1919年に日本で始めて制定された都市計画法の下，1923年に東京を壊滅的な破壊に追い込んだ関東大震災からの復興事業が進められた。日本の災害史上において，復興計画が本格的に立案・実施されたのは，関東大震災が初めてであった。1930年，「帝都復興事業の完成」を祝ってからわずか3年後，昭和三陸地震津波災害が発生した。また，この津波被災地は都市計画区域外であったにもかかわらず，内務大臣官房に設置された都市計画課が，津波災害からの復興計画策定に積極的に動いた。当時，都市計画課長の飯沼一省は「自ら現地に出張し陣頭指揮を執り，大蔵省と折衝し，復興予算を確保した」［同：116］。飯

沼は「幾度となく津浪に洗い去られた土地の如きは明らかに住宅地としては不適当なる土地と言わねばならぬ所のものである。吾国の現行法制においては，かかる土地に住宅の建設を禁止するというような制度は従来なかったのである。しかし法令に依る制度がないからといって，もはや再びこの危険地に住宅を建築せしむるがごときことは，これを黙過することを得ない」[飯沼，1933：29] と決意を述べている。

　内務省都市計画課は，復興事業にあたって「永久に浪災を防禦し又はこれを避け得べき安住の地を築設し，以て生活の安全と便益とを確保するにあるべきを以て，努めて姑息なる施設を避け，基本的計画観念を具体化せしむる方針の下に各種の計画」[内務大臣官房，1934] を用意した。

　この事業はまず，都市と農村を区分し，都市は原地復興，漁村は高地移転を原則とすることにした。なぜ，都市は原地復興を選択したかと言えば，「これ等の市街地は，その位置が現在並に将来の繁栄に対して，絶対に必要なる要素たる場合が多い。かつ又従来港湾其他の設備の為に多大の資本が投下されて居るが故に，仮にかくの如き市街地が津浪或は其の地の災害に依り全滅に瀕せる場合ありとするも，其の敷地が危険区域に在るの故を以て，直に附近安全地帯に市街地を移転するは，不可能である」[同] と説明されている。都市については原地復興を原則とし，防災施設を整備し，必要な部分については区画整理，嵩上げが計画された。

　一方，農漁業集落については，「三陸沿岸地方に於ける漁農聚落の如く，環境高峻なる山崖に囲まれたる支谷部に位置するものは，津浪の災害最も悲惨なる部類に属するを以て，部落敷地を附近高地に移転するは，他の如何なる防浪対策より勝れるものなり」[同] という判断のもと，高地移転が計画された。

　残された記録に見る限り，集落ごとの移転計画を行政が立案し，各集落に下ろしたように見える。たとえば，岩手県では「県に於て設計し内務省都市計画課の承認を受けたる上各町村に交付し，町村を事業主体としてこれを執行せしむることとした」[岩手県，1934]。だが，行政的な集落移転計画を作成する過程で，どの程度，政府と県との役割分担関係，行政当局と地元との擦り合わせ

があったのかは必ずしも明確ではない。

　宮城県では，津波が浸水し激甚な被害を受けた地域を県が建設禁止区域に指定し，その代替地として，高所に「明治二十九年の浸水線を標準とし」移転地造成を支援した。その前提として，宮城県では昭和8年6月，「海嘯罹災地建築取締規則」を定めた［宮城県，1935］。この規則は，「昭和八年三月三日ノ海嘯罹災地域ナラビ海嘯罹災ノ虞アル地域内ニ於テハ知事ノ認可ヲ受クルニ非サレハ住居ノ用ニ供スル建物ヲ建築スルコトヲ得ス」と定め，居住用建物の禁止区域を設定した。

　岩手県でも同様の動きあり，「津浪被害地住居制限法草案」が残っている。この法によって，「津浪に因り浸水する虞ある土地」を居住制限地域として「勅令を以て指定」し，その「地域内においては住居の用に供する建築物を建築することを得ず」とした。岩手県では，津波被災地に対して居住制限をかけるのが最善の方法と考えたが，「居住，移転の自由並に所有権不可侵の権利は帝国憲法の保障する所なるを以て，この自由権の禁止，制限は法律に拠ることを必要とすると云う建前から県に於ては昭和9年12月次の如き内容の法律を制限方陳情した」と述べている［岩手県土木課，1936］。ただし実際に，この陳情を受けての所有権に関わる法改正はなされなかったが，岩手県では「震嘯災ニヨリ流失倒壊焼失又ハ浸水セル区域ニ於ケル住宅ノ復旧ニ際シ其ノ住宅ヲ高所ニ移転スル為宅地造成ノ計画ニ必要ナル事項ヲ調査シ其ノ設計ヲ定ムル」ために調査心得を定め，「震浪災地工作物築造要項」を定め，移転事業を実施した［同上］。

　このように両県では政府の支援を得て，最初に津波被災地区に住宅再建を禁ずる措置を行い，その上で，その地域に居住していた住民を安全な地域に移転するため高所に「住宅適地」を造成し，移転を促す政策を立案した。

　では，どういった形で政策的に誘導していったのであろうか。高地移転のための住宅適地の造成は，町村を事業主体として実施することにし，町村に対して「住宅適地ノ造成ヲ為スモノニ対シテハ政府ヨリ低利資金ヲ融通シ其ノ利子ヲ補給」［岩手県，1934］した。

こうした移転方針の決定，地域ごとの移転計画図面の作成，それを実施するための財政の確保により，集落移転は進められた。実際に，「上述の計画方針に基き計画せられたるもの［は］，宮城縣に於て15カ町村，60部落，岩手縣に於て20カ町村，42部落」［内務大臣官房，1934］であった。

　町村を主体として「住宅適地の造成」が進められた後，地域住民が産業組合あるいは住宅組合を結成し，その組合を主体として，住宅建設が進められた。この住宅建設についても，政府は低利資金を用意した。ここで注意すべきは，住宅再建資金は直接，個々人に融資されたものではなかった点である。政府からいったん組合に融資され，その組合から個人個人に貸し付けられたものであった。

　こうした融資方法に関連して，移転先の住宅地は個々の住宅の集合体であるだけではなく，「部落構成の中心を造成敷地に移し，町村役場，警察署，学校，社寺等公共的施設はこれを造成敷地の最高所に位置せしめ敷地の中心には部落民交歓の用に供す可き小広場を設け，これに接して集会所，共同浴場等を設く」［同］ことが奨励された。また，移転先住宅地と漁港との道路整備なども計画された。

　この事業のモデルとも言うべき，「吉里吉里（現大槌町内）新漁村建設計画」を見てみよう。吉里吉里では，住宅の集団移転とともに，「住宅附属の共同設備」として，簡易水道の敷設，共同浴場の設置と経営，診療所，消防屯所，託児所，青年道場等の設置，防潮林の植栽，防浪堤の建設，避難道路の設置，備荒倉・備荒林等の設置が，産業組合や町役場によって進められた。

　こうした移転事業によって，たんなる住宅地の造成に留まらず，「新しい漁村」建設がめざされた。そのため，産業経営の向上をめざして，桟橋，船溜，船揚場，共同販売所，共同製造所，水産倉庫，漁船漁具等のための共同施設，海苔養殖場，蠣養殖場，乾燥場等を設置することが計画に含まれている［同］。こうした事業は，当時，政府の主導で全国各地で進められていた農山漁村経済更生運動の一環としても位置づけられ，その更生運動の手法が活用された［森山，2013；岡村，2014］。

139

第2部　災害，地域，家族をめぐる共同性と公共性

　以上を整理すると，昭和三陸津波後の集落移転事業は次のような特徴をもっていた。第一に，都市と農村とを区分して，都市は原地復興，被災地の集落は高所移転をめざした。第二に，その前提として，住宅地の建設禁止地区を指定した。ただし，この禁止区域設定は法律に根拠を持つものではなく，一種の行政指導であった。第三に，禁止区域からの移転にあたっては，宅地造成費は国から町村への貸付であった。町村が主体で宅地造成を行い，町村の造成費は最終的に移転者への造成地の転売により回収された。第四に，住宅建設は産業組合など住民組織が中心になって進められ，政府からの借り入れ主体も組合であった。個人への資金融資ではなかった。第五に，政府や県は，高所に造成される住宅地をたんなる住宅の集合体とせず，各種公共施設や住民の共同施設の建設を奨励し，災害を契機に「新しい漁村」建設を目指した。第六に，政府や県は，高所移転については集団移転や分散移転でも，集落を一つのまとまりとして，造成計画，補助金の交付，住宅建設資金の低利融資などを行なった。この点でも個人を対象とはしなかった。第七に，高所移転の完成までの時間は，国県の記録で見る限り，「昭和九年三月中には住宅敷地の造成は全部竣功を見るを得可き状態に至つた」［内務大臣官房，1934］といわれており，ほぼ1年とかなり短期間の間で完成した。

　ここで紹介した事業内容は，政府や県の計画レベルのものであり，実施過程においては，このような一元的な内容ではなく，もっと多様な方式や，途中での挫折などがあった［山口，1972］。だが，先にも述べたように，この点の検討は別の機会に譲る。

　次は，東日本大震災の復興事業として進められている移転事業を，やはり計画レベルを中心に見てゆくことにする。いうまでもなく，東日本大震災の事業においても，計画レベルの内容と実施レベルの内容には，さまざまな違いが生じている。

東日本大震災の復興事業

　2011年3月11日14時46分，三陸沖を震源とするマグニテュード9.0の巨大地

震が発生した。震源域は長さ約450 km，幅約200 km に及んだ。この巨大地震は巨大な津波を引き起こした。日本気象協会のまとめによると，釜石湾の18.3mの津波を筆頭に千葉県から北海道まで広域にわたって内陸まで津波が押し寄せ，港湾施設はもちろん，一般住宅を押し流し，大きな人的被害をもたらした。岩手・宮城・福島県の沿岸市町村だけで見ても，津波の浸水面積は497 km^2，浸水地域の居住人口は510,697人に達し，沿岸市町村の総人口2,507,724人の20.4％にも達している。

東日本大震災の死者・行方不明者は，北海道から東北地方沿岸，関東沿岸から神奈川県にまで及び，岩手・宮城・福島県三県だけで合計19,719人（死者15,877人，行方不明者3,842人）に達している（平成23年9月26日現在）。警視庁の調べでは，死亡者の92.4％は溺死である。三県に限定して，津波浸水地域の居住人口に占める死者行方不明者の割合は3.9％に達している。

2011年7月に政府は「東日本大震災からの復興の基本方針」を決定し，復興期間を10年間と定め，最初の5年間を「集中復興期間」として復興事業を急いだ。津波災害常習地域である三陸沿岸は，過去に何度も津波被害を受けてきたにもかかわらず，同じ場所に住宅が再建され，被害を繰り返してきた苦い経験を持っている。そのため，再び津波被害を受けない街をつくることが，復興の大きな課題となった。

政府はまず住宅禁止区域の設定や建築制限をかけ，その間に，復興の基本方針を検討した。具体的には，2011年4月末に「東日本大震災により甚大な被害を受けた市街地における建築制限の特例に関する法律」が公布された。従来，被災市街地における建築制限は，建築基準法第84条の規定で最長2カ月であったが，同法により最長8カ月と大幅に延長され，その後の復興計画策定までの準備期間が確保された。

まちづくりに関しては，政府は防災集団移転促進事業，土地区画整理事業，災害公営住宅整備事業，漁村集落防災機能強化事業を進めてきた。国交省等は，2011年7月に「津波被災地における民間復興活動の円滑な誘導・促進のための土地利用調整のガイドライン」を発表した。「ここでは，被災自治体が復興方

針を定めるに当たっては，先行的に開発を誘導するエリアを設けた上で，当該エリアの土地利用を『業務系』及び『居住系』に大別し，前者については津波に対する安全度に加えて地域産業にとっての利便性や業務内容を考慮して立地を決めるとしている。また，後者（住宅，病院，福祉施設等）については，津波リスクの低い内陸側のエリアから誘導・調整することを基本」とした［古川他，2011：12］。

　復興まちづくりの中心は「防災集団移転促進事業」（以下，防集事業と称す）である。防集事業とは，1972年の「防災のための集団移転促進事業に係る国の財政上の特別措置等に関する法律」に基づく事業で，「災害が発生した地域又は災害危険区域のうち，住民の居住に適当でないと認められる区域内にある住居の集団的移転を目的とした事業」である。東日本大震災以前には，防集事業では小規模な住宅移転が行われてきたにすぎない。この事業が開始されたから2002年まで，延べ35団体1,854戸が対象となったにすぎず，熊本県姫戸町（176戸），龍ヶ岳町（329戸），東京都三宅村（301戸），北海道蛭田町（152戸）以外の事例では，数十戸程度の規模であった（国交省「防災集団移転促進事業実施状況」）。だが，政府は今回，初めて大規模かつ広域的な住宅移転事業に，この法律を活用することを決定した。

　防集事業は基本的に地方自治体によって進められる。地方自治体が津波被災地を土地所有者から買取り，原則，跡地は居住用建物の禁止区域にする。自治体が建築基準法によって特定の地区を建築禁止地区に指定するには，条例制定が必要となる。もともと同地区に居住してきた被災者のために，地方自治体が移転先の住宅団地を整備する。さらに，この住宅団地には公共施設（道路，給水施設，集会施設）や公益施設（スーパーマーケットや銀行等）を建設できるように自治体が支援する。また，農業等の継続に必要な作業場用地も確保する。東日本大震災においては政府は特別に，それまで防集事業の対象を10戸以上としてきたが，その基準を5戸に下げた。被災した土地の買取から住宅団地の造成まで莫大な費用が発生するが，それは全額，国が自治体に復興交付金，震災復興特別交付金として交付し，実質的には，自治体の負担は生じない。これが，

政府と地方自治体との関係である。

　移転促進地域の住民から見ると，それまでの住宅地は自治体が買い上げてくれる。さらに，自治体が造成する住宅団地への移転希望者は，その団地の住宅敷地を購入するか，あるいは賃貸するかを選択できる。その際，移転希望者に対しては，移転に要する費用（上限80.2万円）が助成され，さらに，土地取得や住宅建設のために住宅ローンを活用する際には，地方自治体から利子相当額が助成（上限722.7万円）される。さらに，土地売却による所得税の特別措置，住宅再建時の住宅ローン減税が用意されている。この他，防集事業とは別枠で，全壊家屋の居住者には被災者生活再建支援金（200万円）が支給される。

　津波被災地の街や住宅復興については，防集事業とともに，区画整理事業，津波復興拠点整備事業，災害公営住宅整備事業が組み合わせて進められ，全体として，津波被災地が「再び津波の被災をうけない」地域にしてゆくことがめざされている。この場合，区画整理事業や復興拠点整備事業は主に都市部を対象に，地盤の嵩上げ工事を伴う。また，防災集団移転のための住宅団地整備によって新規に造成された場所に，災害公営住宅を建設し，自力で住宅再建ができない人々の住宅需要に応える。

　さらに，これらの事業に遅れて2012年7月より，「住宅団地に係る戸数要件を満たさない等のために防集事業を実施できない場合」や「集団移転に参加せず自主的に移転して再建を行う被災者に対する支援として」［国交省都市局，2012］がけ地近接等危険住宅移転事業（以下，かげ近事業）が設けられた。がけ近事業とは本来「がけ崩れ，土石流，雪崩，地すべり，津波，高潮，出水等の危険から住民の生命の安全を確保するため，災害危険区域等の区域内にある既存不適格住宅等の移転を行う者に対し補助金を交付する地方公共団体に対して，交付金を交付する事業」である。この事業を東日本大震災被災者向けに活用し，さらに，防集事業と同様，全額国からの補助によって進められるよう特例を設けた。集団移転のために造成された団地以外に居住地を求める被災者に対して，防集事業参加者に準じた支援を受けられるようにしたものである。具体的には，防集事業と異なり元々の住宅地の買上はできないものの，移転に要

第 2 部　災害，地域，家族をめぐる共同性と公共性

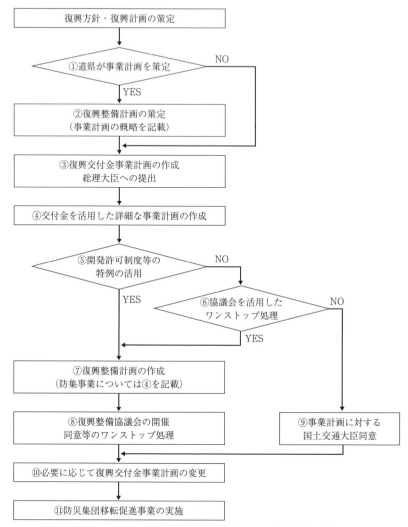

図 4-1　防災集団移転促進事業実施までの主な手続きの流れ
（出典）　国土交通省都市局，2012，「東日本大震災の被災地における市街地整備事業の運用について（ガイダンス）」．

第4章　災害対策と公共性

する費用（上限80.2万円）が助成され，さらに，土地取得や住宅建設のために住宅ローンを活用する際には，地方自治体から利子相当額が助成（上限722.7万円）される。

　政府の立場からは，「防集事業は，関係被災者の合意の下で事業を進めるいわゆる任意事業である」［国交省都市局，2012］，「強制力のない任意事業なので，事業の実施には，関係する被災者の事業に対する理解と合意が不可欠です」［国交省都市局，パンフレット］という点が繰返し説明される。実際に，この事業においては，移転促進地域（あるいは，災害危険地域）に指定する際の，住民への説明，合意形成が重要であるとされ，さらに，災害危険地域指定には自治体の条例制定が求められる。その議論の過程では，原案の住民説明会やパブリックコメント制度が活用される。そのために，国交省は特別に「合意形成ガイダンス」を市町村向けに用意し，「まちづくり計画の作成段階で多少時間を要するとしても，被災者の意向を丁寧に汲み上げながら計画を作成し，事業化へと繋げていく努力が不可欠である」［国交省都市局・住宅居局，2012］ことを呼びかけている。

　防集事業を中心とした事業の具体的な進め方は，図4-1に見るように，自治体が復興計画を策定し，そのために必要となる復興交付金事業計画を策定する。この復興計画と復興交付金事業計画を国交省大臣の同意をえて，はじめて事業が着手される。この事業完了後，住民は住宅団地への移転が可能となる。

　これらの事業全体は，政府と自治体との間で進められる「防集事業や区画整理事業等の補助事業に係る法令等で定められた事業計画」策定と，「被災者との話し合いを通じて合意形成を図る計画」（「まちづくり計画」）策定との二つの部分からなり，この二つの計画策定が並行して進んでゆく（図4-2）。こうした区分を前提とすれば，先にあげた「合意形成」は「まちづくり計画」の側面においてのみである。ただし，市町村内で進められる「まちづくり計画」は，政府レベルにおいて「補助事業に係る法令等で定められた事業計画」の枠内で進められることになる。この点が，後の議論において重要な点となる。

　簡単に防集事業について説明してきた。この事業の特徴を，昭和津波からの

145

第 2 部 災害,地域,家族をめぐる共同性と公共性

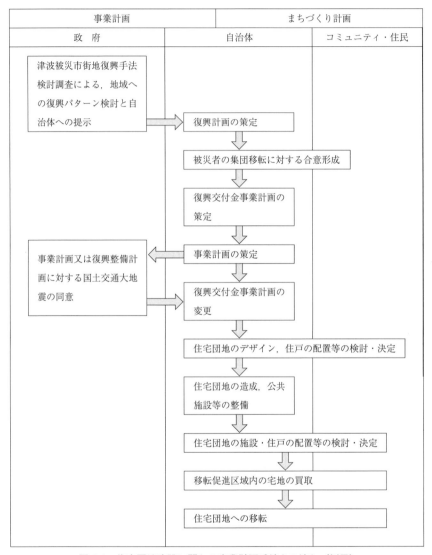

図 4-2 住宅団地建設に関わる事業計画手続きの流れ (例示)
(注) 国土交通省「東日本大震災の被災地で行なわれる防災集団移転促進事業」(パンフレット)などを参考に,県が事業計画を策定する場合や開発許可基準などの緩和を受ける場合などを除いた。

復興事業と比較しながら、整理してみよう。

　第一に、昭和津波では都市と農村とを区分して復興事業を進めたが、東日本大震災では基本的に都市と農村は区別されていない。むしろ、区分は居住用と非居住用という区分がなされている。ただし、都市部では危険地域に設定された後も、事業用（非居住用）地域として利用されており未利用地となっているケースは少ない。また、都市での危険区域からの移転は住宅に限定されているが、その住宅についても一定の条件（地盤の嵩上げ、建築条件など）を満たせば再建可能である。

　第二に、広範な地域が、住宅建設禁止地区として指定された。この禁止区域設定は建築基準法など法律に根拠を持つものである。表4-1に見るように、この危険地区指定は自治体ごとに浸水面積に対する指定率はもっとも高い女川町（89.7％）や浪江町（82.5％）からもっとも低い陸前高田市（5.3％）塩釜市（0.2％）まで、大きく異なる［荒木・北後，2014：25］。それは自治体ごとに危険地区指定の考え方に大きな隔たりがあるためである。このため、複数の「今次津波あるいはL2津波シミュレーションの浸水深を区域指定の要件にした事例」［増田，2014：75］や同程度の津波被災地において災害危険区域が「筆（敷地）単位で混在」［同：76］している事例が生まれている。

　第三に、禁止区域からの移転、移転先の宅地造成は自治体が中心となって実施されているが、それに要する費用は全額、国からの交付金・補助金による。この費用負担の仕方が昭和津波とは根本的に違う。第四に、住宅移転にあたっては、行政から個人へさまざまな資金供与がある。もちろん、個人から見れば、移転・住宅新築費用の全額を賄えるわけではない。だが、昭和津波の際には、そうした個人への資金供与が全くなかったこととは対照的である。

　第五に、高所移転地には公共施設や公益施設をふくめた「新しい街」の構想がある。だが、昭和津波復興の際と比べて、既存のコミュニティ内の住民の移動パターンははるかに多様である。がけ近事業を活用しての個人での移転、災害復興住宅への入居といった個人ごとの移動だけではなく、「集団移転」を選択した場合でも、一集落住民の大半が一団地へ移動するケースだけではなく、

147

第2部　災害，地域，家族をめぐる共同性と公共性

表4-1　災害危険区域を指定している市町村の基礎情報

区分		基礎面積				浸水状況			被害状況		災害危険区域指定状況	
県	市町村	市域面積[1] (ha)	可住地面積[1] (ha)	建築用地[2] (ha)	可住地割合	浸水面積概数[1] (ha)	建築用地浸水面積[2] (ha)	人的被害率 (死亡・行方不明者)[1]	被災建物における全壊率[1][3]	災害危険区域[4] (ha)	浸水地に対する災害危険区域指定率
岩手県	野田村	8,084	1,183	200	0.146	200	100	0.012	0.605	76	0.380
	宮古市	125,989	11,897	1,800	0.094	1,000	400	0.028	0.604	554	0.554
	山田町	26,345	2,623	700	0.100	500	200	0.066	0.820	228	0.456
	大槌町	20,059	2,261	500	0.113	400	200	0.104	0.797	154	0.384
	釜石市	44,143	4,447	1,000	0.101	700	200	0.079	0.629	179	0.256
	大船渡市	32,330	5,498	1,100	0.170	800	400	0.022	0.503	771	0.963
	陸前高田市	23,229	4,501	700	0.194	1,300	300	0.106	0.938	69	0.053
	小計	280,179	32,410	6,000	0.116	4,900	1,800	0.062	0.687	2,030	0.414
宮城県北部	気仙沼市	33,338	9,290	1,500	0.279	1,800	600	0.033	0.538	1,390	0.772
	南三陸町	16,374	3,720	600	0.227	1,000	400	0.057	0.695	666	0.666
	女川町	6,580	936	300	0.142	300	100	0.105	0.743	269	0.897
	小計	56,292	13,946	2,400	0.248	3,100	1,000	0.048	0.601	2,325	0.750
宮城県中南部	石巻市	55,578	24,222	46,000	0.436	7,300	2,100	0.033	0.376	1,696	0.232
	東松島市	10,186	7,203	12,000	0.707	3,700	800	0.032	0.408	1,202	0.325
	塩竈市	1,786	1,526	1,100	0.854	600	400	0.002	0.062	13	0.022
	七ヶ浜町	1,327	1,121	400	0.845	500	100	0.008	0.172	160	0.320
	仙台市[5]	78,585	34,097	7,400	0.434	5,200	700	0.023	0.153	1,216	0.233
	名取市	9,776	7,015	1,400	0.718	2,700	300	0.078	0.200	769	0.285
	岩沼市	6,071	4,673	1,000	0.770	2,900	400	0.022	0.136	1,056	0.364
	亘理町	7,321	6,117	1,000	0.836	3,550	400	0.019	0.428	545	0.156
	山元町	6,448	4,240	600	0.658	2,400	300	0.078	0.499	1,945	0.810
	小計	177,078	90,214	70,900	0.509	28,800	5,500	0.029	0.220	8,602	0.299
福島県	新地町	4,635	3,000	400	0.647	1,100	100	0.021	0.352	56	0.051
	相馬市	19,767	9,122	1,400	0.461	2,900	200	0.043	0.193	110	0.038
	南相馬市	39,850	18,163	2,600	0.456	3,900	300	0.047	0.402	1,981	0.508
	浪江町	22,310	6,281	900	0.282	600	100	0.047	—	495	0.825
	楢葉町	10,345	2,616	200	0.253	300	50	0.001	—	105	0.350
	いわき市	123,135	34,978	9,400	0.284	1,500	500	0.010	0.087	19	0.013
	小計	220,042	74,160	14,900	0.337	10,300	1,250	0.025	0.141	2,766	0.269
合計		733,591	210,730	94,200	0.287	47,100	9,550	0.037	0.250	15,723	0.334

(注) (1) 総務省統計局：東日本大平洋沖地域のデータ及び被災関係データ～「社会・人口統計体系」（統計でみる都道府県・市区町村）より．平成25年9月17日更新版．http://www.stat.go.jp/info/shinsai/zuhyou/data0917.xls．(2014.11.30閲覧)．
(2) 国土地理院：平成23年東北地方太平洋沖地震に伴う津波による浸水範囲の土地利用別面積，2011年4月18日．http://www.gsi.go.jp/common/00006371.pdf．(2014.11.30閲覧)．
(3) 復興庁：東日本大震災における震災関連死の死者数（平成25年9月30日現在調査結果），2013年12月24日．http://www.reconstruction.go.jp/topics/main-cat2/sub-cat2-1/20131224_kanrenshi.pdf．(2014.11.30閲覧)．
(4) 2014年12月に行った，岩手，宮城，福島各県への問い合わせによる．宮城県は2014年11月1日，岩手，福島県は2014年12月1日現在の指定面積の回答が得られた．
(5) 仙台市は津波により被災した，宮城野区，若林区，太白区を対象とした．
(出典) 荒木裕子・北後明彦．2014．「東日本大震災の津波浸水地における災害危険区域の指定と人的被害・住家被害及び可住地割合の関連分析」『神戸大学院工学研究科・システム情報学研究科紀要』第6号：25．

148

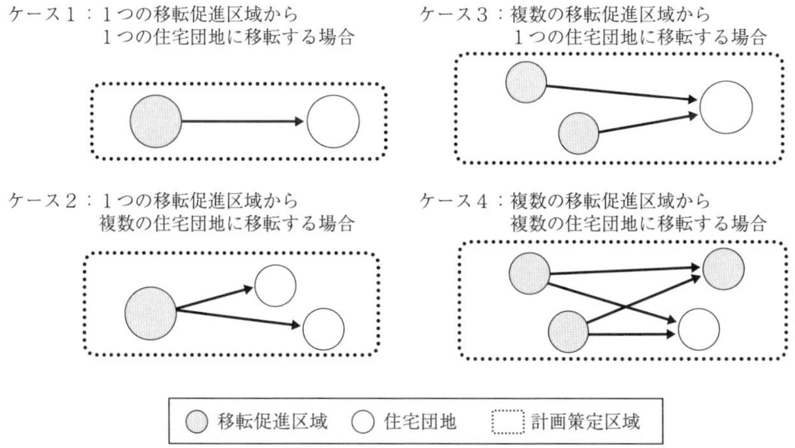

第4章　災害対策と公共性

ケース1：1つの移転促進区域から
　　　　　1つの住宅団地に移転する場合

ケース3：複数の移転促進区域から
　　　　　1つの住宅団地に移転する場合

ケース2：1つの移転促進区域から
　　　　　複数の住宅団地に移転する場合

ケース4：複数の移転促進区域から
　　　　　複数の住宅団地に移転する場合

●　移転促進区域　　○　住宅団地　　[⋯]　計画策定区域

図4-3　事業計画策定単位の基本的考え方
（出典）国土交通省都市局, 2012,「東日本大震災の被災地における市街地整備事業の運用について（ガイダンス）」。

一集落内の住民が分かれて複数の団地に移動するケース，複数集落が一団地に合流移動するケースなど，多様な移動パターンが生まれている（図4-3）。このことは結果的に，震災前のコミュニティの解体・再編をもたらしている。

第六に，こうした多様な移転が行われているのは，昭和津波の際には行政が集落を一つのまとまりとして，個人ではなく組合を対象として資金援助したのに対して，東日本大震災では，個人への助成・支援制度をつくり，事業の進め方において「個々人の選択」を尊重したためである。こうしたなか，国から市町村へ求められたのは，「市町村が関係被災者の意向を把握し，合意形成に向け努力することが何より重要」だ［国交省都市局, 2012］という点である。ここでは，政府は移転費用を潤沢に用意し，移転に関わる制度設計を行った。そして，自治体や被災者に選択権を与えた。こうした構図のなかで，自治体は国と住民との中間にあって，住民の意向の把握，制度の説明，移転計画や移転先団地の素案の作成と住民説明や合意形成，住民の意向のとりまとめ等の役割が求められた。

第七に，集団移転促進事業計画の策定済み地区［平成27年3月末　国交省資

料〕は，岩手県（4市2町1村，51地区），宮城県（7市5町，74地区），福島県（3市3町，9地区），茨城県（1市，1地区），合計135地区で計画されている（表4-2）。この事業の実施状況（表4-3）は，防災集団移転促進事業に加えて土地区画整理事業，漁業集落防災機能強化事業による住宅供給状況で見ると，昭和津波と比べて著しく遅れており，1年目では岩手県0％，宮城県1％となっており，3年後でもそれぞれ13％，21％であり，5年後の2016年になってようやく58％，79％に達する予定である。

4．官の公共性

以上，防災対策の基本的な考え方，東日本大震災からの復興政策を見てきた。最終節では，災害分野における公共性がどう整理できるのかを検討する。

公共性とは

その検討を始める前に，公共性をどう定義するかを明らかになければならない。これまでも，B.ラファエルは「災害による死別は公共性が高い」，防災関係者は「防災政策は公共的合意が得やすい」なとど表現してきた。しかも，災害対策では「公助，共助，自助」という議論の中で公共という言葉が頻出する。これらの文脈での「公共」という意味は，それぞれ異なる。とくに，「公助，共助，自助」という表現は非常に日本的な発想であることは，われわれは気づかずに使っている。この点の議論は，拙著『地域から生まれる公共性』〔田中，2010〕に譲り，ここではこれ以上深入りはしない。

これからの議論のなかで公共性を「行政的施策の公準」という意味で用いる。そうするのは，公共性概念を，日本の防災政策の特質を明らかにするための手段，分析的な道具としての利用に限定しようとするからである。

災害対策基本法の作り方から

戦後の防災対策は，災害対策基本法が定めた「防災対策は行政を中心に進め

表 4-2　集団移転促進事業計画の策定済み地区　平成27年3月末（国交省資料）

	市町村数	地区数
岩手県	4市2町1村，51地区	野田村（1），宮古市（5），山田町（4），大槌町（4），釜石市（11），大船渡市（21），陸前高田市（5）
宮城県	7市5町，74地区	気仙沼市（38），南三陸町（19），石巻市（2），女川町（1），東松島市（1），塩釜市（1），七ヶ浜町（5），仙台市（2），名取市（2），岩沼市（1），亘理町（1），山元町（1）
福島県	3市3町，9地区	新地町（1），相馬市（1），南相馬市（1），浪江町（1），楢葉町（1），いわき市（4）
茨城県	1市，1地区	北茨城市（1）
	合計（135）	

表 4-3　面整備事業による民間住宅等用宅地の供給時期（2015年11月現在，復興庁資料）

	2012年	2013年	2014年	2015年	2016年	2017年	2018年以降	計
岩手	2 0%	247 3%	1013 13%	3119 39%	4645 58%	6282 78%	8064 100%	8064 100%
宮城	85 1%	353 3%	2209 21%	5278 51%	8220 79%	10192 98%	10420 100%	10420 100%
福島	17 1%	244 13%	594 32%	805 43%	1331 72%	1838 99%	1854 100%	1854 100%

（注）　面的整備事業とは防災集団移転促進事業，土地区画整理事業，漁業集落防災機能強化事業のこと。民間住宅等用宅地とは，公共団体が面整備事業により供給する住宅用の宅地のこと。供給時期とは，宅地造成工事の完了時期。

（出典）　http://www.reconstruction.go.jp/topics/main-cat1/sub-cat1-12/20151117_kyoukyuujiki_kosuu.pdf　2016年5月12日閲覧。

る」という原則の下で進められてきた。そして，中央集権的な日本の行政システムの下では，この原則は「中央集権的に防災対策を進める」ことであった。中央集権的に防災対策を進めることは，防災に関する中央集権的な計画の体系にも反映されている。先に示したように，防災計画は，政府が防災基本計画を策定し，その基礎の上に，都道府県や市町村が地域防災計画を策定するという中央集権的な体系をもっていた。

　日本の災害対策は「現場主義だ」という指摘がなされる。たとえば，林敏彦は「基本的考え方は，被災地の自治体に災害対策本部を設置して緊急対応に当

たり，都道府県や政府はそれを支援するという『現場主義』，あるいは，『相補性の原則』であった」［林，2011：58］と述べ，津久井進は「災害の緊急対応の第一次責任は市町村が負うこととされている（5条，62条など）。現場主義の考え方から，最前線に立つのは被災者に最も近い基礎自治体であり，市町村長は，関係機関や住民などに災害の通知をするほか（56条），避難勧告や避難指示を出す権限が与えられ（60条），警戒区域からの立ち退きの勧告・指示をだすこともできる（63条）。また災害拡大防止のために設備や物件を取り壊すよう要求することもできる（59条，64条）」［津久井，2012：33］と指摘している。しかし，この「現場主義」と「分権」とを混同してはならない。それは，「日本では公共サービスを主として地方が供給していたとしても，それが分権的だと誇示するわけにはいかない。というのも，集権か分権かのメルクマールは，あくまでも決定権に着目する必要があるからである」［神野，2000：4］という言葉を想起すれば，明瞭である。

　災害対策基本法では，住民は「行政が進める災害対策の客体」として位置づけられてきた。ここには，明確なパターナリズム（温情主義）の発想がある。そのために，災害対策は行政が「住民の安全を守ってあげる」ために，行政が独自に判断して進めるべき事柄であった。このように，防災対策は「官」（中央政府）が政策的基準を決定し，「官」の財政を投資して推進するという「官による防災対策の公共性」が貫かれていた。

　では，「官による防災対策の公共性」は，どう正当化されたのであろうか。

　第一に，中央集権的な行政システムのなかでは，防災対策が中央集権的にすすめられることは「当然のもの」と考えられた。第二に，「行政によって，手厚く，国民を災害から守る」というパターナリズムが，「官の公共性」の正当化の根拠となっていた。戦後日本においては，防災対策の進展は福祉政策の拡充とも並行して進んでいった。ただし，福祉政策のパターナリズムはさまざまな批判を受けながら，その色彩を薄めてきたが，防災対策では，そうした非難はあまり発せられることがなかった。むしろ，被災した地域や「災害リスクが高い」と判断された地域から，政府に「一層の支援を」求めて陳情し，そのこ

とがパターナリズムを一層強めることになった。第三に，具体的な防災対策の内容が「科学的な根拠」に基づいて進められることによって，防災対策の正当性を確保していった。たとえば，既存の災害を防止するために「既往最大の原則」の下に被災地を対象に防災施設整備を行い，あるいは，地震の発生予測に従って，防災対策の対象地域の決定や防災施設の設計外力を決めて防災施設を整備するなど，防災のための財政投資の対象地域決定や防災の内容選択は「科学技術的な基準」によって進めると，行政側から説明された。国民にも，「官」による政策判断は「科学的判断」を根拠として「妥当だ」と受け取られてきた。

　こうしたなかでは，災害対策の内容が，社会的議論に取り上げられることは少なかった。たとえば，「なぜ特定の地域では河口に可動式水門が津波対策として整備され，自分の地域には作られないのか」，「なぜ堤防は6mに決定されたのか」といった具体的な防災対策の内容は一般の人々を巻き込んだ，あるいは一般の人々の議論の対象とならなかった。防災対策が社会的な議論の遡上に上らなかったことと，防災対策において科学者，あるいは防災専門家の発言力が大きいこととは，裏腹の関係にあった。専門家権力という点では，他の政策分野に比べて防災分野では，その力がとくに大きかった。防災対策が社会的議論や裁判の争点になるのは，大きな被害が発生した後，たとえば河川管理者である行政の責任を問い，公的補償を請求することが妥当かどうかといったケースであった。そこでは，「なぜ，行政が河川管理者なのか」という根本的な疑問は発せられなかった。

　防災という課題は国民全体に関わりがある，その意味で「国民の共同の課題」であり，そのため，西欧的な意味での「パブリックな課題」である。しかし，この災害対策基本法では，そうした「パブリックな課題」が主に「行政的な課題」と捉えられてゆく。この防災体制では，市民は行政によって「災害から守られるべき対象，あるいは客体」にすぎない。この体制下では，防災対策に関する事項は，国会，県議会，市町村議会における審議事項でもないし，わずかに国会への報告事項とされているにすぎない。その結果，防災は「官の公共性」の下に置かれ続けてきた［田中，2010］。

東日本大震災以降，災害対策基本法は，それまでにない大改正が行われた。では，これによって，「官の公共性」を中心に防災対策を進めるという考え方が変化したのであろうか。結論だけを示せば，「官の公共性」という基本的には変化していない。この点の議論は，近刊［田中，近刊］に譲る。

復興から

次に，防災対策の公共性を，東日本大震災からの復興の面から検討してみよう。

集団移転促進事業では，政府は繰返し，被災した住民に対し「強制力のない任意事業なので，事業の実施には，関係する被災者の事業に対する理解と合意が不可欠です」［国交省都市局，パンフレット］と説明し，被災した自治体には「市町村が関係被災者の意向を把握し，合意形成に向け努力することが何より重要」だ［国交省都市局，2012］という点を強調してきた。

しかし，実際に，そうであろうか。この問題を考えるためには，「まちづくり計画」と「事業計画」を分けて考えると分かりやすい。この事業の根幹となる「事業計画」のあり方は政府が決定している。そして，その事業計画の枠組みのなかで進めるのが「まちづくり計画」である。そして，「まちづくり計画」においては「合意形成」が重要である。

ここには，集権的分散システムの構造が見られる。集権的分散システムとは次のように説明される。「日本の政府間財政関係は公共サービスを主として地方が供給する分散システムだとしても，公共サービスに関する自己決定権が国の関与によって奪われている集権的分散システムなのである」［神野，2000：4-5］。このシステムの下では，「国が政策を(1)企画（デザイン），(2)（地方交付税・国庫支出金などで）財源保障を施して，(3)地方自治体が執行する」［佐藤，2009：24］。この行政システムにおいては，「国の過度な関与（義務付け・枠付け）」や「地方の甘え（モラルハザード）」が発生しやすく，その「結果，責任の所在が曖昧に」なりやすい［同］。実際，集落移転事業の地元負担を軽減することを検討する過程で，財務省から2011年「秋に『100％国がみることにし

た』と報告を受けた。よく決断したと思う一方,『モラルハザードを起こさないか』と反問した。『もう覚悟しました』とのことでした。わずかでも地方負担を残した方が,主体性と責任感が貫けたかもしれません」と,復興構想会議議長であった五百旗頭真は回顧している［朝日新聞, 2016.2.7］。実際に事業化され,「地元負担なしで高台移転が出来ることとなり,事業の効率性・有効性への配慮・評価の意識が希薄となってしまい,表明された全住民ニーズに応えるように集団移転促進事業計画が策定されるといったモラルハザード的状況を生んだ面もある」［増田, 2014：73-74］ことが指摘されている。

　このように見てくると,一見,住民に「手厚く」支援の選択肢を提供し,自治体にも「地方負担が実質ゼロ」という形で,移転の選択肢を提供しているように見えるが,実際には,住民にしろ,自治体にしろ,政府の提供した選択肢のなかから選ぶことしか途は残されてはいなかった。これらの選択肢が事業化された時に支出される総費用の,数分の1の費用を自治体が自らが考える防災まちづくりに使いたいという提案が実現する可能性はほとんど残されていなかった［竹沢, 2013：第3章］。

防災対策のリスクと公共性

　以上の検討から明らかになったのは,災害対策は,防災対策においても災害復興対策にあっても,政府が決定した政策的公準によって組み立てられており,それをトップダウン的に下ろしてゆく仕組みになっていることである。しかも,その「公共性」を地方の側から修正,あるいは否定しようとしても難しい。

　それは「官の公共性」と呼べる。日本の行政システムは集権的分散システムであり,そこではどの政策分野でも基本的に「官の公共性」によって作られている。しかし,分野ごとに詳しく観察すると,都市計画や河川行政の分野では近年「官の公共性」が少しずつ崩れてきており,別の形の公共性,すなわち「地域から生まれる公共性」が萌芽しつつある。だが,残念ながら,こうした政策分野と比べて,防災分野の公共性は,依然として伝統的な「官の公共性」が根強く存続しているのである。この「官の公共性」の上に成り立っている現

行の防災対策の効果，あるいは効率性を検討することが次の研究上の課題である［田中，近刊］。

以上が本章の結論である。本稿を閉じるに際して，以下の三つの点に注目しておきたい。

第一は「防災行政対策の柔軟化」ともいえる変化である。防災政策分野の「官の公共性」が根強く存続しているとはいえ，決して変化なく続いているわけではない。戦後の歴史のなかで，防災対策は次のような変化を経験してきた。復興支援において，水食料の提供から仮設住宅建設まで現物主義で支援する原則から，一部現金支給が始まり，さらに，「みなし仮設」が容認されるようになってきた。第二に，議員立法によって1998年に被災者生活再建支援法が成立し，住宅が全壊した世帯に直接現金を支給することができるようになった（その後の改正によって，対象や金額などを改正）。さらに，1995年阪神淡路大震災以降，地方自治体に対して復興基金創設を補助するようになり，その基金の活用方法は自治体の裁量が及ぶようになった。また，防災分野では，防災訓練などさまざまな防災活動に住民を「動員」することが多く，「政策分野の決定に参加」を呼びかけることはなかったが，東日本大震災後の災害対策基本法の第二次改正で導入された地区防災計画では「地区計画への参加」を求めるようになった。こうした一連の変化は，明らかに，官の公共性のもとでの防災対策の「柔軟化」ともいえる。

第二は，防災対策を取り巻く社会的環境の変化である。防災対策を取り巻く環境も大きく変化してきた。マクロな変化としては，急激な都市化と生活環境の「人工化」である。いまや，農村の生活者すら「人工的な生活環境」で暮らし，それが「当然だ」と考えるようになったが，その「人工的な環境」がもつポテンシャルな災害リスクには，それほど敏感であるわけではない。くわえて，日本社会も1980年代から，それまで考えられなかったようなグローバル化を経験し，例えば「地震経験をもたない」外国人の被災者対策を考えなければならなくなった。

直接的に防災政策に関連する社会的変化としても，災害時のボランティア活

動が活発となり，それにあわせて，被災地の側の受援体制も整備されつつある。また，コミュニティレベルの自主的な防災への取組みも，地域ごとに大きな差異を持ちながらも拡大している。こうした動きに促されるように，地方自治体でも，従来の政府の提供する補助事業にあわせた防災対策から「はみ出す」ように，地域独自の防災への取組みが，たとえば地域防災の分野で活発になってきた。また，企業においても，災害により一時的に事業活動が中断された時，短時間で活動を回復させるための計画，BCP（Business Continuity Plan：事業継続計画）の策定や，それに基づく訓練が実施されるようになってきた。

　第三は，「官の公共性」とリスク評価との関連の問題である。

　防災対策が，災害対策基本法制定当時の緊急対応中心から，1978年の大規模地震対策特別措置法成立により，災害予防へと大きく舵をきった。災害予防において，具体的施策を展開するにあたって最初に行なわなければならないことはリスク評価である。このリスク評価は，どうリスクを決定するかが，その後，防災施設を建設する際の設計外力の決定につながってゆく。しかし，この問題は，もう一つの次元がある。それは，「だれがリスク評価するか」と，「だれがリスクを負担するか」という問題である。U.ベックがリスク社会論で，かつては「富の分配」が問題の中心であったが，現代社会は「リスクの分配」であるといった［ベック，1986＝1998］。しかし，現実の社会では，「リスクの分配」が正しく議論されることはない。なぜならば，一般の人々にとって「リスクは見えない」（あるいは「見たくない」）からであり，さらに問題を複雑にしているのは，「リスクは社会的に構築される」からである。

　東日本大震災後の集落移転事業の前提にあるのは，その土地に関するリスク評価とそれに対する対処方法の決定である。その土地のリスク評価（たとえば，津波であれば，どのくらいの頻度で，どのくらいの高さの津波が来襲するかについての評価）を行って始めて，集落移転や防災施設整備の検討が始まるのである。

　東日本大震災以前には，復興にともなう防災施設整備には「既往最大の原則」のもとに，これまで経験した最大の津波高を防ぐように，堤防が建設され

た。これは，リスク評価基準が，「これまで経験した最大の津波」におかれたことを意味している。しかし，東日本大震災を契機として，リスク評価の考え方が大きく変化した。「千年に一度」ともいわれる今回の津波高に対応する堤防を建設することは「現実的ではない」からである。

そのため，中央防災会議「東北地方太平洋沖地震を教訓とした地震・津波対策に関する専門調査会」は，次のようにリスク評価の基準となる津波を2種類に設定した。津波を「最大クラスの津波に比べて発生頻度は高く，津波高は低いものの大きな被害をもたらす津波」(L1)と，「発生頻度は極めて低いものの，発生すれば甚大な被害をもたらす最大クラスの津波」(L2)と分けて，今後のリスクを評価し，津波対策を立てるべきだと提案した。L1津波では，従来どおり「防波堤など構造物によって津波の内陸への侵入を防ぐ海岸保全施設等の建設を行う」。一方，今回「海岸保全施設等に過度に依存した防災対策には問題があったことが露呈」したため，今回のような巨大なL2の津波に対しては「住民等の生命を守ることを最優先として」「住民等の避難を軸に，土地利用，避難施設，防災施設等を組み合わせて」総合的な津波対策をとるとした。この「最大クラスの津波に備えて，海岸保全施設等の整備の対象とする津波高を大幅に高くすることは，施設整備に必要な費用，海岸の環境や利用に及ぼす観点から現実的ではない」。そのため，「最大クラスの津波に対しては，被害の最小化を主眼とする『減災』の考え方に基づき，対策を講ずることが重要である」[中央防災会議，2011：9-15]とした。L2の考え方は，南海トラフ地震想定にまで及んでいる。

しかし，こうしたL1L2の考え方は，実際の復興事業にあたって厳密に遵守されてはいない。実際，国交省「東日本大震災の被災地における市街地整備事業の運用　ガイダンス」では次のように説明されている。「防災上必要となる土地の嵩上げについては，計画人口密度（40人/ha）以上の区域について，計画されている海岸保全施設等を前提として既往最大津波（今次津波等）に対して浸水しない程度までの土地の嵩上げ費用を限度に国費算定対象経費（限度額）へ算入することが可能である」[国交省都市局，2012]。ここで見るように，

第4章　災害対策と公共性

実際の防災事業，嵩上げ工事では，今回の津波（L2）にも対応できるような嵩上げ工事まで国交省の補助対象となっているのである。また，市町村の側でも危険地区指定の「基本的な考え方」として，次のように説明されている。「各種津波防護対策を実施しても，東日本大震災と同様の津波によるシュミレーションの結果，浸水被害が発生する可能性が高い区域を基本として［危険区域を］定めます」（気仙沼市，説明資料）と説明されている。そのため，「今次津波あるいはL2津波シミュレーションの浸水深を［危険］区域指定の要件に採用した事例が複数ある」［増田，2014：75］結果となった。

　ここで注目すべきは，新たに導入されたL1L2という中央防災会議が示した基本的な考え方に反して，国交省が，L2に当たる今回の津波を基準に嵩上げを考えても良いとしたこと，さらに，それに対する国からの手厚い補助制度を設けたことである。

　このように，中央防災会議での基本的な考え方と復興事業の実施方法とは乖離している。こうした乖離それ自体も問題であるが，それ以上に注目すべきは，リスク評価を誰が決定し，それに対して誰が予算付けをしているかが公共的に議論されることなく決定しているという点である。

　ここで見るように，防災対策の出発点ともいうべきリスク評価は政府が行い，政府が事業の具体的な内容を決定している。政府から示された，「より安全性を高くするために」L2対応までの危険地域指定を行なえるという方針を前に，それぞれの市町村は，地域負担がないならばと自治体側は「より安全な」方向に選択をした。それぞれの地域が，その実情に応じてリスク評価を行い，防災対策として土地利用計画，防災施設整備，避難などのソフト対策のどれを重点的に取り組むかを選択したのではない。

　もちろん，すべての地域がそうであったわけではない，地域独自の選択をした地域もごく少数存在した。その典型は釜石市唐丹地区花露辺の事例である。明治，昭和の津波では大量の犠牲者を出したこの集落は，今回の津波では「68戸中18戸が全壊」したが，死亡率は1％にとどまった。堤防がなかったが，死亡者が極めて低かった。それは普段からの避難訓練と緊急時の助け合いの実践

159

の結果であった。この集落は，復興計画では「市から防潮堤建設を提案されたが拒否し」，独自に復興プランを作成して，市とそのプランでの同意を確認し，他の地域はるかに早く復興を進めた［岩手日報，2014.1.10.；竹沢，2013：233-242］。

一方，「宮城県の担当者は，『行政の責任を考えれば，［防潮堤の計画高の］最大値を選ぶ』と断言する」（朝日新聞，2016.4.28）という。同じ論理でいえば自治体は，集落移転についてもL2のリスク評価に基づき，なるべく多くの地域住民を，なるべく安全な高所へ移転する政策を選ぶといえる。それは政府が地域の負担が発生しないように制度を定めたからであって，かりに県単独事業で堤防整備なり，高所移転なりを実施するとすれば，同じ選択が可能だろうか。他方，花露辺の地区では，住民自らが自分たちの地域のリスク評価をし，そのコストを引き受けるという意思のもとに今後も堤防を高くしないことを前提とした復興プランを作成したのである。

このように，防災政策の公共性を考える場合，その基礎に，誰がリスク評価を行い，誰がリスクの事前のコストと事後のコストを負担するのか（事前のコストとは防災対策の費用，あるいは，保険費用を誰が負担するのか，事後のコストとはいったん災害が発生した時の被災コストを誰が負担するのか）という直ちに解答することが難しい問題が横たわっている。加えて，現在の日本の防災対策では，そのリスク評価を政府が行なっているが，そうした事柄自体が注目されることが少ない。防災対策における公共性を論ずるには，こうしたリスク評価を公共性の議論と関連させて行なうことが，今後必要である。

参考文献

　　過去の文献の表現では，一部，現代風に漢字・ひらがなに改めた。

　　デジタルライブラリーについては，D1津波デジタルライブラリー（http://tsunami-dl.jp/），D2国会図書館デジタルライブラリー（http://kindai.ndl.go.jp/），D3市政調査会デジタルライブラリー（東日本大震災特設ページ　https://www.timr.or.jp/shinsai/）に蔵書公開されている場合には，文献末尾に明記した。デジタル化された文献については，ページ数が変わっている場合があるため，ページ数は省略した。

第 4 章　災害対策と公共性

荒木裕子・北後明彦，2014，「東日本大震災の津波浸水地における災害危険区域の指定と人的被害・住家被害及び可住地割合の関連分析」『神戸大学大学院工学研究会・システム情報学研究科紀要』第 6 号．
Beck, Ulrich, 1986, *Riskogesellshaft: Auf dem Weg in eine andere Moderne*, SuhrkampVerlag（＝1998，東廉・伊藤美登里訳，『危険社会』法政大学出版局）．
中央防災会議，2011，「東北地方太平洋沖地震を教訓とした地震・津波対策に関する専門調査会報告　平成 23 年 9 月 28 日」．http://www.bousai.go.jp/kaigirep/chousakai/tohokukyokun/12/pdf/1.pdf　2016 年 5 月 21 日閲覧．
古川浩太郎・井家展明・長末亮，2011，「東日本大震災と復興まちづくり」『調査と情報』724 号，国会図書館 ISSUE BLIEF．
林敏彦，2011，『大災害の経済学』PHP 新書．
飯沼一省，1933，「三陸地方に於ける住宅適地造成事業」『自治研究』9 巻 12 号．
今村明恒「地震漫談」再録，宮城県，1935，『宮城県昭和震嘯誌』．
岩手県，1934，『岩手県昭和震災誌』(D1，D2)．
岩手県土木課，1936，『震浪災害土木誌』(D1，D2)．
神野直彦，2000，「集権的分散システムから分権的分散システムへ」神野直彦編『分権型税財政制度を創る』ぎょうせい．
風間規男，1998，「日本の防災政策」『日本公共政策学会年報　1998』．
気仙沼市，「気仙沼市災害危険区域の指定等について」説明会資料より http://moune.jp/wp-content/uploads/2012/05/3saigaikikennkuiki　2016 年 5 月 4 日閲覧．
国交省都市局，2012，『東日本大震災の被災地における市街地整備事業の運用について（ガイダンス）』http://www.mlit.go.jp/common/000193129.pdf　2016 年 5 月 21 日閲覧．
国交省都市局，「東日本大震災の被災地で行われる防災集団移転促進事業（パンフレット）」http://www.mlit.go.jp/crd/city/sigaiti/tobou/g7_1.html　2016 年 5 月 21 日閲覧．
国交省都市局・住宅居局，2012 年 6 月「被災自治体向け　東日本大震災の被災地における復興まちづくりの進め方（合意形成ガイダンス）」http://www.mlit.go.jp/common/000213268.pdf　2016 年 5 月 14 日閲覧．
越沢明，2012，『大災害と復旧・復興計画』岩波書店．
熊谷良雄，1999，「地震被害想定と地域防災計画」『総合都市研究』第 68 号．
増田聡，2014，「災害危険区域と防災集団移転促進事業に関わる課題群」日本災害復興学会誌『復興』通巻第 9 号（Vol.5 No.3）．
宮城県，1935，『宮城県昭和震嘯誌』(D1)．
森山敦子，2013，「昭和三陸津波の罹災地復興と産業組合——農山漁村経済更生運動を中心とした 1930 年代社会政策の進展に着目して」『建築雑誌』vol.128．
内務大臣官房都市計画課，1934，『三陸津浪に因る被害町村の復興計画報告書』(D1，D3)．
岡村健太郎，2014，「昭和三陸津波後の岩手県大槌町吉里吉里集落の復興に関する研究——農山漁村経済更生運動と復興計画の関連」『日本建築学会　計画系論文集』79 巻

698号.
Raphael, Beverley, 1986, *When Disaster Strikes: How Individuals and Communities Cope with Catastrophe*, Basic Books, Inc., Publishers (=1988, 石丸正訳, 『災害の襲うとき』みすず書房).
佐藤主光, 2009, 「災害政策体系の整理と提言――被災者支援を中心に」『経済学的視点を導入した災害政策体系のあり方に関する研究 報告書』平成21年3月, 内閣府経済社会総合研究所.
竹沢尚一郎, 2013, 『被災後を生きる』中央公論新社.
田中重好, 2010, 『地域から生まれる公共性』ミネルヴァ書房.
田中重好, 近刊『シリーズ 東日本大震災と社会学 第2巻 防災パラダイムの転換と支援』(仮題) 有斐閣.
田老町教育委員会, 2005, 『田老町史 津浪編』田老町教育委員会.
津久井進, 2012, 『大災害と法』岩波新書.
渡辺偉夫, 1998, 『日本被害津浪総覧 第2版』東京大学出版会.
山口弥一郎, 初出1943, 1972, 「津波と村」『山口弥一郎選集 第6巻 日本の固有の生活を求めて』世界文庫.
吉井博明, 2015, 「『古い』防災の考え方と今後の防災のあり方」田中重好・高橋誠・黒田達朗編『新しい防災の考え方を求めて』2, 名古屋大学環境学研究科.

> コラム　隣接領域との対話：公衆衛生学
> 　　健康増進計画と公衆衛生学的アプローチ
>
> 　　　　　　　　　　　　　　　　　　　　　　　　　青山泰子

健康障害の発生要因と公衆衛生学の考え方

　公衆衛生学は，public health の訳語である。1920年に発表され，1949年に一部修正されたウィンズロウ（C. E. A. Winslow）の定義によると，「公衆衛生は，地域社会の組織的な努力を通じて，疾病を予防し，寿命を延長し，身体的・精神的健康と能率の増進を図る科学であり技術である」。地域社会の努力には，環境整備，感染予防，衛生教育，医療看護サービスの組織化，社会制度の改善が上げられている。対象は，胎児から高齢者まで幅広い。

　生きている限り，病気にかかったことも，怪我をしたことも一度もない人などいないだろう。病気や怪我は身近なものなので，世代を問わず「健康」に対する関心は高い。歩数計を身につけ1日1万歩歩くことや，1日30品目を食べることを心がける人がいる一方で，身体に良くないとわかっていながら，たばこをやめられない人，二日酔いに苦しむ人，甘い物を食べ過ぎる人もいる。世の中には，身体を労る模範的な個人もいれば，健康障害まっしぐらの個人もいて，色々な人が集まって集団を形成している。保健所や保健センターにいる医師や保健師は，現在病気ではない人も含む個人と集団の健康に携わる公衆衛生の専門職といえるだろう。

　「結核菌は結核の原因の一つに過ぎない。」これは，健康障害はただ一つの原因によってのみ引き起こされるものではないことを示す表現である。結核菌が存在しなければ結核の発病はあり得ないが，結核菌に感染した者がすべて結核を発病するわけではない。結核の発病に対する主要3要因は，①結核菌（病因 Agent），②菌に対する感受性（宿主 Host），③感染経路（環境 Environment）とされている。診察室に入ってくるのは個人だが，個人が生活

する地域社会に感染が広まる危険性を考えると、その後のアプローチは個人にとどまらない。この点で、公衆衛生に携わる者の視野は、対個人に限定しているわけにはいかず、常に集団、地域社会への影響を念頭に置くことになる。

　こうしたアプローチを、病気とは異なる例で考えてみる。近所にたまたま麻薬の密売人が住んでいたとする。密売人はあの手この手を使って、新規顧客を獲得しようと学生や仕事帰りの人々を誘う。まんまと誘いに乗って、麻薬を使用してしまう人もいれば、しっかり自衛する人もいる。警察が一人の密売人を逮捕すれば終了、ハッピーエンドというわけにはいかない。密売人がいたなら、麻薬の入手ルートやどれだけの人に売ったか、警察でなくてもやはり気になる。これは、感染症発生時の対応に似ている。ちなみに麻薬は、人々の健康に直接関わることなので、公衆衛生学の守備範囲に入る問題であり、取り扱いを規定する関連法規の知識から身体への影響まで、幅広い知識が求められる。厚生労働省が示す感染症発生時の対応は、①発生状況の把握、②感染拡大の防止、③医療措置、④行政への報告、⑤関係機関との連携である。このように、社会的に影響が及ぶ問題に対する意識、個人と集団、地域社会へのまなざしは、社会学的な感覚と親和性が高い。

高リスクアプローチと集団アプローチ

　各都道府県および市町村では、健康増進法に基づく健康増進計画を策定している。その背景には「国民の健康の増進の総合的な推進を図るための基本的な方針」いわゆる健康日本21がある。国レベルでの方針を受けて、自治体は住民を対象にした健康づくりの指針を掲げる。自治体ごとに、都道府県あるいは市町村の実情に合わせた施策を実践するための調査計画が練られ、収集したデータに基づいた施策が実行されていく。

　健康日本21総論報告書の中には、次のような記述がある。「健康障害を起こす危険因子を持つ集団のうち、より高い危険度を有する者に対して、その危険を削減することによって疾病を予防する方法を高リスクアプローチ（High risk approach）と呼び、集団全体で危険因子を下げる方法を集団アプローチ

(Population approach)と呼ぶ」。例えば，脳卒中の発症が相対的に高い地域があったとする。この地域における脳卒中の危険因子である高血圧対策として，血圧が高い住民の血圧を下げる（例えば医療機関への受診を勧奨し，降圧剤の処方によって高血圧を解消する）のが高リスクアプローチである。一方で，住民全体に対して例えば減塩運動の普及を行い，住民全体の血圧を下げるのが集団アプローチである。

　高リスクアプローチの場合，対象が特定されやすく，対個人への方法論も指導内容も比較的明確であるが，一方で地域社会への影響力は限定的である。それに対して，集団アプローチは，地域住民全体に対する教育効果の測定などには難儀するが，将来的な医療費の抑制などの効果が期待され，健康障害に対する地域的な予防の影響力は大きいと考えられている。特定の状況におかれた個人や集団に焦点を絞って介入するのか，それとももっと広い視点で社会現象にアプローチするのか，この観点は隣接する学問領域にとっても参考になる。

　健康障害一つを例にとっても，住民の中には高リスク者も低リスク者もいる。特定の地域で暮らす住民を対象にして社会調査を行う場合，それはある社会的な現象や問題に対する地域単位での集団リスクの高低を調査しているとも表現できる。この手法は，公衆衛生学における多くの調査研究でも行われるもので，自治体あるいは地区単位で，例えば日常生活における食事パターンや運動習慣の現状，衛生観念，ストレスレベルなどを調査し，高リスクアプローチか集団アプローチが採用され，担当区域の保健指導に活かされていく。

個人のリスク管理と公益のためのアプローチ

　4月から始まる日本の新学期は，健康診断の季節でもある。新入社員も，就職時に健康診断の結果の提出を求められる。会社や学校，自治体で集められた健康診断の結果は，その後どのように活用されるのか，考えたことがあるだろうか。

　そもそも，健康診断は何のために行うのか。個人レベルで表現するならば，自身の健康障害に対するリスクを管理するため，ということになる。血圧測定

や尿検査，肝機能検査などを行って，自分の身体状況を数値で測り，さまざまな疾患に罹るリスクを知る。同時に，病気の早期発見につながることもある。この質問を各市町村の保健師に向けると，わがまちの健康障害のリスクを管理するためと答えるだろう。地域レベルで診る習慣が身についているためである。

しかし一方で，全国の保健師は，わがまちの健診受診率の低さに悩んでいる。どうすればより多くの住民が健診を受けてくれるか，いつも悩んでいる。社会調査で回収率を気にするように，健診受診率があまり低いと，データの信頼性が低くなり，適切な対策が立てにくくなってしまうからである。例えば，体力測定をしたがらない理由に「体力が低いことを知っているから，そう数値で示されるのがイヤ」という人がいる。同様に，健診未受診者の中には，健診を受けない理由として，たばこやお酒をやめられず「病気に罹る危険性を指摘されるのがイヤだから」という人が相当数含まれると聞く。適切な健康増進計画を立てたいと願う担当者にとっては，最も指導したい対象が健診を受けていないことになるので，受診率が低いということは，同時に住民に対する啓発活動の基データとしての価値が下がってしまうことを意味するのである。

健康に関する情報は，最高レベルの個人情報である。健康診断の結果も同様の側面がある。健診結果が地域レベルで蓄積されれば，大変有用なデータになる。最近話題のビッグデータは，いわば個人情報の集合体であり，この点は健診データにも当てはまる。社会調査をする際には，自治体の協力が欠かせないが，個人情報保護法により，個人のデータを持ち出すことは一般的に難しい。医療情報も同じで，個人を特定できる情報については，患者の同意がない限り，たとえ研究機関の正当な理由があっても情報の集約は難しい。

現在，病気の治療や健康診断の結果に関わる情報をビッグデータとして活用するための新制度が検討されている。集めた医療情報を，個人が特定できないように匿名化したうえで社会に役立てるという。多くの研究者や，地域の住民を相手にする実践家は，現状分析のため，あるいは行動指標の策定のため，根拠となるデータを必要としている。公益のためのアプローチは多くの有用な情報を得るための手段なのかもしれないが，そのための個人情報の活用に際して

は，データを扱う専門職は分野を問わず責任をもって対処することが必要であろう。

参考文献
柳川洋・中村好一編集，2016，『公衆衛生マニュアル2016』南山堂．

第5章 モダニティ・共同性・コミュニティ
―――「生きられる共同性」再論―――

吉原 直樹

「結局のところ，複数の社会が共存し，良くまたは悪しくたがいに依存し合う。一つのシステムではなく，いくつものシステム，一つのヒエラルキーではなく，いくつものヒエラルキー，一つの秩序ではなく，いくつもの秩序，一つの生産様式ではなく，いくつもの生産様式，一つの文化ではなく，いくつもの文化，いくつもの問題意識，いくつもの言語，いくつもの生き方がある。すべてを複数形にしなければならないのである……。」

フェルナン・ブローデル『交換のはたらき(2)』

こんにち，コミュニティが狭いアカデミズムの世界を超えて広く取り上げられるようになっている。とりわけ，東日本大震災を契機にコミュニティへの期待が高まるとともに，一種のコミュニティ・インフレーションのような状態が生じている。しかしそうした状態は，ある意味でコミュニティに対する幻想が拡がっていることを示すものでもある。ここでは，そうした期待とか幻想などとともにあるコミュニティの実相を浮き彫りにし，そこからみえてくる近代のありようを考察することにしたい。その際，考察の基軸に据えるのは共同性であるが，ここでは，この点に関連してかつて筆者が展開した「生きられる共同性」を再論するという形で論をすすめていくことにする。[1]

さて近代のありように照準してコミュニティを考察するにあたって，まず最初に思い浮かぶのは，グローバル化のローカルに対するインパクトである。そもそもグローバル化はボーダレス（脱境界的）なヒト，モノ，コト，カネのフ

ロー（流動）とともにあり，そこに国民国家の変容と大規模なモビリティ（移動）をともなっている。いずれも，ローカルなものの基底にある共同性の内実にかかわる問題構制(プロブレマティク)が含まれている。たとえば，この間，グローバル化を政治経済学の文脈で論じてきた伊豫谷登士翁は，この共同性を移動にかかわらせて，次のように述べている［伊豫谷，2014：15］。

「共同性を有する人びとの集団があり，移動した人びとは，その共同性を抱き続ける，あるいは新しい故郷を創りあげる。古里への帰郷，戻れぬ故郷といった物語である。しかし実際は，戻るべき故郷への帰郷という物語は，しばしば幻想であった。……移動こそが共同性を生み出し，戻るべき場所を創り出したのである。移動は，成功したがゆえに戻らず，失敗したがゆえに戻れない。そしていま，移動する人びとを戻るべき場所と結びつけてきた共同性という神話が崩壊してきている。」

ところで，ここでいう「共同性を有する人びとの集団」は，これまではどちらかというと，「境界の明確なアイデンティティとメンバーシップ，閉鎖性を有する諸規則，仮想的な永続性を有している……完全に共同性のある集団」としてとらえられてきた［Brown, 1974：32］。つまりある種の「領域的なもの」（＝領域性）に裏打ちされた定住とともに語られてきたのである。しかしいまや，そうした定住主義，そしてそこで指摘されるような共同性は移動とともに大きく崩れている。アーリが「社会を越える社会」（society beyond societies）の基層でみているのは，まさにこうした移動と背中合わせで存在する共同性である［Urry, 2000＝2006］。

近代にかかわらせて，とりわけいま触れたようなグローバル化との関連でコミュニティを見る場合にさらに問われるのは，グローバル化の底流をなしているネオリベラリズムの影響である。こんにち，その下で生じている共同性の変容が無視できなくなっている。だが，このことに言及する前に指摘しなければならないことがある。それは近代が帯同してきた成長の下で，コミュニティに

おける共同性がそもそもどのようなものとしてあったかという点である。

ちなみに，ここでいう共同性は，「すぐれて人間の『生』の営みにおける共同性である」。それは「住まうこと」に根ざして，「共同生活においてあらわれる共通の課題を地位とか身分などに関係なく共同で処理するところから派生する」もので，「自然のリズムやヴァナキュラーなものに必ずしも還元されない共同性」のことである［吉原，2000：246］。それは以下の展開において鍵概念となる「生きられる共同性」の原拠となるものであるが，重要なことは，（それが）「土地の共同」［清水，1971］に回収されない，異なる者同士の相互性・非同一性にもとづいていることである。以下，こうした共同性の近代における「うつろい」の相＝「かたち」をみることによって，わたしたちの世界／社会における立ち位置をさぐることにしよう。

1．産業主義的生産様式の機制――イリイチを読む

産業主義的生産

さて近代が帯同してきた成長であるが，イリイチはこれを産業主義的生産としてとらえ，そこでみられる「限度なき成長が……社会の成員が固有の能力を自由に行使することをできなくさせ，人々をたがいに切り離して人工的な殻に閉じ込め，極端な社会の分極化と分裂的な専門化を促進することで，共同体の組織を掘り崩す」［Illich, 1973 = 2015：15］としている。そこでさしあたり，イリイチが産業主義的生産と呼ぶものを概観することから始めよう。

まず「成長熱にうかされた社会では……より多くのものを投入することが価値あること」［ibid.：35］と見なされる。したがって「昂進する生産と増大する需要」［op. cit.：67］が至上のものとなり，「標準的な製品や規格性や公けに保証された品質」［op. cit.：87］に過大な関心が向けられることになる。そして政治制度自体，「生産高という目標との共謀関係に人々をおしこめる徴募機構となっている」［op. cit.：42］。こうしたところでは，高度技術は，「物質的・心理的・社会的な過程に対する力まかせの介入」となり，高度な文化は「あたう

るかぎり最大量のエネルギーを使用する文化」[*op. cit.*：69]になってしまっている。その上で，イリイチはこういう[*op. cit.*：83-84]。

「科学は哲学から専門分化してきたものであるのに，操作をますます分化していくことの理論的根拠になっている。労働の分化は最終的に道具の労働節約的な分化をもたらした。新しい技術はいまでは商品供給の隘路をひろげるのに用いられている。公益事業は人々のための便宜から，高価な道具の所有者のための活動舞台に変ってしまった。科学技術は産業主義的生産様式をたえず支えるために用いられて」いる。

さらに教育はといえば，「科学という魔術によってつくりだされた環境に適応する新しいタイプの人間を生み出す錬金術的過程の探求となった」[*op. cit.*：55]という。その結果，「私たちの想像力は，大規模生産の論理に適合した工学的に体系化された社会的習慣の型に，あてはまるもののみを頭に思い浮べる」[*op. cit.*：47]ようになり，つまるところ「産業化をさらに持続させるいくつかのイデオロギーのひとつに，心のよりどころを見出し……自分がつながれている進歩の幻想を，是が非でもあと押ししなければならないような気になっている」[*op. cit.*：105]のである。イリイチはこのようにして，「人間の役割はますます単なる消費者の役割におしさげられていく」[*op. cit.*：38]としている。

産業主義的な道具と人間に対する操作

ところでイリイチは，こうした産業主義的生産の要をなすものとして，あらためて「合理的に考案された工夫すべてを，ひとつのカテゴリーに包摂することができる」[*op. cit.*：58]産業主義的な道具に目を向けている。それは「それ自身の歴史と文化をもつ都市の風景に均一化の刻印をおす」[*op. cit.*：48]とともに，「人間に対する操作」[*op. cit.*：58]を強める。ちなみに，イリイチは前者について「ハイウェイ，病院の建物，校舎，事務所のビル，アパート，商店はどこでも同じ外観をとる」と指摘する一方で，後者の人間に対する操作に関

第5章　モダニティ・共同性・コミュニティ

して以下のように述べている [*op. cit.*：110]。

「操作は教育的，医療的，行政的な療法(セラピー)の形をとる。教育が競争しあう消費者を生みだし，医療は，消費者が要求するようになった工学化された環境のなかで彼らを生かし続ける。官僚制は，人々に無意味な仕事をさせるためには社会的に管理する必要があることの表れである。」

こうした均一化の作用と人間に対する操作ゆえに，産業主義的な道具は「管理の集権化」[*op. cit.*：101] に加えて「統制や依存や収奪や不能を増大させ」[*op. cit.*：69] る一方で，自らが生み出した産出物を「単位量のかたちで送り出す」[*op. cit.*：98-99]。イリイチによると，このことによって「(多くの人びとにたいして) おのれの想像力の結果として環境をゆたかなものにする最大の機会を与える……可能性」が失われてしまい，「極端な社会の分極化」，つまり「持てるものがより多くを受けとり，持たざるものは現に持っているわずかなものさえ巻き上げられる」[*op. cit.*：25] という状態がもたらされる。そして結局のところ，すべての人びとから「自立共生(コンヴィヴィアリティ)を奪わずにはおかない」[*op. cit.*：69] ということになる。問題は，こうした産業主義的な道具の存在を政治的に容認していること，そしてそれが「私たちの時代の不公正の主な源」[*op. cit.*：103] になっていることにある，とイリイチはいう。ともあれ，このようにして「生産至上的な社会」[*op. cit.*：50] が「単位化された量のかたちをとる……エネルギー」[*op. cit.*：98] の費消，そしてみてきたような均一化の作用と人間に対する操作 (→「オペラント条件づけ」[5] [*op. cit.*：50]) を介して拡がっていくことになるのである。

ちなみに，イリイチは産業主義的生産様式の原型をマンフォードのいう，産業革命に数世紀先行して立ちあらわれていた「機械化の様式」にみている。イリイチは，マンフォードの『機械の神話──権力のペンタゴン』を引例しながら，マンフォードが彼のいう「機械化の様式」において「道具を産業主義的に，経済を資本主義的に組織しているイデオロギー」[*op. cit.*：77] をみていた，と

指摘している。同時に，イリイチは，「機械化の様式」の基底にある時間観念が産業主義的生産様式を通底していることに気づいている。この点は詳述を要するので，節をあらためて述べることにしよう。

2．モダンの時間——空間と「生きられる共同性」

モダンの時間と空間

イリイチは，「機械化の様式」から産業主義的生産様式に至る過程に特有の時間，そしてそれと一体としてある空間の機制を，前掲のマンフォードに依拠して次のように述べている［*op. cit.*：77-78。ただし，傍点は筆者記入］。

「ヨーロッパはベーコン主義的な前提にもとづいて，時間を節約し，空間を縮小し，動力を増大させ，商品をふやし，固有の規範を撤廃し，生身の身体的器官を，それをかりたて，それが遂行する単一の機能のみを拡大する機械に置き換えはじめた。こういった強制的過程はすべて，現代社会において技術としての科学の土台となっている……。精神に関する同様な変化もまた，時間を厳守すること，空間を測定すること，簿記をつけること，そのようにして具体的な事物と複雑な出来ごとを抽象的な量に変換することを強調する，儀式的規則性から機械的規則性への推移というかたちをとって出現する。」

ここでいわれる時間と空間は，今日，いわゆるモダンの時間と空間と総称されているものの原型(プロトタイプ)をなしている。ちなみに，このモダンの時間と空間は，基本的に同質的時間（→客観的時間）と空間の〈絶対性〉にもとづいている。まず前者であるが，それは社会的時間から切り離された，「時間の細分化」，「社会生活のタイムテーブル化と数学化」（ラッシュ＆アーリ）に根ざす「単線的で同質的で連続的な時間」のことである。まさに「クロック・タイム」として述べられてきたものである。他方，後者は，もともと非連続的で非同型的な実践を投影し，したがって多様性を豊かに湛えた空間を消去して立ちあらわれ

る，ブルデューのいう「幾何学の連続的空間」のことである。それは，ハーヴェイが「冷徹な合理性」に裏打ちされた「正確な地図」と呼ぶものに凝縮されている［吉原，2002］。あえて指摘するまでもないが，こうした均質的に流れる「絶対的時間」と「幾何学の連続的空間」は先に概観したイリイチのいう産業主義的生産様式（→産業主義的な道具）の基底をなすものである。

　ここであらためて指摘したいのは，そうしたモダンの時間と空間が「はじめに」の末尾で言及した共同性→「生きられる共同性」の否定の上にあるようにみえることである。少なくとも上述の「絶対的時間」と「幾何学の連続的空間」は，それが全社会的なものになればなるほど「生きられる共同性」から乖離／疎隔しているようにみえる。しかし実際はどうなのであろうか。さしあたり，ここでいう共同性／「生きられる共同性」がいかなる時間感覚，空間感覚を帯同しているのかをみることにしよう。

「生きられる共同性」と「拡がりのある時間」

　「生きられる共同性」とともにある時間は，何よりもまず複数的に経過するものとしてある。それはフッサールのいう「内的時間」に近いものである。この「内的時間」は過去，現在，未来の区分が中心となるような年代記的（クロノロジカル）なテーマ設定からは出てこない。過去は現在によって自由に出し入れが可能となる，いわば「引き出し」のようなものとしてあり，未来は現在からのみ想到することができる。つまり内的時間は，現在が人びとの「生きられた記憶」としてあるかぎりで存立し得るのである[7]。こうした内的時間と相同的に存在するのが，野家啓一のいう「垂直に積み重なる時間」であり，広井良典のいう「根源的な時間」である。

　ちなみに，「垂直に積み重なる時間」は，メトロノームの往復運動や時計の針の回転運動のように矢印によって示されるような「水平に流れ去る時間」ではなく，私たちの記憶の裡に蓄積している時間である［野家，1996］。他方，「根源的な時間」は「めまぐるしく変化していく日常の時間の底に」ある「ゆっくりと流れる層」としてある［広井，2001：156］。広井はこうした根源的な

第2部　災害，地域，家族をめぐる共同性と公共性

時間を「『市場／経済』の時間とは別の流れ方をする……『共同体（コミュニティ）の時間』」[同上：156-158]ととらえている。こうしたとらえ方は多くの検討の課題を残している。しかしそれにしても，「内的時間」といい「垂直に積み重なる時間」といい「根源的な時間」といい，それらが基本的に「生きられる共同性」に内在する，感覚的，質的に生きる身体とむすびついた「拡がりのある時間」（→「生活世界を主体的に生き抜く人びとの，いわば相互作用としての時間」[吉原，2011：356]）としてあることは否定できない。

「生きられる共同性」と関係性にもとづく空間

それでは，以上の拡がりのある時間と共振するような形で存在する，「生きられる共同性」が内包する空間とはどのようなものであろうか。まず最初に指摘したいのは，それは通常想定されがちな「領域的なもの」に回収されるものではないということである。むしろ脱領域的な「人と人との関係」，より単純化していうと，つながりがメルクマールとなっている。こうした関係性にもとづく空間，換言すると，空間が根ざす関係性の原型は，意外にも中世にもとめることができる。ちなみに，土屋恵一郎は，松岡心平の『宴の身体』[松岡，1991]における連歌の場に中世の集団形成の範型をもとめ，そこに集団＝場が「物語の統一性を逸脱して，モザイク状の連鎖になっていること」，つまり「異質の声，流れ，伝統の合流点を建設する」ことを見出している[土屋，1996：17-23]。筆者は，この集団＝場の原理をいわゆる地縁においてより敷衍化された形でみることができる，と考えている。

地縁は通常，領域的に閉じられた「選べない縁」と考えられがちであるが，もともと人間の多様性と経験の開かれた可能性を内包するものである。土屋の言葉に従うなら，それは「家族，身分，階級，といった人間の出生にかかわる自然の共同性から離れ，無縁の者たちによって作られた人工の共同性」[同上：24]を織りなしている。ちなみに，この点で相同的な認識を示しているのは，ベルクである。ベルクは，彼がいう「通態（トラジェ）」において，環境を媒介にして諸個人間で「……を越えて」と「……を横切って」という形で築きあげられる関係

づけ（＝相互作用）が鍵になることを指摘しているが，それは明らかに地縁に根ざしている［Berque, 1986＝1988］。ベルクの地縁に向けるまなざしは，「内面化された起源」＝「内向化された歴史」に決して閉じていかない[(8)]。

さて，これまで「生きられる共同性」が内包する時間と空間を走り抜けにみてきたが，それらがイリイチのいう産業主義的生産様式の進展とともに，上述したモダンの時間と空間にどう呑み込まれているのかということがあらためて問われる。しかしその前に，産業主義的生産様式，つまり近代そのものがどのように変容しているのかについて一瞥しておく必要があろう。

3．グローカル化とカタストロフのなかの産業主義的生産様式

産業主義的生産様式のボーダレスな展開と国民国家の役割遂行の変化

すでに述べたように，産業主義的生産様式は成長に至上の価値を置くものであった。しかし当初は，外に向かう成長にたいして国民国家（の境界）が制約要因として立ちはだかった。そしてみてきたような産業主義的な道具も，もっぱら国内において人びとを操作的に動かすことに照準していた。しかしグローバル化は国民国家そのものを揺るがすとともに，産業主義的生産様式のボーダレスな展開を積極的に誘った。こういうと，グローバル化が国民国家を無力化しているように把握されるかもしれないが，そうではない。「規制緩和や民営化に典型的に表れているように，近代国家のさまざまな制度や機構は，グローバリゼーションを推し進める装置へと転換してきた」［伊豫谷，2013：28］のである。まさに国民国家の機能変容がすすんでいるわけだが，この点に関して，バウマンは「『庭園師(ガーデナー)』から『猟場番人(ゲートキーパー)』へ」というメタファーを用いている［Bauman, 2000＝2001］。猟師（資本）が猟場（市場）でより獲物（利潤）を獲得しやすい環境にするという役割の遂行が，猟場番人（国家）に求められているというのである。たしかに，産業主義的生産様式のボーダレスな展開も，こうした国民国家の役割遂行，具体的にいうと，ナショナルな法，社会そして文化の組み換えによって支えられ，促されている。

さて、そうして立ちあらわれている産業主義的生産様式のボーダレスな展開は、何よりも世界的な経済機能の分散と統合（化）という形ですすんでいる。それ自体、市場化が都市のみならず農村社会にまでおよんでいることを示すものであるが、そこではモノ、カネ、ヒト、情報のボーダレスなフローを伴っている。後述するように、そうしたフローはみてきたようなモダンの時間と空間の変容を誘うものとなっているが、ここではさしあたり、そうしたフローを促している産業主義的生産様式のボーダレスな展開がローカルな場にさまざまな亀裂をもたらしていることを指摘しておきたい。ちなみに、正村俊之は、それが世界の相互依存性の拡がりとともに「世界の不均等発展」として顕現している、という［正村, 2009：5］。

産業主義的生産様式の機能変容

ところで、ローカルな場にあらわれている亀裂を象徴するものとして注目されるのは、この間、あちこちで言われるようになっている地方消滅や限界集落／団地化の進展という事態である。今日、中山間地域だけでなく、多くの地方都市や大都市周辺（ことにニュータウン）で地域の疲弊が目立っている。それは基本的には、グローバル化の進展とともに「［ローカルな場で］人々が急速に生存維持手段を失ってきた」［伊豫谷, 2013：28］ことと関連している。ちなみに、近年、一部で地方消滅が縮小社会の系で論じられている。

この場合、大きくは二つの立場／論調に分岐している。一つは、「サイズにかかわらせて論じるもの、つまり拡大にたいするダウンサイズの含意で語るもの」［吉原, 2011：347-48］である。文字通り、縮小社会を downsizes society と見なす立場である。そしていま一つは、「縮む社会」をもって産業主義的生産様式が臨界局面に達しているとみなす立場である。前者は産業主義的生産様式、つまり成長や拡大の存続を前提とする議論である。それにたいして後者は、産業主義的生産様式が壁にぶつかっている、つまり成長が限界に達しているとする立場である。平たくいうと、縮小社会を脱成長（デクロワサン）の文脈でとらえる立場である。ややラフな言い方をすると、この二つの立場／論調は産業主義的生産様式

のどこをみるか／強調するかをめぐって違いが生じている。したがって，両者は「遠くて近い」関係にあるともいえる。だがいずれにせよ，グローバル化が産業主義的生産様式を構造的に引き継ぎながらも，機能的に大きく変容させていることはたしかである。

臨界局面における産業主義的生産様式——脱成長へ

　そこでとりあえず，後者の立場に照準して，産業主義的生産様式がどのようにして壁にぶつかっているかを検討してみることにする。というのも，今日，成長とか発展などといわれるものがその極に達して，それらが抱合しないとされる価値や要素が至上のものとなるような構造的転換を遂げる社会が現実のものとなりつつあるからである。それでは産業主義的生産様式が迎えている臨界局面とは，具体的にどのようなものであろうか。ラトゥーシュによれば，それは「軌道の外れた成長」，つまり「エコロジカル・フットプリントの持続可能な水準を超えた経済成長」［Latouche, 2010＝2013：52］のことである。先のイリイチを想起させる言い回しをするなら，「過剰消費のことであり，万人の『妥当な』ニーズの充足を可能にすると考えられる水準を超えた生産水準」［同上：52］のことである。ラトゥーシュは，こうした形であらわれる臨界局面を「生産力至上主義がもたらすカタストロフ」を示すものとしているが［同上：43］，それは同時に脱成長の社会の到来を告げるものでもある。ちなみに，ラトゥーシュは，イリイチのいう「近代のサビシステンス」に立ち戻って，脱成長の社会を以下のような生活様式に基づいて構築される社会だという［Latouche, 2004＝2010：12］。

　「人々が市場に対する依存を縮小することに成功し，専門的な欲求製造者によって数量化されていない／数量化されることが不可能な使用価値の創造に，技術と道具が優先的に役立てられるような社会的基盤を，政治的手段を通じて保護することでたどりつくところの脱産業経済における生活様式」

いうまでもなく，こうした生活様式はグローバル化による「世界の均質化」（広井良典）がローカルを深く包み込み，それが反転して，異なる者同士の相互性・非同一性を経てローカルの側から立ちあらわれているものである。成長がこのグローカル化の機制を介して，まさに臨界局面において脱成長に〈反転〉する行程(トラジェ)については，モダンの時間と空間の位相／「ゆらぎ」に立ち返ってさらに詳しくみてみる必要がある。

4．「生きられる共同性」の脱埋め込みと再埋め込み

「生きられる共同性」からの／への乖離と簒奪

上記の〈反転〉の行程は，これまでの展開，とりわけ第2節の叙述に即していうと，さしあたり次のように説明することができる。まず，産業主義的生産様式に埋め込まれたモダンの時間と空間，つまり「絶対的時間」と「幾何学の連続的空間」が産業主義的生産様式の進展とともに極限にまで達した。そして近代国民国家の運動もまた，そうした産業主義的生産様式の進展と手を携えて，「前に向けて無限に，しかもまっすぐ伸びていく成長，発展とともに……無数の諸個人をそうした成長，発展に集列化すること」［吉原，2011：350］をうながした。そして「絶対的時間」と「幾何学の連続的空間」をある種臨界局面にまで押し上げた。そうした近代国民国家の運動は明らかに，「生きられる共同性」の構成要件である「拡がりのある時間」と「差異に充ち溢れた関係性にもとづく空間」を無化して立ちあらわれたものである。とはいえ，この過程は「生きられる共同性」から乖離しながらも，それを簒奪するという，かなり錯綜した形ですすんだ。モダニティの機制のなかでコミュニティとして語られてきたものに引き寄せていうと，こうである［吉原，2011：350-51］。

「『生きられる共同性』の裡にいわば公私未分化の状態で埋め込まれていたセーフティネット機能が〈外部化〉（→公と私の分化）した……。それは町内会の制度化を通して国家が『生きられる共同性』を囲い込むとともに，家族

第5章 モダニティ・共同性・コミュニティ

にそうしたものの一部が委譲されるという形で進展した。他方，システムとしての会社，いわゆるカイシャを社会の前景に押し出す一方で，カイシャによる家族の抱合を大々的にすすめた。その結果，カイシャは終身雇用の下で社員のみならず，『夫は外，妻は内』という性別役割分業で固定化された家族（核家族／近代家族）の生活保障を担い，上から簒奪された『生きられる共同性』に代わってセーフティネットの役割を果たすという『インフォーマルな社会保障』（広井良典）として機能した。」

『公助』が未発達な状態の下で，カイシャとそれに従属する家族を担い手とする「インフォーマルな社会保障」が人びとのセーフティネットの役割を果たすというこうした状景は，まさに近代国民国家による「拡がりのある時間」と「差異に充ち溢れた関係性にもとづく空間」の疑似的な取り込みの，一つの完結した姿を示すものであった。すなわち，「絶対的時間」と「幾何学の連続的空間」のより透徹した形をあらわすものであったのである。

「時間と空間の圧縮」──〈脱埋め込み〉と〈再埋め込み〉の機制

しかし，グローバル化の進展，またその一つの帰結である脱成長社会の出現とともに，上述の状景は社会の後景にしりぞき，それに代わって社会の前景にせり出てきたのが，ハーヴェイのいう「時間と空間の圧縮」である。それは，ハーヴェイによると，「世界がわれわれに向かって内側へと崩れかかってくるようにみえるほど空間的障壁を克服しながら，生活のペースを加速化すること」[Harvey, 1990＝1999：308]であり，彼が「フレキシブルな蓄積」と呼ぶ，以下のようなポストフォーディズム的生産によってもたらされたものである[ibid.：199]。

「それは労働過程，労働市場，生産物，消費様式に関連するフレキシビリティに基づいている。その特徴は，まったく新しい生産部門，金融サービスの新しい供給様式，新しい市場の出現であり，そしてとりわけ，大きく進展し

た商業的,技術的,組織的革新である。これは,部門間や地理上の地域間における不均等発展のパターンに急速な変化をもたらし,たとえば,これまでの低開発地域(新興工業国における無数の活動は言うまでもなく,『第三のイタリア』,フランドル地方,幾多のシリコン・バレーのような地域におよぶ)でまったく新しい産業のアンサンブルを生み出しただけでなく,いわゆる『サービス部門』の雇用を激増させているのである。」

ともあれ,このようにしてグローバル化の進展とともに,本章の冒頭で触れたようなボーダレスなヒト,モノ,コト,カネのフローが生じ,「時間と空間の圧縮」が劇的にもたらされることになった。そして,ロバートソンのいうような「世界の縮小」が著しくすすむことになったのである [Robertson, 1992 = 1997]。繰り返すまでもないが,この「時間と空間の圧縮」=「世界の縮小」は,「絶対的時間」と「幾何学の連続的空間」の極限の形態を示すものである。またそうした点では,ギデンズに倣っていうと,「拡がりのある時間」と「差異に充ち溢れた関係性にもとづく空間」を徹頭徹尾〈脱埋め込み〉した結果であるといえる。だが同時に,「時間と空間の圧縮」は,「拡がりのある時間」と「差異に充ち溢れた関係性にもとづく空間」を脱成長の地層で〈再埋め込み〉したものでもあるのだ。この点については,節をあらためて述べることにしよう。

5. 「創発的なもの」,そして節合のメカニズム

モダニティの両義性——「生きられる共同性」の通時態と共時態

グローバル化による「時間と空間の圧縮」=「世界の縮小」は,明らかに「均一的で標準化された空間」を極限にまで拡大し,人びとが生活世界を主体的/能動的に生き抜くことによって立ちあらわれる社会的相互作用としての時間(→「拡がりのある時間」)を剥奪するように作用している。けれどもその一方で,ボーダレスなヒト,モノ,コト,カネのフローがローカルあるいはグ

ローカルの次元でもたらしている．アパデュライが「複合的で重層的，かつ乖離的な秩序」［Appadurai, 1996＝2004：68］と呼ぶようなものが，モダニティがその基層において湛えてきた「拡がりのある時間」と「差異に充ち溢れた関係性にもとづく空間」，畢竟，「生きられる共同性」を，脱成長の位相に押し上げている．同時にそうした動きは「共通の計量化された時間」［真木，2003］と「均一的で標準化された空間」のより一層の展開の只中からあらわれたものでもある．

そのこと自体，モダニティの両義性（パラドックス）を示すものであるが，要は，モダニティはそもそも平衡に向かうものと平衡からおよそ遠いものからなるという認識がもとめられている．詳述はさておき，この認識地平に立つなら，「［ある意味で］歴史貫通的なものとしてある『生きられる共同性』が歴史的なある局面においていったん消え（＝〈脱埋め込み〉化），その後に再び蘇る（＝〈再埋め込み〉化）と考えていいだろう」［吉原，2011：357］[10]．

「創発的なもの」

それでは，産業主義的生産様式下で眠ってしまったようにみえる「生きられる共同性」は，脱成長の地層に（おいて）どのように〈再埋め込み〉されつつあるのであろうか．あるいはその可能性が切り拓かれようとしているのであろうか．ここでは，その具体的なありようを，福島原発事故被災地の大熊町からの避難者の間から立ち上がっているサロンを事例にして，そこに伏在している「創発的なもの」（the emergent），そして「節合」（articulation）の機制を析出するなかで検討してみたい．

ところで，先に「生きられる共同性」の原構造が中世に遡って検証することができ，それが歴史貫通的なものとして人びとの生活の基底に伏流していることを指摘した．当然，それは将来に向けても何らかの形で継承されることになろう．いまそれを，これまで言及してきたことを踏まえて約言するなら，人間の多様性と経験の開かれた可能性を内包する「人と人との関係」ということになりそうだ．いうまでもなく，そうした「人と人との関係」は，「市場中心の

社会によって支配される社会」[Latouche, 2004＝2010：12] に回収されるものでも「[伝統的な] 共同体束縛」[ibid.：190] に回帰していくものでもない。それを将来を見据えて定立しようとするなら，そこに伏在する「創発的なもの」をどう位置づけるかが鍵になるだろう。先の土屋恵一郎に倣っていうと，「創発的なもの」は「異質な声，流れ，伝統の合流点」[土屋, 1996：23] ということになる。ここでは，そうした「創発的なもの」として言及される状況を，さしあたり以下のようにとらえる [吉原, 2011：359-60]。

「それ（「創発的なもの」として言及される状況）は，複数の主体（変化をもたらす行為主体（エージェント））が相互作用を介して行為することで，個々の行為を越えて新たな集合的特性／質的に新しい関係が生み出されることである。ここで着目しなければならないのは，上述の相互作用によってさまざまなつながりが交互に並び合い，交わり合い，結び合い，そして影響し合って，『予測のつかない突然の変化』（アーリ）が起こることであるが，その場合，重要なのは，変化にたいして構成諸主体が能動的に対応し，より高次の特性を生み出す（＝創発する）という点である。つまり，『創発的なもの』とは，諸主体間の交流としてある相互作用が新たな変化をもたらし，そうした変化が累積されることで人びとのつながりとか関係などが変わり，システム自体の構造が変わっていくプロセスに主軸が置かれているのである。」

そしてそうであればこそ，ブランショが述べるような，「内在に還ることなく，『外』に向かって開かれている」[Blanchot, 1983＝1984：185] 相互作用，前掲の土屋に倣っていうなら，「分離されたままに，相互に関係をもつ」「隣り合っている者たちへとも開かれている」「自分に閉じこもることなく，しかし，また全体に融合することもない」[土屋, 1996：55] 共同性が不可欠となる。

「節合」の機制

ところで，指摘されるような相互作用＝共同性の性格をより達意にあらわす

第5章　モダニティ・共同性・コミュニティ

ものとして注目されるのが「節合」という概念である。もともとこの概念は言語活動／現象を説明するために編み出されたものであるが，ラクラウは，これを制度や組織の変容をうながす社会的実践の文脈で用いている。ラクラウによれば，「節合」とは，諸主体がおのおののアイデンティティを変容させながら，諸要素のあいだの関係を打ち立てること，すなわち諸要素を新しい構成へと組み直すことを意味している［Laclau and Mouffe, 1985 = 2000］。

　ここでは，以上のような指摘を踏まえながら，「節合」を諸主体の「自由な越境」にともなう，諸主体間の多元的で相互的なつながりを横に広がるインターフェイス上で示すものととらえる。こうした「節合」は，システムの維持を前提とする統合や限られた領域内での完結性(オートノミー)を与件とする内発的発展と較べてみると，その特性がよく理解できる。「節合」においてみてとることのできる複層性，そしてそこに深く足をおろしている無秩序，そして不均衡こそが「創発的なもの」の基層をなしている。換言すると，諸主体がゆらぎながら，より高次の「生のコラージュ」へと発展していくことを可能にする創発のメカニズムは，「節合」をメディアとして成り立っているのである。以下，具体的な事例に即して，以上述べたことを少し敷衍してみよう。

6．サロンからみえてくるもの

サロンへ／から

　ここで事例としてとりあげるのは，2011年3月12日に起きた福島第一原発の爆発によって会津若松市に避難してきた大熊町民の仮設住宅から立ちあらわれたサロンである。ちなみに，会津若松市では12の大熊仮設住宅が早い段階で設置され，それぞれに自治会が組織された。ところで，これらの自治会はF自治会を除いてすべてが「元あるコミュニティの維持」「従前のコミュニティの確保」という名目の下に，特定の行政区を単位にして上からつくられた，いわゆる「国策自治会」であった。「創造的復興」を掲げてしゃにむに経済復興をつきすすむために避難者を集列化する上で，こうした自治会は好都合であった

185

表 5-1　サロンの活動内容（2013年4月〜2014年3月）

活動内容	回数	活動内容	回数
お茶会	196	押し花作り	1
食事会	3	手芸	1
健康相談	42	クリスマス会	3
介護相談	9	書初め	4
血圧測定	3	ひな祭り	5
レクリエーション	20	花見	5
ヨガ体操	8	餅つき	3
ラダーゲッター	6	豆まき	3
軽体操	5	七夕飾りつくり	2
周辺散歩	3	コミュニケーション麻雀	7
ピンポン	1	マジックショー	2
小物作り	26	男の料理	2
フラワーアレンジメント	3	落語	1
アレンジメント	3	弁護士との座談会	3
バルーンアート制作	2	園児との交流会	2
和紙小物作り	2	議会との懇談会	1

（出典）　吉原［2014：41］より引用。ただし，再掲にあたって表中の数字（一部）を修正。

と考えられる。けれども，F自治会は他の11の自治会とは異なって，行政区に関係なく高齢者や身体の不自由な人びとが集まっていた。ここでは「国策自治会」にはみられないような「異なる他者」との交流がみられ，人びとの関心も外に向かいがちであった。こうした自治会からサロンが立ち上がったのである（2011年8月）。

　サロンは1週間に1回の頻度で集まり，仮設住宅の集会所を拠点にして活動を繰り広げた。強制とは無縁の，「フットワークの軽い」参加の下に，気楽に語り合う場として続いた。そしてサロンは，その後F仮設住宅を越えて会津若松市およびいわき市に立地する仮設住宅，さらに全国に散らばるみなし仮設住宅（借り上げ住宅）に拡がった。それらのサロンで行われている活動自体は表5-1にみられるように型どおりのものばかりで，一見，何の変哲もない，内に閉じたサークルのようにみえた。けれども，サロンが一つの場となって，全国各地，さらに海外からのボランティアと「出会う」ことになった。そしてサロ

ンに「よその人の目」が息づくとともに、避難者たちの「内なる」思いが「外」に伝わるようになった。いつしかサロンを越えて避難者の間で自分たちの生活課題について話し合い、それらに向き合う状況が生じるようになった。身近な、「よその人の目」を通して自分たちの立ち位置を確認するようになったのである。

「創発的なもの」、「節合」の一つの原初的な形態としてのサロン

サロンでは、同質的で境界がはっきりしている「国策自治会」に集列化（→動員）されるのとは違って、さまざまな人びとがお茶会や趣味の会や小さな祝祭などに参加することを通して多様なアイデンティティを形成・保持し、対面的な相互行為を繰り広げた。そこでさまざまな違和が生じるのは仕方ない。それでも「違う他者」と緩やかにつながり、外部の世界と接点ができた。そうして自分たちの「いま」に目を向け、社会とどうつながっているのかを確認するようになった。またそこに至るまでに「具体的な他者」の生きざまに思いを寄せるようになり、そうした思いに根ざす関係性ができあがり、そこからある種の集団性といったものが派生するようになった。そうした関係性／集団性はいつ壊れてもおかしくないが、それがみてきたような「節合」の一つの原初的な形態を示すとともに、ポスト3・11における「生きられる共同性」の〈再埋め込み〉に向けての一つの起点／磁場を構成していることはたしかだ。

ここでは、サロンを「創発的なもの」にねざすコミュニティの一つの「かたち」を示すものとしてとりあげた。そして「国策自治会」を向こうにして考えた場合、まぎれもなく定住を前提としないコミュニティの範型をなしていること、そしてそれ自体、「相互依存関係にあるハイブリッドなさまざまなネットワークやフローを驚くほど多産かつ多系的に生み出している」［吉原, 2011：361］、脱成長といわれる社会に特有の状況を、部分的にではあれ、反映するものであることを確認した。いうまでもなく、脱成長の社会におけるコミュニティの形成は、人びとが移動と複雑にからみあいながら、グローバル化とせめぎ

第2部　災害，地域，家族をめぐる共同性と公共性

あいつつ，いったん剝奪されたはずの「生きられる共同性」を奪還／再獲得することを抜きにしてはあり得ない。

むすびにかえて

　さて，本章を閉じるにあたって最後に指摘しておきたいのは，サロンを通して，相互に関係をもつことに根ざす隣り合うことの意味をすくいだすことができるということである。詳述はさておき，そこでいわれる隣り合うこと，すなわち，「新しい近隣」から，デランティが提唱する，単一の帰属対象を想定しない「対話的なコミュニティ」の核となるものを見出すことができる。それを，デランティは「利己的な私利や社会的人格概念には還元できない」[Delanty, 2003＝2006：167] つながりというふうに述べているが，ムフのいう，将来への希望を抱かせるような何らかの契機が埋め込まれた「情熱的な紐帯」に相当するものである [Mouffe, 2005＝2008]。みてきたサロンにおいて，病気による「苦しみ」や「悩み」，家族や人間関係の「ゆらぎ」，さらに差別され，排除されてきた経験を「異なる他者」と語り合うことによって，この「情熱的な紐帯」が作りだされているのである。あまり気にせず話し合うことができる，無視されない，自分が幾度も味わってきた感覚を知ってもらえることによって，避難者としてのアイデンティティの形成に厚みが加わっている。先に「節合」の一つの原初的な形態と言ったが，ここでみているのはまさにそれである。

　もう一つ，サロンを通して指摘するものがあるとすれば，それはコミュニティへの新たな視軸設定につながるような，上記したこと以外のさまざまな経験的知見である。筆者は別のところでそうした経験的知見をつなぎあわせて「コミュニティ・オン・ザ・ムーブ」という概念を提示したが [吉原, 2016]，それは既成の概念枠組み（たとえば，本稿冒頭でとりあげたブラウンのようなとらえ方）では表現することはできない。また一つの価値で統合できるものでもない。それでも，脱成長の地層においてみられる「生きられる共同性」の〈再埋め込み〉の過程，そしてそれにともなう「拡がりのある時間」と「差異に充ち溢れた関係性にもとづく空間」の再発見の過程は視野に入れている。結局のと

ころ,「各々が各々の隣人と接するなかで自立した人間存在の拡がりを手にしている」[吉原, 2011：362-63] ということになるのだが。

なお,サロンの理論地平ということでいえば,上述の経験的知見の累積によってこれまでの社会科学に支配的にみられた還元主義からの離床がうながされていることは明らかである。それについてはあらためて別稿で論じることにするが,さしあたり,アーリのいう複雑性科学[Urry, 2003＝2014]が議論の中心になるであろうことを指摘しておく。

注

(1) 「生きられる共同性」については,吉原[2011]で展開したものを踏襲している。ただし,それを論じる際に設定したアジェンダおよび照準したフィールドは,前稿とはかなり異なっている。また本稿は,表題にもかかわらず,コミュニティそのもののありよう,およびその転態の諸相についてはほとんど触れていない。本稿は,ゆらぐコミュニティの基調音をモダニティ,とりわけイリイチのいう産業主義的生産様式,グローバル化,そして脱成長とのかかわりで明らかにしようとするものである。もちろん,最終的には,前稿同様,脱成長への移行過程において,市場と国家の公共政策,さらに市民的互酬領域とのせめぎあいがみられるなかで,「経済性に囚われない豊饒な社会」[Latouche, 2004＝2010：29]に向けてのコミュニティ再形成のための要件をさぐることにあるが,以下の展開にみられるように,本稿は戸口に立った段階で留まっている。

(2) こうしたとらえ方は,かなり一般的にみられる。たとえば,ベルとニュービーは,コミュニティを三つの系,すなわち「地政学的な意味でのコミュニティ」,「ローカルな社会システムとしてのコミュニティ」,そして「感情の交わりとしてのコミュニティ」でとらえ,いずれも「近接し共存していること」,「社会集団やローカルな制度組織による,局所的で相対的に境界づけられたシステミックな相互作用」,「メンバー間にみられる人格にもとづく強い紐帯,帰属意識,あたたかさを特徴とする人間同士のむすびつき」を基本属性としている[Bell and Newby, 1976]。詳述はさておき,こうしたコミュニティの位置づけは,ブラウンのそれとかなり近似している。

(3) ネオリベラリズムは,しばしば「小さな政府」論と等置される。いうまでもなく,「小さな政府」論を支えているのは,「公」は無駄であり,「民」こそ効率的であるという議論である。だから「公」の切り捨てが正当化され,それを「自己責任」の論理にすりかえる。しかし「自助」を半強制する手法は,しばしば矛盾をともなう。なぜなら,「自助」は実質的に市場に委ねられるために,そこに隙間ができてしまうからである。そこで,ネオリベラリズムはそうした矛盾を「古き良き地域社会,家族」を鼓吹する共同体主義(コミュニタリアニズム)で乗り越えようとする。ギデンズのいう「第三の道」は,そうしたネオリベラリズムにたいして素材提供の役割を果たしているが[Giddens, 1999＝1999],ネオリ

ベラリズムが共同体主義と共振する地平をどう理論的に整序するかは，今日，避けて通れない課題となっている。

(4) イリイチは，まぎれもなく，産業主義的な道具の向う側に，自立共生的な道具をみている。しかし，彼は前者を清算主義的に否定したうえで後者を打ち出しているわけではない。ちなみに，これに関連してイリイチは次のように指摘している［Illich, 1973＝2015：65］。

「自立共生的な社会にとって基本的なことは，操作的な制度と中毒性のある商品およびサービスが，まったく存在しないということではなくて，特定の需要（それをみたすために道具は特殊化するのだが）をつくりだすような道具と，自己実現を助ける補足的・援助的な道具とのあいだのバランスがとれていることなのである。」

(5) イリイチはこれを「学習者自身の自発的操作によって条件反応がおきる条件づけ」［Illich, 1973＝2015：241］と説明している。いうまでもなく，「市場中心の社会によって支配される社会」（ラトゥーシュ）ではこうした条件づけが常態化するわけだが，それが「皆，同じである」という同質性願望の下にすすんでいることに注目したい。というのも，そこに産業主義的生産様式に特有の，人びとを一方向に集列させる機制が作用しているように思われるからだ。

(6) モダニティの概念として定着した時間観念は，「ソローキンとマートンにはじまって，トムソンにおいて『仕事』への志向から『時間』への志向へと捉えられた『クロック・タイム』を絶対視するものであった」，そしてクロック・タイムは，「未来へと限りなく，しかもまっすぐに伸張していく『成長』社会とものの見事に適合」していった［吉原，2011：355］。もともとこうしたクロック・タイムは，ニュートニアンの視圏内にあったものが，「市場／経済」の時間として単数的に発展して出来上がったものである。そしていまや，グローバル化の進展と相まって，いっそう迅速化し，合理化され，尺度としての性格を強めている。

(7) 的場昭弘によると，フッサールの「内的時間」は，概ね以下のようなものとしてある。すなわち，記憶のなかでよみがえる過去は，一定の過去の事実として再現されたものではなく，現在の書き換えられた「記憶」として頭のなかにある。未来もまた，現在から隔絶して自律的に存在するのではなく，現在とむすびついて，まさに現在が変化するのにあわせて変化するのである［的場，2007］。したがって，人びとの「生きられた記憶」としての現在にかかわるかぎりで「内的時間」は存在するということになる。

(8) ここで想起されるのは，西田幾太郎の場所にたいする解釈である。西田は場所を「無」とみなす。場所はそれが前もって構造を有しており，そこに自己や他者が位置づけられるというものではない。すでに認知されている規範やルールに則って対他的に予期したり期待したりすることのできる社会空間が共同体であるとするなら，場所は共同体からもっとも遠いところにある。場所は，あらかじめ内容を決めることのできないような差異があらわれる場合にのみ空間となる。場所を通して／のなかで，個人は生身の

第5章　モダニティ・共同性・コミュニティ

姿で向き合う。場所において，解消不可能な「差異」を有する他者であるかれ／かの女と出会う。そしてそうした出会いのなかで，かれ／かの女はいかようにも変わるのである。同じことは逆の場合もいえる［西田，1987］。詳述はさておき，西田のこうした場所にたいする解釈は，「選べる縁」としての地縁にもあてはまる。

(9) 長い間，グローバル化をめぐる論議においてグローバル化とローカル化を対立的にとらえる論調が支配していた。しかし両者が必ずしも対立するものでないことは，いまや多くの論者が認めている。何よりも，グローバル化はローカルなものがあって初めて自らの力を行使することができる。逆にローカルなものは，グローバル化に遭遇するなかで自らの立ち位置を確認することができる。ちなみに，アーリはそうした文脈の下で「グローカル・アトラクタ」という概念を提起している。それは簡約していうと，「グローバルな［場所からの］脱埋め込みは，同時に起こる『ローカル』なものの強化増大と相まってかろうじて生じる」［Urry, 2003＝2014：135］というものであるが，アーリの慧眼は，そこに「グローバルなものは平衡から遠く離れたものとなっている」［ibid.：142］ことを読み取っていることである。そこに「創発的なもの」にたいする原認識が伏在している。

(10) だからこそ，「生きられる共同性」が近代においてどのように簒奪されてきたのか，そして現に簒奪されているのかをつぶさに検討する必要があるのである。またそうした検討の作業とともに，「生きられる共同性」の基底をなしている位相的なつながりを，「内面化され，内向化された起源」＝「背後の底のない世界」に還帰してしまうことがないよう，脱成長の社会における自らの位置取り(ポジショニング)を示すことがもとめられるのである。今日，グローバル化の基調音となっているネオリベラリズムが「自己責任」と「非寛容」を謳いながら，「生きられる共同性」が抱合するこうした位相的なつながりにも入ってきていることは，やはり看過することはできない。

(11) 序に，河野哲也が指摘するアフォーダンスをとりあげておこう。それは一言でいうと，「自分の振る舞いが環境に変化を引き起こし，その変化が再帰的に自分に影響を与える循環的過程」［河野，2008：244］のことであるが，それがここで注目されるのは，世界に存在する諸々のものが多元的かつ入れ子状に布置していることを社会の基層レベルで明らかにするとともに，「節合」に傑出してみられる，指摘したような特性を含み込んでいるからである。それは注(10)で触れた位相的なつながりとともに，諸主体のトポロジカルな布置構成を示している。

(12) ここではごく概略的にしか取り上げない。その組織構成および活動の実態，さらにそれらをめぐる諸主体の布置構成については，吉原［2013；2016］を参照されたい。なお，サロンは，今日，避難者の広域避難とともに各地に拡がっているが，それとともに上からのガバメントにからめとられる動きが強まっている。つまり，行政にとって都合のいいもの(コンビニエント)になっていることは否めない。

(13) 「新しい近隣」について原的に説明しているのは，ジェイコブズである［Jacobs, 1961＝2010］。ちなみに，筆者は別のところでジェイコブズの「新しい近隣」について次のように述べた［吉原，2016：149］。

191

「ジェイコブズは『アメリカの大都市の死と生』において，近隣を様々な集団や利害が交流し関係を取り結んでいく単位としてとらえ，そうした近隣において『隣人たちが大きな違いを持つこと』に注目する。ジェイコブズによれば，この違いは，人びとの『交わり』を色鮮やかにする多様性の源であり，『はっきりしたユニットとして区切るような始まりも終わりもない』連続体であり，単調さ，帰納的なまとまりには回収されない『ちがい』としてある。そしてこうした『ちがい』から，『自己完結的な居住地域内での異なる小さな集団同士』の人間関係に還元されない『飛び石式の人間関係』が『偶発的に形成され』るという。」

(14) とはいえ，「コミュニティ・オン・ザ・ムーブ」という概念もさまざまな課題を抱えている。基軸に据えている，「創発的なもの」，そして「節合」そのものが，高度に偶発的(コンティンジェント)であり，流動的であり，不安定である。その上，現在進行形のものでもある。その不安定で不定形であることが，結果的にタテのカバメントにからめとられてしまう惧れもはらんでいる。外に向かって開かれていることが，実は全体に統合されているということになりかねない。いずれにせよ，今日のコミュニティがグローバル化のもたらすさまざまな動線の上にあるからこそ，その方向性を見定めることがきわめてむずかしくなっているのである。

参考文献

Appadurai, A., 1996, *Modernity at large: Cultural Dimensions of Globalization*, University of Minnesota Press（＝2004, 門田健一訳『さまよえる近代』平凡社）.

Bauman, Z., 2000, *Liquid Modernity*, Polity（＝2001, 森田典正訳『リキッド・モダニティ——液状化する社会』大月書店）.

Berque, A., 1986, *Le sauvage et l'artifice —— Les Japonais devant la nature*, Galimard（＝1988, 篠田勝英訳『風土の日本』筑摩書房）.

Blanchot, M., 1983, *La communicanté inavouable*, Éditions de Minuit（＝1984, 西谷修訳『明かしえぬ共同体』朝日出版社）.

Brown, D., 1974, 'Corporations and Social Classification,' *Current Anthropology*, 15-1.

Delanty, G., 2003, *Community*, Routledge（＝2006, 山之内靖・伊藤茂訳『コミュニティ』NTT出版）.

Giddens, A., 1999, *The Third Way: The Renewal of Social Democracy*, Polity（＝1999, 佐和隆光訳『第三の道——効率と公正の新たな同盟』日本経済新聞社）.

Harvey, D., 1990, *The Condition of Postmodernity*, Blackwell（＝1999, 吉原直樹監訳『ポストモダニティの条件』青木書店）.

広井良典, 2001,『定常型社会』岩波新書.

Illich, I., 1973, *Tools for Conviviality*, Harper（＝2015, 渡辺京二・渡辺梨佐訳『コンヴィヴィアリティのための道具』ちくま学芸文庫）.

伊豫谷登士翁, 2013,「グローバリゼーションの経験と場所」宮島喬ほか編著『グローバ

リゼーションと社会学』ミネルヴァ書房.
伊豫谷登士翁, 2014, 「移動のなかに住まう」伊豫谷登士翁・平田由美編『「帰郷」の物語「移動」の物語——戦後日本におけるポストコロニアルの想像力』平凡社：5-26.
Jacobs, J., 1961, *The Death and Life of Great American Cities*, Random House（＝2010, 山形浩生訳『アメリカ大都市の死と生』鹿島出版社）.
河野哲也, 2008, 「アフォーダンス・創発性・下方因果」河野哲也・染谷昌義・齋藤暢人編『環境のオントロジー』春秋社.
Laclau, E. and C. Mouffe, 1985, *Hegemony and Socialist Strategy towards a Radical Democratic Politics*, Verso（＝2000, 山崎カオル・石澤武訳『ポスト・マルクス主義と政治』大村書店）.
Latouche, S., 2004, *Survivre au développement*, Mille et une nuits（＝2010, 中野佳裕訳『経済成長なき社会発展は可能か？』作品社）.
Latouche, S., 2010, *Pour sortir de la société de consommation*, Les Liens qui libèrent（＝2013, 中野佳裕訳『〈脱成長〉は世界を変えられるか？』作品社）.
真木悠介, 2003, 『時間の比較社会学』岩波書店.
正村俊之, 2009, 『グローバリゼーション——現代はいかなる時代なのか』有斐閣.
的場昭弘, 2007, 「『大きな物語』の再編とポストモダン」『神奈川大学評論』57：33-39.
松岡心平, 1991, 『宴の身体』岩波書店.
Mouffe, C., 2005, *On the Political*, Routledge（＝2008, 酒井隆史監訳『政治的なものについて——闘技的民主主義と多元主義的グローバル秩序の構成』明石書店）.
西田幾太郎（上田閑照編）, 1987, 『西田幾太郎哲学論集』Ⅰ, 岩波文庫.
野家啓一, 1996, 『物語の哲学』岩波書店.
Robertson, R., 1992, *Globalization: Social Theory of Global Culture*, Sage（＝1997, 阿部美哉訳『グローバリゼーション——地球文化の社会理論』東京大学出版会）.
Sassen, S., 2006, *Territory, Authority, Rights: From Medieval to Global Assemblages*, Princeton University Press（＝2011, 伊豫谷登士翁監訳『領土・権威・諸権利——グローバリゼーション・スタディーズの現在』明石書店）.
清水盛光, 1971, 『集団の一般理論』岩波書店.
土屋圭一郎, 1996, 『正義論／自由論』岩波書店.
Urry, J., 2000, *Sociology beyond Societies: Mobilities for the Twenty-First Century*, Routledge（＝2006, 吉原直樹監訳『社会を越える社会学——移動・環境・シチズンシップ』法政大学出版局）.
Urry, J., 2003, *Global Complexity*, Polity（＝2014, 吉原直樹監訳『グローバルな複雑性』法政大学出版局）.
吉原直樹, 2000, 『アジアの地域住民組織——町内会・街坊会・RT/RW』御茶の水書房.
吉原直樹, 2002, 『都市とモダニティの理論』東京大学出版会.
吉原直樹, 2011, 『コミュニティ・スタディーズ』作品社.
吉原直樹, 2013, 『「原発さまの町」からの脱却——大熊町から考えるコミュニティの未

第 2 部 災害，地域，家族をめぐる共同性と公共性

来』岩波書店．
吉原直樹，2016，『絶望と希望——福島：被災者とコミュニティ』作品社．

追記

本稿では，「創発的なもの」，「節合」について，サロンを範例にして「ローカルな諸実践」のもっとも基底的なレベルで論じた。しかしいうまでもなく，「創発的なもの」，「節合」はグローバルなレベルまで通底している。ちなみに，それを示唆する概論的な認識は，サッセンの以下の議論にすでにみられる［Sassen, 2006＝2011：400］。

「［ローカルな］諸実践は，グローバルな範囲での制度機構作業でもあり，それが可能となるのは，資源の限られた諸地方（ローカリティ）およびそのネットワークからであり，インフォーマルな社会的行為主体（アクター）たちからである。ここで見られるのは，国内的役割に『閉じ込められている』行為主体（アクター）が，それぞれの共同体（コミュニティ）内部における自分の仕事と役割を手放さなくとも，グローバル・ネットワークの中の行為主体（アクター）へと変わりゆく可能性である。これらの『国内的な（ドメスティック）』舞台設定は，単に国内においてローカルに経験されたものから，グローバルな循環と接合したミクロ環境へと変えられる。彼らは，この過程でコスモポリタンになる必要はない。彼らはおそらく，自らの国内的で特殊主義的な方向性を維持し，自分の世帯とローカルな共同体の闘争に従事し続けるだろうが，その上でなお，新たなグローバル政治にも関与していくのである。多元的で横方向の水平的なコミュニケーション，協力，連帯，支援を生み出す実践の共同体が出現しうるのである。」

> コラム　隣接領域との対話：社会工学
> 　　ミニ・パブリックスは，討議民主主義実現の手段に
> 　　なりうるか
> 　　　　　　　　　　　　　　　　　　　　　　坂野達郎

合理性と代表性をめぐる二律背反問題

　民主主義を制度として望ましいと考える人の割合は，世界のどの国でアンケートとっても90%にのぼる。しかし，政治家を信頼できるかという問いに対する答えを，OECD加盟国の意識調査でみると，1960年代以降下がり続け，30%程度まで下がっている。筆者が所属する大学の学生に同様の質問をしたところ，官僚と政治家を信用できると回答したものの割合は，ほぼ20%であった。民主主義は支持するが，代表民主制に対する信頼はかなり揺らいでいる。

　公共的決定は，権力的行為と不可分である。個人の自由な決定の積み重ねが，社会的厚生を高めるのであれば，公共的決定は必要ないことになる。個人の自由な行為に何らかの制限を加える事で，より高い社会的厚生を達成できるときに，権力的行為は正当性を持つことになる。公的決定に権力が不可欠だとすると，誰に，あるいはどのような組織に権力の行使を付託すべきかが問題になる。従来の政治学の中心的議論が，誰が支配することが正当性を持つのかという問題をめぐって展開されてきたのはこのためである。しかし，権力を特定の誰か，あるいはグループに付託することは権力配分の非対称を生む。支配する者と，支配される者という非対称な関係性があれば，支配する者の既得利益は固定化し，あるいは支配する者とされる者の利益配分格差は拡大する可能性が高い。選挙は，支配する者とされる者の関係を固定化させないための仕組みとして機能することが期待されてはいるものの，グローバリズム，ニューリベラリズムという旗印のもとに進んだ社会の変化は，格差拡大傾向を助長しているように見える。代表民主制に対する信頼のゆらぎの原因の根本には，権力の非対称性の問題があるように思われる。しかし，権力配分の平等性を理論の上では達成

しうる直接民主制も必ずしも優れた制度とは言えない。社会が複雑かつ大規模になってしまったために，合理的な決定が直接民主制によって達成できるのか危ぶまれる。

　代表民主制と直接民主制の是非をめぐる問題は，合理性と代表性の二律背反問題と捉えることができる。全員が意思決定に参加することは，代表性の観点からは望ましいものの，十分な討議や審議を行うことが難しくなるので，決定の質に問題が生じる。他方で，代表民主制は，少数の代表者に意思決定を付託することで，十分な議論や審議を行うことでより合理的な撰択が可能になるが，多様な政策に対して全ての選好関係が一致する特定の政党や政治家をみつける確率が低くなってしまった現在の社会では，どうしても民意が反映されているという実感は薄れてしまう。

優れた議論の強制的ではない力

　実は，合理性と代表性の二律背反問題は，個人の自由な行為に何らかの制限を加えるためには，権力に頼る以外に方法がないと想定したことから生じているのではないかと考えられる。権力関係は基本的に非対称な関係である。しかし，個人個人が，自発的に行為制限を行うことができれば，非対称な関係は解消する。自発的な行為制限の可能性についての理論の一つが，J. ハバーマスのコミュニケーション行為の理論である。彼は，事実判断および価値判断がより妥当な根拠を持っているかどうかという意味で合理的かどうかの判断は，理想的発話状況においては判断主体を超えて一致すると論じている。討議をするという行為に意味があるのだとすれば，そのようなコミュニケーション能力を持った存在としての人間を前提にしなければならないはずだという問題提起でもある。事実判断および価値判断がより妥当な根拠を持っているかどうかという意味で合理的かどうかの判断の一致には，強制力は働いていないので，彼はこれを「優れた議論の強制的ではない力 (forceless force of better argument)」という矛盾に満ちた表現を使って呼んでる。権力の配分ではなく，「優れた議論の強制的ではない力」を活用した政治の可能性は，討議民主主義という考え方

と結びつくことになる。

ボランタリーな討議の場への期待

では，討議民主主義はどのように実現することができるのだろうか。ハバーマスは，集合的意思決定の過程を意思形成と決定に分け，理性的判断を決定にはではなく意思形成の過程に求めている。さらに彼は，決定には権力的要素がともなうのでフォーマルな場で行うべきものとする一方で，意思形成はインフォーマルで自発的な場で行われることが重要と考え，そのような場を公共圏と呼んでいる。ハバーマスの構図では，公共圏のネットワークを通じて形成された集合的な意思あるいは意見の影響力は，代表者選挙と立法の過程を経て制度的権力（administrative power）に変換される。討議的合理性は，もちろん立法過程においても発揮されうるものの，社会全体として討議的合理性を高めるためにより重要なのは，多様で自発的に形成されるインフォーマルな公共圏のネットワークだという主張である。しかし，インフォーマルで自発的に形成される場には，問題があるとの指摘がある。社会心理学では，集団分極化という現象が知られている。多くの人々には，何も制約のない状況では，自分と同じ価値観を持つ者としか話をしない傾向があり，話をしても自分と同じ立場の意見しか聞かないので，話し合いの結果意見は分極化するという現象である。また，公的問題に関わるコストとそれによって得られる便益を比較すると，費用対効果が低いので公的問題にはかかわらないという選択が合理的であるとする合理的無知の問題もある。こういった，問題を解消するための手法の一つとして注目を集めているのが無作為に抽出した市民（ミニ・パブリックス）を活用しようという考え方である。

無作為抽出市民（ミニ・パブリックス）活用の可能性

20世紀の後半に入ってから現在まで，代表民主制を補完する様々な制度提案や社会実験が行われている。その中でも，特に無作為抽出された市民（ミニ・パブリックス）を政策決定に活用しようというアイデアは，民主主義の新しい

形を模索する多くの思想家，及び実践家から注目をあびている。歴史的には，無作為抽出の政治への活用は，古代ギリシャのソーティションという制度にまでにさかのぼれる。それが，1970年代になって，現代社会に復活する。R. Dahl［1970］は，公選首長と議員のアドバイザーを無作為抽出市民から構成するという提案をしており，このアイデアに影響を受け，陪審員制度を犯罪ではなく政策評価に応用しようという市民陪審を構想し，実現したのが米国のN. Crosbyである。市民陪審とほぼ同時期に，ドイツではP. Dienelが，計画細胞と呼ばれるの着想を実現すべきInstitute for Citizen Participation and Planningを設立している。無作為抽出市民から少人数のパネルを構成し，ある政策に対して，異なる意見を持つ専門家とステークホルダーの証言をもとに評決あるいは提言をまとめるという形式は，このとき確立する。1980年台後半から90年台に入ると，コンセンサス会議と討論型世論調査が考案される。

　ミニ・パブリックスを活用した手法は，主に二つの前提を共有している。代表性と討議合理性に関する前提である。まず，無作為抽出市民から構成されるミニ・パブリックスの代表性は，選挙によって選出される代表者グループよりも高いという代表性に関する前提，第二に，そのように選出された市民による討議の場は，理想的発話状況に近づけやすいという討議合理性に関する前提である。代表性と討議合理性に関する上記2前提の検証は，主に，米国のJ. Fishkinのグループ，スイスのJ. Steinerのグループが行っている。DP創始者であるJ. Fishkinは，2009年に出版した著書 *When the People Speak* で，自らが携わった過去20年にわたる事例を引用しながら，DPの成果を検証している。まず，代表性についてみてみると，討議への参加を強制することができないため多少のバイアスは避けられないものの（多くの事例で，高学歴，男性，高齢者の比率が高くなる傾向がある），無作為抽出を採用しない方法に比べれば，母集団に格段と近い属性の参加者確保に成功しているとしている。討議の質に関しては，ほとんどのDPで，討議前後で有意に知識量が増加すること，知識が増加するほど態度変化が起きやすいことが報告されている。初期態度が同方向へ分極化する割合は，分極化を相殺する方向へ変化する割合とほぼ同じであ

るという報告もある。J. Fishkinは，これをもって集団分極化が生じていない証拠としている。さらに，価値判断についてみてみると，特殊利益の支持が減り，一般利益の支持が増加した事例が報告されている。日本で行われた討議型世論調査でもほぼ同様に結果が得られている。また，最近，筆者らは，インターネット上で討議型世論調査の社会実験を行い，オンライン上の討議空間でも同様の討議が可能であるとの結果を得ている。

しかし，討議の結果が実社会へもたらしたインパクトは必ずしも大きくはない。ミニ・パブリックスの有効性に関する上述の証拠が提示されているにもかかわらず，実社会へもたらしたインパクトがあまりないのはなぜなのだろうか。ミニ・パブリックスというミクロレベルの場で行われる討議を，社会全体の意思形成にいかに結びつけるか，いわばミニ・パブリックスをめぐるミクロ—マクロ問題をいかに解決するかが今後の課題となっている。

参考文献
坂野達郎，2010，「討議民主主義手法としてのDPの意義と課題——神奈川DPから見えてきたこと」『計画行政』33巻3号：21-28.
坂野達郎，2016，「討論型世論調査——反実仮想の世論形成装置」遠藤薫編『ソーシャルメディアと世論形成』東京電機大学出版局：239-250.
篠原一編著，2012，『討議民主主義の挑戦』岩波書店.
Dryzek, J. S., 1990, *Discursive Democracy: politics, policy, and political science*, Cambridge University Press.
Fishkin, J., 1991, *Democracy and Deliberation*, Yale University Press, New Haven, Yale University Press.
Habermas, J., 1994, "Three Noemative Models of Democracy," Constellations, Vol. 1 No. 1.
Smith, G., 2009, *Democratic Innovations: Designing Institutions for Citizen Participation*, Cambridge, Cambridge University Press.

第6章　地域コミュニティにおける排除と公共性

松　宮　　　朝

1．地域コミュニティにおける排除

地域コミュニティへの期待

　「孤独死」「孤立死」「無縁社会」に象徴される孤立の問題や，町内会・自治会加入率の低下など，地域社会における関係の希薄化が進んでいる［石田，2011］。その一方で，高齢者から子どもに及ぶ広範な福祉的課題や，防災，防犯などの様々な社会的課題解決の期待が，地域コミュニティに寄せられている。具体的には，社会的包摂，ワークフェアの取り組みでは切り捨てられてしまう領域への地域コミュニティの補完的役割［樋口，2004］や，コミュニティは排除に反対する唯一のエンパワーメント戦略であるとする社会的包摂の議論［バーン，2010：224］のように，労働市場や家族などから排除された人びとを包摂するセーフティネットとしての機能が，地域コミュニティに期待されているのである。

　こうした地域コミュニティへの期待は，計画化と公共性という本書のテーマから考えた場合，特に地域福祉計画・地域福祉活動計画の分野で著しく高まっていることに気づかされる。野口定久［2016：13-14］は，1980年代半ば以降の地域福祉の特色として次の2点を指摘する。①住民の社会的ニーズの充足と地域生活にかかわる諸課題を解決するために，生活に最も身近な小地域，市町村レベルでの住民参加と公民協働の組織的営為，②人権尊重，ノーマライゼーシ

ョン，ソーシャル・インクルージョンの理念に基づき，地域コミュニティを基盤に，当事者，住民の主体的参加，専門職間の連携を通じた機能的行為である。いずれも，広範な福祉的ニーズ・生活課題を，地域コミュニティをベースにして地域住民の参加と専門機関の連携させることによって課題の解決が目指されるわけだが，政策的には，地域包括ケアシステムの推進という形で進められている。地域包括ケアシステムとは，介護・高齢者福祉領域を中心に，団塊の世代が75歳以上となる2025年を目標に，重度な要介護状態となっても住み慣れた地域で自分らしい暮らしを人生の最後まで続けることができるよう，住まい・医療・介護・予防・生活支援が一体的に提供される地域の包括的な支援・サービス提供体制である。ここでいう地域包括ケア圏域は，おおむね30分以内に駆けつけられる圏域であり，具体的には中学校区が基本とされている［野口，2016：242］。中学校区という一定の範囲を設定して，自治会などの地縁組織をベースにした地域コミュニティの役割が期待されているのだ。

　こうした動きを社会学におけるコミュニティ論からとらえなおしてみよう。地域コミュニティとは，一定の地域的範囲における関係性の集積を指すものである。しかし，都市社会学では，地域性と共同性が現実には別の道を歩みはじめたとされてきた［松本，2003：71］。つまり，親密な関係としての共同性は一定の地域空間から分散化し，集合性と共同性との乖離［田中，2010：52］が進んでいるのだ。コミュニティ概念が空間から解放される中で，近年の日本における地域コミュニティへの期待は，脱地域化し，地域から解放された関係を，もう一度地域的共同性に埋め戻し，地域コミュニティの再生と公共性を目指す動き［田中，2010：123］と考えられる。

地域コミュニティと排除

　もっとも，これまでの都市社会学を中心としたコミュニティ論の実証的知見を踏まえた場合，このようなシナリオが容易ではないことはすぐに想像がつくはずだ。町内会・自治会など地縁組織の加入率低下が進み，「親密な絆」が地域コミュニティから解放され，地域コミュニティの弱体化が進むという趨勢の

第6章　地域コミュニティにおける排除と公共性

中では厳しい課題であり，既存の地域コミュニティに対する過大な期待と見ることができるかもしれない。したがって，こうした地域コミュニティの再生を自然なプロセスにゆだねることはむつかしいわけだが，その課題解決力を高めるために，地域福祉の分野では，高齢者の社会的孤立，若者のひきこもりなど，様々な社会的課題に対して，社会的ニーズを地域の課題に引きつけて解決する専門職としてのコミュニティソーシャルワーカー（CSW）が注目されている［加藤・有間・松宮，2015］。近年，CSWは自治体や社会福祉協議会に配属され，様々な地域的課題に取り組みつつある。CSWの存在は，既存の地域コミュニティに対して，その活性化と課題解決力を高める役割を担うものであり，大阪府の豊中市社会福祉協議会では2005年から14名が配置され，全国のモデル的な存在となっている。

　この豊中市のCSWによる活動を紹介した作品の中に，印象深い言葉がある。「排除の相談に乗れないからね」［豊中市社会福祉協議会編，2012：16］というものだ。これは，ゴミを自宅にため込んでいる一人暮らしの高齢女性に苦情や怒りをぶつける住民に対して，その女性を排除するという方向ではなく，地域住民がごみの片づけなどに参加し，支援する取り組みにつなげていくために宣言されたCSWの台詞である。困難をかかえる人への対応として，排除による解決ではなく，排除する側に位置づけられる人びとの思いをくみ取り，地域的な課題として取り組んでいくという，CSWの特性を端的に示すものだ［豊中市社会福祉協議会編，2012：65］。

　こうした豊中市における取り組みは，地域コミュニティが排除と包摂の双方を持ち合わせていることをシビアに認識した上での実践であることに注意したい。裏を返せば，地域コミュニティは何らかの排除が存在するということであり，さらに言えば，地域コミュニティを強化する実践の中でも排除が生じる可能性があるということである。

　近年，地域福祉の根拠となる地域福祉計画・地域福祉活動計画において，計画の策定段階から実践活動まで，住民がワークショップ形式で参加する動きが高まっている。筆者はいくつかの自治体で計画策定にかかわっているが，こう

した住民参加による策定の場において，福祉施設や特定のカテゴリーの層を排除することによって共同性を担保する「排除による共同性」[三本松，2007：82]の問題を考えざるを得なくなっている。計画策定のワークショップでは，地域のよさ・強みを語り合い，今後の福祉的ニーズに対応した地域コミュニティづくりの方向性について意見を出し合うわけだが，たとえば，地域の強みとして「生活保護世帯がいない」ことや，地域の弱みとして「外国人の特に母子世帯が増えた」ことなどが語られる場面があった。地域コミュニティの力を強め，そのパフォーマンスを向上させるために，特定の層が排除されるということであり，様々な社会的排除に対する地域コミュニティへの期待が，逆説的に排除を呼び起こしてしまうジレンマとみることができる。この地域コミュニティと排除をめぐる課題は，コミュニティが持つ公共性への期待を実現する上で避けて通ることができないものである。本章では，この問題について理論的な検討を行った上で，愛知県西尾市における地域コミュニティの事例から，この問題を乗り越える道筋を探っていくことにしたい。

2．コミュニティと排除をめぐる理論

コミュニティの強化と排除のジレンマ

ふりかえってみると，これまでもコミュニティが排除の機制を持つ事実が多くの研究で明らかにされてきたことがわかる。たとえば，福祉施設を排除する地域コミュニティの存在はたびたび指摘されてきた。町内会・自治会を中心とした地域住民組織が福祉施設を「迷惑施設」として排除するためには，地域コミュニティがバラバラではなく，十分に機能していることが条件となるというアイロニカルな知見は[古川・庄司・三本松編，1993：150-59]，まさに地域コミュニティにおける強化と排除のジレンマを示すものだ。また，著名なコミュニティづくりで知られる神戸市長田区真野地区においても，震災後の避難所において，「よそ者」の排除が見られたことが明らかにされている[平井，1997：268-70]。地域コミュニティ強化のために，それを脅かすと想定された特定の

第6章　地域コミュニティにおける排除と公共性

層や,「地域住民」というカテゴリーから外された層が排除されてしまうのだ。
　こうした問題について吉原直樹は, 防災, 防犯などの課題に対する地域コミュニティへの期待は, 住民の側の底知れない不安と深く響き合うとする。そして,「異なる他者」に寛容であることは, コミュニティを強めることよりも弱めるものとし, 排除へと進みがちであるという［吉原, 2011：38-42］。これは, これまでの社会学におけるコミュニティの論じ方において,「共同性」が「地縁的共同性」と置き換えられて, 同一性／アイデンティティの機制を読み取ることがなされてきた点とも関連する［吉原, 2011：20］。つまり, 地域コミュニティの強化が, 同一性を強いるプロセスを伴うことで, 結果として排除を生み出すというのだ。これはコミュニティの強化には排除が伴うというジレンマであり, 強いコミュニティ, 何らかの機能を果たすコミュニティは, 同質的で, 凝集性が高い, あるいは高める傾向があり, 逆に, 弱いコミュニティは異質性が高く, 凝集性が低いというアポリアを突きつけられることになる。
　このアポリアは, コミュニティを考える上では本質的な問題である。デランティが述べるように, コミュニティは, その政治的思想としては, 地域性・個別性を前提とした排他性を持つ一方で, 普遍性に根ざす包摂性という二重の意味を内包する［デランティ, 2006：18］が, このデランティの定義自体は, 地域性・個別性を前提としたコミュニティの排他性を重視するものとなっている。また, コーエン［2005：2］によるコミュニティの定義は, ①何かを共有しており, ②他の一団と想定された人びとと一線を画している, というものである。であるならば, コミュニティには, 差異を形づくる要素, 境界に焦点を合わせるものであるがゆえに, 定義上, 何らかの排除がつきまとうことになる。同様に, ジョック・ヤングも, コミュニティは対立物によって定義されるのだから,「包摂型コミュニティ」はあり得ないとする［ヤング, 2008：333］。
　こうしたコミュニティと排除の結びつきの論理に対しては二つの批判があった。第一に, 根源的にコミュニティ, 共同体が排除のメカニズムを持つという議論であり, 具体的には本書全体のテーマとなっている公共性の視点からの批判を挙げることができる。公共性は,「特定の誰かにではなく, すべての人び

とに関係する共通のもの」(common) と「誰に対しても開かれている」(open) ことが重視される［斎藤，2000：x］。共同体が閉じた領域を作るのに対して公共性は誰もがアクセスする空間として開かれていること，共同体がその統合にとって本質的とされる価値を共有することを求めるのに対して，公共性の条件は人びとのいだく価値が異質なものである。これに加えて，公共性は一元的・排他的な帰属を求めないことを示し，ここに，同化／排除の機制を不可欠とする共同体との違いがあるという［斎藤，2000：5-6］。公共性という参照点から共同体の同化，排除のメカニズムをあぶり出す本質的な批判は，コミュニティへの期待に対する根本的疑義とみることができる。

　第二に，地域コミュニティの実態に基づく排除のメカニズムに関する西澤晃彦の鋭い批判がある。コミュニティは一定の均質性を有している定住民の存在を至上視し，異質な外部を隠蔽し，共同性と相対的統一性を前提とした「地域社会」を前提とすることへの批判である［西澤，1996］。コミュニティは地域を前提とするがゆえに，定住者からの排除，帰属する家族がないことによる排除，すなわち非組織・非定住・非家族の「遊牧民」の排除の危険性を常に持つというのだ［西澤，2010］。この点に関連して，ソーシャル・キャピタルをめぐる近年の研究においても，ソーシャル・キャピタルの豊かさ・強さが排除の方向性を持つことが示されている。金子勇［2011：140-43］は，自由意識の弱さ，寛容性がソーシャル・キャピタルと逆相関関係にあることを明らかにした。これは，ソーシャル・キャピタルをめぐる議論が，排他性，グループメンバーへの過剰な要求，個人の自由の束縛，規範の低いレベルへの平準化傾向を持つ危険性を嗅ぎ取ったポルテスの議論と響き合うものだ［Portes, 1998］。

　以上の2点は，セーフティネットとして期待される地域コミュニティの包摂機能に対して，包摂機能を有する強いコミュニティには排除のベクトルが内包されているというパラドックスを明らかにしたものだ。こうしたパラドックスをどのように乗り越えることができるのだろうか。この課題設定は，公共性を有する排除につながらない地域コミュニティはどのように可能かという実践的な関心に基づくものであり，「よりよい共同性」を模索する公共社会学の立場

[盛山，2012] に連なるものと言えよう。まずは，この点に関する理論的な足跡をたどりつつ，新たな方向性を考えてみたい。

排除を超えるコミュニティの可能性

強いコミュニティは，同質的で凝集性が高い傾向を持ち，逆に，弱いコミュニティは異質性が高く凝集性が低い傾向があるというコミュニティの強化と排除のジレンマが不可避であるならば，公的領域，私的領域の縮小の中で高まるセーフティネットとしてのコミュニティへの期待は成り立たないことになる。ここからは，地域コミュニティへの期待を否定的にとらえ，地域コミュニティとは異なるモデルを構築する戦略が導かれるだろう。松本康は，異質性を排除した閉鎖的な親密圏となりうる可能性を持つ地域コミュニティを基盤に据えた「都市コミュニティ・モデル」に対して，多様な親密圏としての下位文化が紛争・対立・抗争しせめぎあう中で生み出される公共的秩序を中心に据える「都市下位文化モデル」の有効性を示唆する［松本，2004］。親密なコミュニティが分散化している点を踏まえるならば，「親密な絆」こそが重要であり，必ずしも地域ベースのコミュニティにこだわる必要はない。にもかかわらず，あえて地域コミュニティにこだわる理論は，どこにその可能性を見出しているのだろうか。

排除のない地域コミュニティのイメージはこれまでもいくつか提示されてきた。ジョック・ヤングは，複数の世代にわたる，地域への個人の埋め込み，熱心な対面的相互作用，成員相互に関する膨大な直接情報，きわめて強力に機能するインフォーマルな社会的統制，アイデンティティの地域的感覚の提供，地域空間と地域文化のアイデンティティを特色とする「有機的コミュニティ」に対して，マジョリティが存在せず，大多数はマイノリティとして存在する「変形力ある包摂」の機能を持つ「多孔的コミュニティ」を展望している［ヤング，2008：397］。金子勇［2011：140-43］は，寛容性のあるコミュニティの条件として，地域社会における接触・相互作用，共通の展望と帰属感，公平性，平等性の保障を基盤にしたコミュニティの凝集性に期待を寄せている。また，田中重

好は，地域社会学が見落としてきた共同性の問題として，同質—異質，閉鎖—開放という軸で整理した場合の異質・開放空間における「他人性を前提とする共同性」を指摘する［田中，2010：79-80］。

このような理念型としての排除のない地域コミュニティのイメージを描くことには一定の意味があるだろう。しかし同時に，こうした地域コミュニティが実現可能なのかという素朴な疑問も浮かび上がる。問題は，どのように排除型ではないコミュニティへの移行メカニズムを見出すことができるかである。

この点については，五十嵐泰正による二つの研究が示唆を与えてくれる。五十嵐［2010］は，東京，上野のフィールドワークから，排除と包摂を伴う二重の規範として機能するコミュニティのあり方に注目する。ここでは，「あたたかいコミュニティ」としての「下町」と地域へ愛着に裏打ちされた共同性を保持することにより，エスニックな「他者」を駆除する危険性を持つ一方で，「骨を埋める覚悟」という包摂の基準を設けることから，コミュニティのメンバーシップが特定の人種やエスニシティに限定されずに機能することを見出す。つまり，地域への愛着に基づくコミュニティが包摂の範囲を広げることにより，メンバーシップの境界を拡大する点を重視したのである。もう一つの研究では，コミュニティにおける排除を作動させる機制の一つとして取り上げられることの多いセキュリティに関する議論に対して，東京都台東区上野の防犯パトロール活動の事例から，セキュリティという共通の関心を設定することが異質な成員を排除しないコミュニティ形成を可能にしたことを明らかにした［五十嵐，2012］。排他性を伴うと批判されてきたセキュリティの論理とコミュニティ意識の接合を見出しているのだ。

以上の先行研究の知見から見えてくるのは，何らかの異質性を包摂しうる共同性の要請が，排除を作動させるカテゴリーを絶えず無効化する可能性を持つことである。これは，個別の利害関心に基づく「協働関係」から価値の合意に基づく「共同関係」への移行，すなわち共通関心というマッキーバー以来の鍵概念の重要性を再確認するものと見ることができる。この点を確認した上で，地域コミュニティの強化と排除のアポリアを解消する道筋について，筆者が中

心的に調査研究を行っている．公営住宅における外国籍住民と地域コミュニティの分析から考えてみたい．

3．外国籍住民が増加する公営住宅と地域コミュニティ

地域コミュニティに対する社会的排除の押しつけ

　コミュニティにおける異質性と排除の問題を検討する上で地域社会における外国人の存在が重要であることは，次の町村敬志による指摘に端的に示されている．そもそもコミュニティという概念が日本に持ち出されてきた出発点には，急速な高度成長による都市への大規模な人口移動の結果として，出身，職業，生活様式を異にする人びとが相互に異なることを認識し合いながら空間を共有し合っていかなければならないという問題意識があったとする．ここから，新たな関係性と秩序を構築していく試みの基本原理としてコミュニティが導入されたのであり，「日本人と外国人が住み合う地域社会というのは，コミュニティ論の新しい出発点」であったと強調している［町村，1993：50］．

　さて，外国人と地域コミュニティに関する近年の動向を考える上では，地域コミュニティに対する社会的排除の押しつけという動きを確認しておく必要がある．これは，1990年代以降の新自由主義国家体制のもとでの地域再編成，自治体リストラ政策のもとで生じる「衰退型コミュニティ問題」，「再編型コミュニティ問題」という政策課題が地域コミュニティに押しつけられるという状況［広原，2011：14-15］を踏まえる必要があるためだ．地域コミュニティに閉じた問題としてではなく，特定の地域コミュニティが様々な社会的排除の集積となっている点を考えなくてはならない．

　外国籍住民が多く居住する公営住宅を中心とした地域コミュニティに焦点をあてた場合，その構造的問題としては，公営住宅において「高齢」「障害」「母子」という「福祉カテゴリー」が増加し，「固定した低所得層」の集住によって，高齢者が多く自治会の運営が困難となり，孤立した場所を形成し，入居者を社会のメインストリームから切り離してしてしまうことが指摘されている

[平山, 2011：229]。そもそも1951年に制定された「公営住宅法」は「住宅に困窮する低所得者」を対象としたものであるが, 法制定時は「潜在的な中間層」の入居も想定されており, 収入分位で下から80％のカバー率となっていた。しかし, 入居の際の収入基準が段階的に引き下げられ, 現在ではカバー率が25％になっている。これに伴い, 高額所得者の厳罰化, 民間並み家賃の適用によって, 中間層の入居は法制度上不可能となり, 低所得者の集住が進むようになった。こうした動きと連動する形で, 高齢者, 障害者, 母子世帯など福祉的カテゴリーについては入居基準がゆるめられ, それらの「受け皿」としての性格が強められていったのである。その結果, 公営住宅では, 年収300万未満の世帯が多く, 転出率の低下によって住民層の固定化が進んでいることが明らかにされている［平山, 2011：226-7］。

　こうした中で, 森千香子［2006］は, 日本の公営住宅の居住層として高齢者, 外国人が増加しているのが特徴であると指摘する。いずれも自力で民間の住宅を確保することが困難な「住宅弱者」であり, 経済的な面での「貧困」という共通性を持っている。こうした貧困層を同じ空間に集中させることにより, 団地の地域的な活力を奪い,「施設化」してしまう。そして, 空間のネガティブなイメージを強め, 孤立させる「スティグマ化」が生じ, こうした偏見を地区の人たちが内面化することで, 行動, 人間関係に否定的な影響を与え, さらに住民を分断し, コミュニティづくりを困難とする。公営住宅における貧困層の集積は,「住民は自己の尊厳を守るために他の住民との差異化を図り, そこから抜け出すことを画策（中略）, 社会上昇の可能性を持つ者は『脱出』を目指す」という負のスパイラルを加速し, 結果的に住民の困窮を増すというのだ［森, 2006：106］。

公営住宅と外国籍住民

　社会的排除が集積されつつある状況にもかかわらず, 公営住宅における地域コミュニティへの課題解決が期待されている。それは, 公営住宅が相対的に低い家賃基準の設定であることから, 自治会を中心とした自治的な活動が実質的

第6章　地域コミュニティにおける排除と公共性

に要請されているためである。

　このように，公営住宅における地域コミュニティは様々な困難が累積しているわけだが，外国籍住民の増加によってさらに複合的な問題が発生している。日本における公営住宅における外国人入居戸数は2011年末の時点で，51,208戸である。ここ20年ほどの間に急増を見せたわけだが，1951年の公営住宅法施行の際には，公営住宅での外国人居住は認められていなかった。「公営住宅の利用について外国人はこれを権利として要求することはできない」というのが，1970年代までの国の基本的立場だったのである。こうした国の方針に対して，1980年に建設省は原則として「永住許可を受けた者等」に入居条件が広げられ，外国人登録を受けた者について認めることも差し支えないとした［田中，2013］。その後1987年に外国人登録者に対する居住期間の制限が撤廃され，1992年には，「外国人登録を受けた者」が「可能な限り地域住民と同様の入居申込み資格を認める」こととなった。

　こうして，家賃が安く，相対的に入居差別が少なく，同居親族，収入基準，連帯保証人などの条件を満たすことで入居が可能な公営住宅を外国人が選択するケースが増えていく［稲葉ほか，2010］。さらに，外国人入居が進む中で，居住した外国籍住民が親族や友人を呼び寄せることにより，外国人が集住する団地に外国人コミュニティが形成されていった。1990年の入管法改定の後は，東海地方や北関東などで日系南米人の集住が進むことによって，多くの団地で外国人コミュニティが生まれた。

　こうしたプロセスの中で，外国籍住民の公営住宅への集住が，ゴミ投棄のルール違反，違法駐車，騒音，自治会費等の徴収困難，日本人住民との摩擦などの問題につながった点も見過ごすことはできない。また，「高齢者や障害者など真に住宅に困窮する者へ公営住宅を的確に供給すること」を目的とした1996年の公営住宅法改定によって，収入基準の引き下げ，高齢者の受け入れ緩和という福祉対応化の動き進み，入居者層の高齢化や低所得化が進む公営住宅の「福祉施設化」，それに伴う「スティグマ化」，さらには周囲からの偏見や差別にとどまらず，団地内の人間関係の分断を引き起こすという問題も指摘されて

いる［森，2013］。その意味では，住宅階級の低い地域に不安定就労層＝南米系移民を押し込める構造［樋口，2010：159］とみることができる。

では，このように外国籍住民が多く居住する地域コミュニティと排除の状況はどのようになっているのだろうか。ここでは，全国で外国人の公営住宅入居戸数が最も多い愛知県の事例から考えてみたい。

4．愛知県西尾市の地域コミュニティと外国籍住民

外国籍住民の排除と地域コミュニティへの参画

1990年の入管法改定施行後，製造業が盛んな東海地方に日系ブラジル人が労働者として多く移住した。なかでもトヨタ系の自動車産業が集積する愛知県は日本で最もブラジル人の人口が多い地域となった。愛知県は2015年末現在で，外国人比率が全国第2位の2.2％，ブラジル人人口は全国第1位で約48,000人，技能実習生数も全国第1位であり，自動車を中心とした製造業集積地の労働力として多くの外国人が居住している。こうした外国人の多くは公営住宅に居住しており，2014年9月現在で297ある県営住宅の入居戸数49,473世帯のうち，6,167世帯が外国籍であり，その比率は12.5％である。国籍別では，ブラジル籍が3,228世帯，52.4％と最も多く，中国（台湾を含む）14.7％，ペルー12.5％と続く。外国籍世帯の入居比率が半分を超える団地も珍しくなく，7割を超える住宅もある。

その中でも西尾市の県営住宅について見ていこう。西尾市の事例を取り上げる理由は，2007年度まで愛知県内で最も外国籍世帯の比率が高かったX住宅があり，外国籍住民に対する地域コミュニティへの積極的な参画を基盤にした支援が実施されたという点で，本稿の問題関心において重要な意味を持つと考えたためである。

西尾市はトヨタ系の自動車産業の中心である西三河南部に位置し，1990年の入管法改定以降，ブラジル人を中心とした外国籍住民が増加し，2007年には人口の5％を超えた。2008年のリーマン・ショック後，ブラジル人人口を中心に

減少が見られたが、ここ数年は、フィリピン、ベトナム、中国、インドネシアなどからの技能実習生の増加もあり、人口が増加している。2016年1月1日現在で外国籍住民は6,506名で、総人口の約3.8％である。このうちブラジル籍が最多で38.4％となっている。

なかでもブラジル人を中心とした南米系外国籍住民は、市内の八つの県営住宅に集中しており、全体では26.6％が外国籍世帯である。その中でも最も比率が高いのはX住宅である。2016年4月1日現在で入居戸数69戸に対して外国籍世帯は34戸と約半数である。このX住宅は、2007年度まで愛知県内で最も外国籍世帯の比率が高い団地であった。X住宅が位置するP町は、1990年代に建設された人材派遣会社の寮もあり、2016年4月1日現在で、町内人口956名に対して、外国籍住民が291名と、約3割がブラジル人を中心とした外国籍住民である。

このようにX住宅が位置するP町は外国籍住民が集住する地域となったわけだが、外国籍住民が増え始めた1990年代当初は、町内で建設が計画された人材派遣会社の寮に対して反対運動が行われるなど、外国籍住民の増加に対して排除の動きがあった。「男はいいけど、女性は中年以上の人はみんな外国人に反対、M社の寮の前を通るなと孫に言っている」という声を近年でも耳にするのも事実である。公営住宅における外国籍住民の増加と集住をめぐっては、これまで生活上のトラブル、住民同士の摩擦など様々な問題が指摘されてきた。稲葉らによる公営住宅の調査研究では、団地の外国人入居率が10％になった時点が問題の顕在化してくる時期の目安とされている［稲葉ほか、2010：240-2］。西尾市で2004〜2005年に実施した日本人住民を対象とした意識調査において、6割が「ブラジル人・ペルー人が近隣に居住すること」に対して否定的という結果であった［松宮、2012］ことからも、日本における多くの外国籍住民の集住地域と同様、排除の動きが認められたことを確認しておきたい。

さて、こうした外国籍住民の地域コミュニティへの参加状況を見ていくと、2008年9月に実施した「西尾市外国人住民調査」(6)では、全体として「不参加」が半数以上となっていた。町内会・自治会、地域の行事、子ども会、地域の防

表6-1 外国籍住民の団体・活動への参加（単位：％）

	不参加	あまり活動せず	参加・積極的に活動	参加希望	無回答
町内会・自治会	56.8	12.8	5.1	11.5	13.7
夏祭りなど地域の行事	49.6	21.4	5.1	9.8	14.1
地域の子ども会	65.4	6.0	4.3	7.3	17.1
地域の防災訓練・防災活動	52.1	11.1	3.8	17.5	15.4
同じ国／地域の人々の集まり	55.1	12.4	7.7	9.0	15.8
その他のボランティア活動	66.2	2.1	2.1	8.1	21.4

災訓練など，地域コミュニティに限定しても，極めて低い参加率であることがわかる（表6-1）。[7]

　対照的に，同時期に西尾市内で外国籍住民が集住する三つの県営住宅で実施した調査では，外国籍住民の団地自治会の加入率が100％であり，役員経験が31％に認められた。X住宅の2015年度自治会役員の構成を見ると，自治会長がペルー人，副会長がブラジル人であり，駐車係や，電気・防犯係，子ども会役員にブラジル人が就いている。ここからは，地域の排除の動きに対して，外国籍住民が地域コミュニティに積極的に参画している姿を見出すことができる。こうした動きはどのように可能になったのだろうか。この動きを進めたX住宅の活動から見ていきたい。

団地における排除を超える実践

　まず，団地で暮らす外国籍住民の生活場面から見ていこう。県営住宅に入居が集中するのは，人材派遣会社の寮から自立するという積極的な理由と，現在でも民間の賃貸住宅では入居差別があるため，相対的に差別がない公営住宅を選択するという消極的な理由がある。団地を選択する際には，親族ネットワークや職場での知り合いのつてが利用されることが多く，この基盤の上に，団地での外国籍住民のネットワークが形成されていた。こうした団地のネットワークは自治会活動と結び付くものではなかったが，X住宅を中心とした西尾市の県営住宅では，自治会が外国籍住民に参加できるよう働きかけを行った点に特色がある。

第6章　地域コミュニティにおける排除と公共性

　このプロセスをX住宅で1992年から2002年まで自治会長をつとめたT氏の実践からみていこう。T氏が自治会長となったのは，ちょうど外国籍住民が増加していく時期にあたっていた。1995年に団地に暮らす外国籍世帯が15世帯となると，自治活動を進める上で言葉をめぐる問題が浮上した。こうした問題に対して，自治会役員の補助として通訳・翻訳委員を新設することで解決を目指した。特に大きな問題となっていたのがゴミ分別の問題であり，ゴミ出しルールのポルトガル語翻訳を実施し，市の環境課によるゴミカレンダー，ゴミ袋への外国語表記につなげていく。1997年には，さらなる外国籍入居者の増加に伴い，外国籍住民から自治会役員，班長を選出するようになる。1998年に入居戸数の4割以上が外国籍世帯となった段階で，自治会副会長にブラジル人住民が就くよう依頼し，1999年からは自治会費集金係も外国籍住民がつとめる仕組みを整えていった。この年からは，町内会の祭礼にブラジル料理の出店をはじめ，子ども会の役員にも外国籍住民が就くようになる。さらに，団地内部だけではなく，団地が位置するP町の町内会組織にも，通訳・翻訳委員を新設した。このように，1990年代後半から，外国籍住民が地域コミュニティに参画する仕組みがひとつひとつ整えられ，2007年にはペルー人の自治会長が誕生している。こうした活動は，市内の他の県営住宅の自治活動への外国籍住民の参加にも影響を与えている［松宮，2012］。

　ここで注意したいのは，ただ単に地域への同化を促したのではなく，地域の制度的枠組みを再編した点である。重要な文書はポルトガル語に翻訳され，清掃活動，自治会の役員会，そして団地内の放送も，すべて通訳を介してポルトガル語での情報提供がある。こうした動きを主導したT氏は次のように語る。「外国人が住んでいる団地や自治会に押しつけられる問題ではないはず。国策で呼び戻したのだから，地域の人に押しつけられるのは筋が違う」と問題状況をおさえる。にもかかわらず，「一歩一歩地域で取り組んでいくしかない」と地域コミュニティの役割を強調する。つまり，問題を発生させたのは地域ではないが，その問題を地域で引き受けていく意志を強調しているのだ。そして，排除という形ではなく，地域コミュニティへの参画を可能とする方法をひとつ

215

ひとつ作り出していったのである。

　もちろん，メンバーとして外国籍住民の参加が保障され，外国籍住民主体の活動が行われているとはいえ，外国籍住民の自治会活動への参入が順調に進んでいるわけではない。一つは，日本人住民と外国籍住民の間の通訳や調整を行う外国籍の役員が，外国籍住民の一部と微妙な関係となり，所有していた車に傷をつけられるなどの嫌がらせを受けたり，「日本人」と「日系人」のどちらの味方なのか，ブラジル籍住民から詰問されることもあったという。そのため，外国籍住民の役員就任には細心の注意が払われてきた。ある住宅では，役員はブラジル籍住民の中で話し合いをして選んでもらっている。これは，日本人の会長による指名では，指名された人が「日本人の味方」だという形で，外国籍住民の側から反感を持たれる危惧があったからだという。

　もう一つは，基本的に1年ごとに変わる自治会の役員組織における継続性の問題である。西尾市内では，会計担当に外国人を入れない方針の団地や，役員交代に伴い，外国籍住民の参画に対して否定的となった自治会も存在する。「日本人には伝えたらわかる。日本人だけの団地では，ゴミの不法投棄は起こらない。外国人に理解してもらえない」といった声や，外国人のせいで団地の問題があるという声が根強く存在するのも事実である。

　このように排除の動きや困難があるなかで，ゴミの問題，言葉をめぐる問題など，地域コミュニティの活動において生じた生活課題に対して，地域コミュニティからの排除という方向ではなく，外国籍住民が参加できる方法を見出し，地域的な課題として解決することを目指している点は重要である。ここに，コミュニティの強化と排除のジレンマを超える一つの可能性を見ることができるだろう。

　こうした地域コミュニティの展開は，公営住宅が民間アパートよりも「秩序」が生まれやすく，「棲み分け」自体が困難であるため，日本人と外国人との交流も生まれやすい［小内，2009：181］という，公営住宅の特殊性と見ることができるかもしれない。しかし，次に見るように，団地の自治会活動を，県営住宅の範囲を超えて，広域に展開することが目指されており，地域コミュニ

第6章 地域コミュニティにおける排除と公共性

ティの実践活動が団地外に波及していくのだ。

地域コミュニティ外部への波及

団地外への波及としてはX住宅が位置するP町町内会において，2006年3月から町内会の下部組織として「外国人交流支援の会」を設置することが承認された。この会は4部に分かれたP町町内会の各部から1名ずつ役員を選出し，外国籍住民支援の地域的取り組みをねらいとした組織である。選ばれた4名は各部の町内会長経験者であり，任期は3年となっている。この活動を主導した元町内会役員は次のように語る。「何かをしなければ吹きだまりになってしまうという気持ちがあった。何か問題が起きると，外国人が増えたからこうなったのだと批判する人たちが出てくる。自分がこれをやっているのも，そうならないようにという気持ちだ」「町内会長の任期1年ではなかなかできないので，3年の任期で取り組みたいと考えた[11]」。こうして団地内の支援活動がP町に拡大していったのである。

さらに，X住宅自治会の活動を母体に外国籍住民支援活動を市内全域に展開させることを目的としたG会が結成されることによって，団地レベルの実践が地域的に広がることとなった。G会は2001年に県営X住宅自治会長のT氏主導のもと結成された会であり，2015年6月の時点で会員数約50名となっている。その内訳は，P町町内会関係者，団地の自治会長を含む役員，自主防災会関係者，外国籍住民のリーダー，人材派遣会社M社担当者，筆者を含む大学関係者であり，地元選出の市議会議員2名が顧問となっている。年5〜6回，地元の公民館で開催される運営委員会には，会員に加え，市の地域支援協働課職員，地区の小学校，中学校の担当者，西尾警察署の担当者もオブザーバーとして参加する。2時間の委員会では，外国籍住民をめぐる問題の共有と，具体的な対応策が検討される。活動内容としては，①地域での生活支援，②外国籍の子どもたちの教育支援の二つを柱とし，団地レベルにとどまらず，市内全域の多様な外国籍住民のニーズにこたえることを目指すものである。

表6-2は，G会の2015年度の活動記録である。G会の活動は次の6点にまと

217

第2部　災害，地域，家族をめぐる共同性と公共性

表 6-2　2015年度 G 会活動記録

日　時	事　項
2015.5.30	外国籍保護者懇談会
2015.6.7	愛知県営住宅自治会連絡協議会懇談会
2015.6.14	外国人防災ボランティアグループ勉強会
2015.6.20	外国籍保護者懇談会
2015.7.5	愛知県営住宅自治会連絡協議会懇談会
2015.7.17	西尾市多文化共生推進協議会
2015.7.18	第1回運営委員会
2015.8.9	外国人防災ボランティアグループ勉強会
2015.8.29	外国人保護者との懇親会
2015.8.30	愛知県営住宅自治会連絡協議会視察・意見交換会参加
2015.9.27	愛知県営住宅自治会連絡協議会視察・意見交換会参加
2015.10.2	西尾市外国人住民会議参加
2015.10.4	県営X住宅防災訓練
2015.10.10	第2回運営委員会
2015.10.18	P町祭礼参加
2015.11.12	西尾市外国人住民会議参加
2015.11.15	愛知県営住宅自治会連絡協議会視察・意見交換会参加
2015.12.6	愛知県営住宅自治会連絡協議会懇談会
2015.12.12	第3回運営委員会
2015.12.13	外国人防災ボランティアグループ勉強会
2016.1.28	西尾市外国人住民会議参加
2016.2.14	外国人防災ボランティアグループ勉強会
2016.2.28	地域の国際化セミナー in にしお
2016.3.5-6	ふれあいセンターフェスティバル参加
2016.4.9	第4回運営委員会
2016.4.17	外国人防災ボランティアグループ勉強会

めることができる。

　① 教育支援としては，地区の公立小学校に通う外国籍児童の保護者の定期

的な懇談会が実施される。ここで課題とされた点については運営委員会にて，学校関係者に提言される。8月には，X住宅集会所で外国籍の保護者と校長，教頭，担当教員が，バーベキューによる交流会を実施している。
② 外国人防災ボランティアグループは2013年に結成され，参加者は10名弱，代表は2015年度まで自治会長を務めたペルー人住民D氏がつとめている。活動内容は，日本赤十字奉仕団や，地元消防署，自主防災会担当者との学習会を実施し，外国籍住民主体の防災活動を目指すものである。
③ 愛知県営住宅自治会連絡協議会は，1995年に西三河支部の活動を中心にした県営住宅の自治会連合会であり，愛知県内全体での問題共有と，自治活動の促進を目指す活動である。県内の他の住宅自治会との意見交換・視察を行う。
④ 10月のP町祭礼，3月の地元公民館の祭りへの参加は，G会の外国籍住民による，ブラジル料理，ペルー料理を提供する交流事業である。
⑤ 西尾市外国人住民会議，西尾市多文化共生推進協議会には，G会に所属する外国籍住民を中心に参加し，運営委員会で検討された事項について問題共有・提言を行う。
⑥ 地域の国際化セミナーinにしおは毎年2月に，防災，教育，自治，NPOとの連携など，当該年度において重要なテーマについて議論するシンポジウムである。

こうしたG会の活動は，X住宅の地域コミュニティ→P町町内会→市内全域に波及された。市の施策としても2000年代に入り，各種翻訳の充実や，通訳の配置，2004年から外国人住民に関連する17部署の連携強化や，市教育委員会によるバイリンガル指導協力者の増員を実施するなど，多文化共生施策を進めてきた。2009年からは年3回の外国籍住民会議，年2回の多文化共生推進協議会が開催されるようになり，地域福祉計画にも「多文化共生社会形成の推進」が謳われている。

このような形で自治体施策を大きく変える役割を果たした要因は，2001年以

降ほぼ毎年G会の議論を踏まえて西尾市長宛に提出される提言・要望書の存在を指摘することができる。この提言・要望書はG会だけでなく，町内会・自治会長，および地区コミュニティ推進協議会会長との連名で提出されており，一市民団体ではなく，団地自治会，町内会という地域ベースの合意形成の上で提出されたものであるがゆえに，「住民代表」による要望として市も無視することができず，市の取り組みを大きく変えることになったのである。さらに2013年からG会の代表であるT氏が多文化共生推進協議会副代表に就くことにより，G会での議論が市の施策に反映される制度的な枠組みに結びついたのである。

地域コミュニティにおける排除に抗するロジックの形成

では，こうしたX住宅を中心に外国籍住民を排除ではなく，地域コミュニティ参画を促すロジックはどのような形で形成されてきたのだろうか。筆者は，この地域で外国籍住民の地域参画が進んだ要因として，外国籍住民の増加に向き合った日本人のリーダー層が築き上げてきた，様々な対立を超える地域的合意形成のレトリックが重要な役割を果たしたと考えている［松宮，2012］。以下に見ていくレトリックは，いずれもG会の運営委員会において，外国籍住民に対する排他的な動きが認められたときに反論する際のレトリックである。

なかでも最も多く用いられていたレトリックは次のようなものである。「自治会・町内会の一員としての外国人」という位置づけのもと，外国籍住民を自治会，町内会の一員として受け入れ，会費納入を前提として，「会費を払うからには地域の一員である」というレトリックによって，排斥の対象にすべきではないとするのだ。たとえば，次のようなT氏の語りが挙げられる。「当初，神社の祭りになぜ外国人という声があった。神事からしたらそうかもしれないが，同じ地域に住み，同じ町内会費を払っているのだから，外国人も入るのが当然。地域の，そこに住んでいる人のコミュニケーションとして考えればいいのでは」というものだ。このロジックをベースにして，「防災」と「子ども」によるレトリックが多く用いられている。「防災」を強調するレトリックは，「地震が起きたら，日本人だろうと外国人だろうと同じ問題が生じるから，地

域の中で仲良くしていくべきだ」という語りとして表明されるものである。また，「共生の取り組みは子どもたちのため」，「大人はともかく子ども同士は仲良くできる」というように，「子ども」を強調するレトリックも用いられていた。どちらのレトリックもあえて「外国人」というカテゴリー化を避け，外国籍住民とともにコミュニティを強化することを訴えるものだ。

　さらに，地域レベルでの外国籍住民を巻き込んだ取り組みが，「外国人のためではなく地域自治のため」とするレトリックが用いられることが多くなっている。ここには，あえて「外国人」を前面に出さずに，外国籍住民を排除しない形で活動を進める志向を読み取ることができる。最近では次のような語りが見られる。「住宅は65歳以上が半分。町内で頼りになるのは外国の子。うちは12班のうち5班で外国人が班長，半分は母子世帯と高齢者。高齢化によって，若い人は外国人と母子家庭ばかりになる。外国人の若い子にできる限り引っ張ってもらいたい」，「絶対に外国人の防災の問題は外せない。要援護者ではなく，どのように支援者になってもらえるかが課題」，「自分たちがオタスケマンではなく，仲間にしていこうというのがある。大震災のようなことがあると，日本人は高齢化していてだめ。外国人が担い手。防災だけじゃなく，清掃も。いろいろやってくれる担い手の中心になってもらっている」。これらは，高齢化や，福祉的対応が進む公営住宅の居住者層をめぐる課題に対して，外国籍住民の参加に期待を寄せるものである。これまでも西尾市の県営住宅では外国籍住民が役員になる体制が作られてきたわけだが，さらに一歩進んで，自治活動をすすめるための中心的役割を外国籍の「子ども」を含む若い層に期待するのだ。

　このように多様な関係者の参加により，X住宅自治会という範囲を超えて，外国籍住民が参画する仕組みがつくられていることが注目される。本章の問題関心に即していえば，排除という形ではなく，地域コミュニティを強化することが意識的に取り組まれてきたと言えるだろう。

第2部　災害，地域，家族をめぐる共同性と公共性

5．地域コミュニティにおける排除への対抗

　最後に，本章での冒頭の問いに戻って考えてみたい。地域コミュニティに期待が集まる状況の中で，排除に結びつかない地域コミュニティはいかに可能かという課題について，西尾市の県営X住宅を中心とした地域コミュニティの実践から検討を行ってきた。急増する外国籍住民を排除ではなく，参加を促進することで地域コミュニティを強化する実践は，「都市コミュニティ・モデル」［松本，2004］の再評価につながる知見と考えられる。たしかに，吉原直樹［2011：82］が指摘するように，「もともと地縁／町内会では階級，職業が混在しており，宗教，心情もきわめて雑多である」とするならば，こうした地域コミュニティが排除にはつながらず，「住縁」を基盤にした潜在力に期待することも無理なことではない。

　もっとも，町内会・自治会を基盤とした「住縁」であることの問題もある。その最も大きな限界が，3年間の期間で限定される技能実習生に対しては，「住民」というカテゴリーが適用されないことだ。さらに言えば，「町内会のメンバー以外の外国人」の排除については正当性を持つことになる。実際，積極的に外国籍住民の地域での受け入れを推進してきた中心メンバーでさえも，「定住する人には協力するが，一時的な滞在者には協力できない」，「中小の人材派遣の寮は，出入りが激しいので，アパートの大家にもう，入れないでくれと要望したい」と排他的な意見を述べていた。つまり，外国人一般ではなく，定住する外国籍住民に限定された参画と言える。

　ただし，G会の活動は，住民としての外国籍住民だけではなく，市内の外国人全般への施策に結びつけた点で，この課題を一定程度乗り越えているように見える［松宮，2012］。この点をおさえつつ，ここで指摘しておくべきことは，本稿での事例分析のねらいが，地域コミュニティをよいものとみなし，その活動を全面的に賞賛するものではないことだ。むしろ，X住宅，G会の活動の分析から見えてくるのは，絶えざる地域コミュニティを変容させるプロセスの重

要性である。そして、この実践から引き出すべき点は、排除の機制を有する地域コミュニティの持つ限界をひとつひとつ乗り越える形で改変していく方法である。

　この点について盛山和夫は、現実の共同性は規範的にも良く、共同性はお互いに十分理解し合っていることから成り立ち、人々が同質的で同じ考え、同じ価値観を抱くことから成り立っているといった、間違った暗黙の前提を指摘する［盛山, 2011：52］。そして、「共同性」の理念のあやうさを、「既存の共同体の再生や強化を考えるだけに終わってしまう危険」に求め、「既存の秩序の中にある共同性を経験的に同定すること」に重点をおくことにより、結果として既存の秩序に対して無批判的になる傾向を指摘する［盛山, 2012：24］。公共性を有する、排除に対抗するコミュニティの問題を考える上では、既存の地域コミュニティの共同性がよいものという前提ではなく、その限界を見据えた、排除につながらないように、地域コミュニティを絶えず改変する方法が重要なのである。

　その意味で、地域コミュニティに期待する言説にしても、それを批判する言説にしても、排除／包摂を本質的に規定する二元論の枠で議論することには限界があるように思われる。理論的なレベルで本質的な概念規定から地域コミュニティの是非を判断することは生産的ではないだろう。本稿で意識的に追求したのは、地域コミュニティの排除の機制を意識した上で、排除ではなく参加に結びつける自治組織づくりの方法と、その組織づくりを生み出すロジックの持つ機能を探り出すことである。地域コミュニティへの期待が高まる中で、排除しない形での地域コミュニティの方法に関する知見を積み上げていくことが、地域コミュニティの公共性を可能とする条件を探る、その意味では公共社会学的な方法論としてのコミュニティ研究を展開する手がかりとなるはずだ。

注
(1) 2015年7月、愛知県Y市での地域福祉計画策定のための住民ワークショップでの聞き取り。なお、松本［2004］でも、コミュニティ活動における排除の事例が語られている。

第 2 部　災害，地域，家族をめぐる共同性と公共性

(2) 内閣府『「日系定住外国人施策に関する行動計画」実施状況』2012 年 2 月．
(3) 愛知県住宅管理室資料．
(4) 愛知県では，2008 年のリーマン・ショック後の不況に際して，離職者向けに県営住宅 70 戸を平均月 1 万円で貸し出す一時入居事業を実施した．その結果，外国人の入居希望が殺到し豊田市では 5 倍を超えた（『朝日新聞』2009 年 1 月 15 日）．これに対して，県営 H 住宅では 350 戸の空き室があるにもかかわらず入居が制限された．これは 1997 年に H 住宅自治区によって「入居バランスの適正化」の要望が出され，それにともない入居制限が行われていたことによる．このように一定の制限が加えられてきた点についてもおさえておく必要がある．
(5) 筆者は，2001 年から後述の G 会での参与観察を中心に，西尾市の公営住宅でのフィールドワークを続けている．以降の記述はここでの調査結果をもとにしている．
(6) 本調査は西尾市と共同で実施した調査である．外国人登録原簿からサンプリングを行い，1,000 票を郵送配布・郵送回収し，有効回収率は 23.4％であった．
(7) なお，近年実施された南米系外国籍住民の集住地域である浜松市の調査では，外国籍住民の自治会加入率は 43.1％となっていた（浜松市企画調整部国際課編，2014：30）．
(8) 九州出身の 60 代の男性で，19 歳から西尾市に居住し，運送会社で正社員として勤務している．
(9) 40 代の男性で 2001 年から X 住宅に居住している．2007 年の自治会集会にて，会長職を押し付け合い決まらない状況に対して自ら立候補し，2010 年度まで 4 期，2012～2013 年度までの 2 期自治会長をつとめた．
(10) T 氏は，反対が強かった人材派遣会社の寮建設をめぐっては，階を低くする，町内会費をまとめて支払う協定を結ぶことで建設に向けた動きを進めていった．
(11) 2016 年 4 月元 P 町町内会長（60 代，男性）へのインタビュー．

参考文献
バーン，デイヴィッド，深井英喜訳，2010，『社会的排除とは何か』こぶし書房．
コーエン，A. P., 吉瀬雄一訳，2005，『コミュニティは創られる』八千代出版．
デランティ・ジェラルド，山之内靖・伊藤茂訳，2006，『コミュニティ』NTT 出版．
古川孝順・庄司洋子・三本松政之編，1993，『社会福祉施設―地域社会コンフリクト』誠信書房．
浜松市企画調整部国際課編，2014，『浜松市における日本人市民及び外国人市民の意識実態調査報告書』．
樋口明彦，2004，「現代社会における社会的排除のメカニズム」『社会学評論』55(1)：2-18．
樋口直人，2010，「都市エスニシティ研究の再構築に向けて」『年報社会学論集』23：152-164．
平井正治，1997，『無縁声声』藤原書店．
平山洋介，2011，『都市の条件』NTT 出版．

広原盛明，2011，『日本型コミュニティ政策』晃洋書房．
五十嵐泰正，2010，「『地域イメージ』，コミュニティ，外国人」岩渕功一編著『多文化社会の〈文化〉を問う』青弓社．
五十嵐泰正，2012，「多文化都市におけるセキュリティとコミュニティ形成」『社会学評論』248：521-535．
稲葉佳子ほか，2010，「公営住宅および都市再生機構の賃貸住宅における外国人居住に関する研究」『日本建築学会計画系論文集』75(656)：2397-2406．
石田光規，2011，『孤立の社会学』勁草書房．
金子勇，2011，『コミュニティの創造的探求』新曜社．
加藤昭宏・有間裕季・松宮朝，2015，「地域包括ケアシステムとコミュニティソーシャルワーカーの実践（上）」『人間発達学研究』6：13-26．
町村敬志，1993，「外国人居住とコミュニティの変容」蓮見音彦・奥田道大編『21世紀日本のネオ・コミュニティ』東京大学出版会．
松宮朝，2012，「地域ベースの共生論は外国人の社会参加に届くのか？」『理論と動態』5：43-59．
松本康，2003，「都市社会学の遷移と伝統」『日本都市社会学会年報』21：63-79．
松本康，2004，「都市下位文化と公共的秩序」今田高俊・金泰昌編『公共哲学13　都市から考える公共性』東京大学出版会．
森千香子，2006，「『施設化』する公営団地」『現代思想』34(14)：100-108．
森千香子，2013，「分断される郊外」町村敬志編著『都市空間に潜む排除と反抗の力』明石書店．
西澤晃彦，1996，「『地域』という神話」『社会学評論』47(1)：47-62．
西澤晃彦，2010，『貧者の領域』河出書房．
野口定久，2016，『人口減少時代の地域福祉』ミネルヴァ書房．
小内透編著，2009，『ブラジルにおけるデカセギの影響』御茶の水書房．
Portes, A., 1998, "Social Capital" *Annual Review of Sociology*, 21(1)：1-24.
斎藤純一，2000，『公共性』岩波書店．
三本松政之，2007，「地域福祉計画と参加」武川正吾ほか編『公共政策の社会学』東信堂．
盛山和夫，2011，『社会学とは何か』ミネルヴァ書房．
盛山和夫，2012，「公共社会学とは何か」盛山和夫ほか編『公共社会学［1］』東京大学出版会．
田中宏，2013，『在日外国人　第三版』岩波書店．
田中重好，2010，『地域から生まれる公共性』ミネルヴァ書房．
豊中市社会福祉協議会編，2012，『セーフティネット』筒井書房．
吉原直樹，2011，『コミュニティ・スタディーズ』作品社．
ヤング，ジョック，木下ちがやほか訳，2008，『後期近代の眩暈』青土社．

コラム　隣接領域との対話：NPO 研究

NPO による計画化と公共性の創出
―― 北九州でのホームレス支援を例に ――

稲月　正

　現在，先進産業社会では，財やサービスなどの供給において「市場の失敗」「家族の失敗」「国家の失敗」が明白になっている[1]。こうした状況の下，NPOなどの市民事業体への関心と期待が高まってきた。

　上野千鶴子は「国家／市場／市民社会／家族」といった各領域を「官／民／協／私セクター」とする福祉多元社会モデル（図1）を提示している[2]。そこでは国家や地方政府などの官セクターとNPOなどの市民事業体からなる協セクターは，ともに公領域（Public Sector）を構成する公共性の担い手として位置づけられている。その上で，上野は「(1)私的セクターにおける選択の自由に加えて，(2)ケアの社会化については市場化オプションを避けることが望ましく，(3)ケア費用については国家化が，(4)ケア労働については協セクターへの分配が，福祉多元社会の『最適混合』についての現時点での最適解である」と主張している［上野，2011：237］。

　ただし，協セクターの役割は，単に公共サービスの提供にとどまるものではない。図1に示されているように，政策提言も役割の一つである。それは協セクターによる計画化とも言えよう。本コラムでは，上野の福祉多元社会モデルを前提としつつ，協セクターが公共性を持った計画化の主体としても重要な役割を果たしうることを示したい。事例として取り上げるのは，NPO法人北九州ホームレス支援機構（現NPO法人抱樸）が2000年12月に策定した「北九州におけるホームレス自立支援グランドプラン」である[3]。

協セクターによる計画化

　公領域の役割は，私的領域では供給が難しい財やサービスの給付を制度化し

コラム　隣接領域との対話：NPO研究

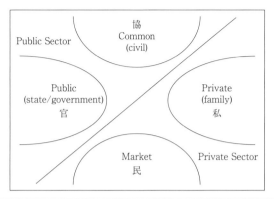

セクター	役　割
官セクター（中央政府と地方政府）	所得の再分配と財・サービスの給付についての最適解の制度化，およびその運用上の管理と監督
民（市場）セクター	労働と交換を通じての資源の最適配分，ビジネスモデルの開発と競争による効率化，法令遵守と企業の社会的責任の達成
協セクター	当事者ニーズの顕在化と事業化，当事者の権利擁護，民セクターとの連携および官セクターとの協働と政策提言
私セクター	代替不可能な情緒関係の調達とケアにかかわる意思決定

図1　福祉多元社会モデルと各セクターの役割
（出典）上野［2011：457］。

社会的連帯を維持することにある。公共性とは，そうした公領域が持つべき性質であり，その本質をなすのは「排除と同化に抗する連帯」［齋藤，2000］である。そうだとすればホームレスは公共性と深く関連する問題である。ホームレスを生みだしているのは社会的排除であり，ホームレス支援は「排除と同化に抗する連帯」を社会につくるための計画だからだ。

　NPOが策定した「北九州におけるホームレス自立支援グランドプラン」（以下「プラン」と略）の第一の特徴は，表1に示す「基本理念」が明確に提示されていることである。さまざまな価値をもった個人がチームとなって活動を行っていくためには理念の明確化が必要だ。それがミッションとして各メンバーに共有されるとき活動の主体性や自発性は強化される。上野は，高い「公共

表 1　「プラン」に示された「5つの基本理念」（項目のみ）

1	いのちと権利に対する支援	①憲法に規定される基本的人権の視点に立ち，いのちと権利に対する支援を行い，貧困と抑圧，存在意義と関係性の喪失状況からの解放を目指す。②支援者も共に生きるものとして自己解放を目指す。
2	支援における2つの視点	①物理的困窮（ハウスレス状況）に対する支援──「健康」で「最低限度の生活」の確保，②人格関係の困窮（ホームレス状況）に対する支援──「文化的」で「最低限度の生活」の確保
3	自立支援における3つの方向性	①就労による自立に対する支援，②家族等との関係回復における自立に対する支援，③生活保護受給による自立に対する支援
4	「総ホームレス時代」の問題解決のためのパートナーシップ構築	ホームレス当事者・地域社会・行政・ボランティアの連携
5	「自立」の5本の柱	①社会的生活を回復すること，②主体的に選び取ること，③関係において自らの存在意義を見いだすこと，④依存ではなく，責任を負い合うこと，⑤死を共有すること

性」を持つ協セクターの事業体は「効率性」においても他セクターに対して決して劣っていないことを示しているが，「公共性」と「効率性」という両立しがたいと考えられてきた基準を達成する際の要となるのが，市民の自発的参加である［上野，2012：114］。ちなみに，市が策定した「ホームレス自立支援実施計画」にはこうした理念は書かれていない。

「プラン」の第二の特徴は，表2に示す「10の事業」がNPO（協），行政（官），当事者（私），企業・市民（民）の協働へと開かれていることである。「プラン」の策定者である奥田知志（NPO法人抱樸理事長）によれば，「ひとりの路上死も出さない」「ひとりでも多く，一日でも早く，路上からの脱出を」「ホームレスを生まない社会を創造する」といった目的の達成にとって，「誰がするか」は問題ではなく，「何が必要か」が重要だった，という。もちろん，自分たちでやれることは全部やる。しかし，協働したほうが効果的なのであれば「古い公共」であれ「新しい公共」であれ連携して事業を実施する，というスタンスだ。実際，多くの事業が協働で展開されてきた。たとえば，相談事業，シェルター，就労支援，アフターサポートなどは市との協働事業である。

コラム　隣接領域との対話：NPO研究

表2　「プラン」に示された「10の事業」（項目のみ）

1	基礎的支援事業	①食糧支援（炊き出し），②医療支援，③健康支援，④お風呂支援
2	相談事業	①自立相談，②健康相談，③物資相談，④病院相談
3	医療関係支援事業	①救急搬送対応，②入院時支援，③星空診療所の開設
4	6つの自立支援事業	①自立支援住宅，②就労支援，③居宅設置，④職業訓練，⑤社会（法）的手続き支援，⑥家族関係回復支援
5	「ハウスレス脱出後」支援事業	「自立者の会」（仮称）の発足
6	人権保護事業	①行政／法的手続き支援・弁護士の確保，②犯罪被害者救援基金設立
7	情報収集・提供事業	①実態調査，②情報提供，③支援者に対する活動報告，④問題解決のための広報活動
8	地域パートナーシップ形成事業	当事者・地域社会・行政・ボランティアの連携
9	青少年育成地域教育プログラム事業	人権に対する学びの場（ボランティアキャンプ等）開催
10	資金確保事業	募金や会費による資金の確保

　注目すべきは，これらについては，先にNPOの「プラン」があり，その後で市の事業が動き出していることである。奥田は，「委託を受けるにしても，自分たちが施策をつくって行政に提案する，そして議論しながら解決していくことが重要だ」という。協働の際の議論は，計画が公共性を持つために不可欠である。ホームレス自立支援センターの開設にあたっても，NPOは建物や制度の設計段階から案を出し市との討議を繰り返した。[4]この事業が「行政がつくって民間に下ろす，という形にならなかったのは，グランドプランがあったから」であり，「市の担当者も私たちのプランをよく読んでいた」と奥田はいう。

　当事者との協働としては「なかまの会」（上記事業計画では「自立者の会」）との連携がある。これは元ホームレスがつくった互助組織であるが，その設立をNPOは支援している。こうした協働は，事業における当事者性の確保にもつながっている。

　ただし，「民（企業や市民）」との協働は，「プラン」策定時点では弱かった。その弱い部分を担うベースとなったのが「北九州におけるホームレス問題を解決するための市民協議会」（以下，「市民協議会」と略）であった。これは市の

ホームレス支援計画に示された「ホームレス対策推進本部」に対抗しつつ連携する市民団体である。この「市民協議会」には「法律」「就労」「生活」「医療」「住宅」の五つの専門部会がつくられ、ホームレス支援に関心を持つ各領域の専門家や市民が参加して市への提言をまとめた。「法律」と「住宅」の部会は、その後、「ホームレス自立支援法律家の会」「自立支援居宅協力者の会」として自らを組織化し、NPOの連携先にもなっている。

「プラン」の第三の特徴は、実効性の高さである。奥田によれば「プラン」に書かれた事業の9割以上はすでに達成されているという。支援後の自立生活継続率も9割を越えている。協セクターによる計画は効果の点でも相対的優位性を持ちうる。

計画化と公共性の矛盾

NPOによる「プラン」は、①強い理念性を持っており、そのことがメンバーの自発性や使命感を介した高い効率性につながっていること、②官、私(当事者)、民セクターとの協働と討議によって公共性と当事者性を保持しうること、③高い実効性を持つことを示した。これらは、協セクターが公共性を持った計画化の主体として重要な役割を果たしうる根拠と言えよう。

しかし、計画化と公共性には基本的な矛盾がある。先に述べたように、公共性の本質は、理念的には「排除と同化に抗する連帯」であり、「誰に対しても開かれている」という意味合いがある［齋藤, 2000：ix］。だが、計画化の際には政策対象の限定は避けられない。公共性の範囲をどこまでに設定するかといった問題が、現実には生じる［上野, 2012：10］。たとえば、ホームレスの自立支援においても、「自立」を目的に掲げた場合、「自立の意志のないホームレス」は排除されかねない。また、計画は「現在」策定されるため、「将来」の人びとを排除してしまうおそれもある。こうした矛盾は、官・協に共通のものである。

私たちの社会は、このような矛盾の中で、公共性をもった計画を策定していかねばならない。そうであれば、公共性の基準に照らして「他よりは相対的に

よい」計画が必要になる。そのためには，官セクターだけではなく，ともに公領域を担う協セクターによる計画や各セクターの討議をふまえた最適解の模索が重要となる。協セクターが力をつけてくるにしたがって，そうした実践も行われるようになってきた。その一つとして，北九州での「プラン」の策定と，それに基づいた他のセクターとの協働は位置づけられるだろう。

注
(1) 貧困と格差の拡大は，市場交換を通した財やサービスの分配には限界があること（市場の失敗）を明白にした。また，公共財の供給はそもそも市場を介しては行えない。近代家族は，市場の失敗を不払い労働によって吸収するバッファーとして歴史的に形成されたが，その機能も低下した（家族の失敗）。市場と家族の失敗を再分配によって救済するのが福祉国家であったが，それも財政難によって機能不全に陥っている（国家の失敗）。このような各セクターの「失敗」について，詳しくは上野［2011：453-6］を参照のこと。
(2) 上野によれば，福祉多元社会は「複数の社会的領域の間で福祉をめぐる責任と負担の最適混合のシステム」と定義される［上野，2011：456］。
(3) 「プラン」策定の経緯について，詳しくは奥田［2006］を参照のこと。なお，「プラン」全文は http://www.h3.dion.ne.jp/~ettou/npo/grandplanmokuji.htm でも見ることができる。
(4) たとえば，市との交渉によって，センターの居室を鍵付き扉のある個室にしたり，ハローワーク職員を常駐させたりした。

付記　本コラムの執筆にあたりインタビューに応じていただいた奥田知志氏（NPO法人抱樸理事長）に御礼申し上げます。

参考文献
奥田知志，2006，「NPO法人化と『北九州におけるホームレス自立支援グランドプランの作成，そして協働へ』」山崎克明ほか著『ホームレス自立支援――NPO・市民・行政協働による「ホームの回復」』明石書店．
齋藤純一，2000，『公共性』岩波書店．
上野千鶴子，2011，『ケアの社会学――当事者主権の福祉社会へ』太田出版．
上野千鶴子，2012，「ケアの社会化と新しい公共性」盛山和夫・上野千鶴子・武川正吾編『公共社会学2　少子高齢社会の公共性』東京大学出版会．

第7章　家族研究と公共性

米 村　千 代

　本章では，家族研究と公共性と題して，公共社会学的視点から日本における家族研究を捉え直し，家族研究における公共社会学的視点がどのような特徴を持っていたのか，何を課題としてきたのかについて考察を試みたい。なお，公共社会学については，ここでは，盛山和夫にならって「社会制度や社会秩序の望ましいあり方を探求する社会学」と広く捉えておく［盛山，2012a］。この視点からみると家族社会学的研究の多くは公共社会学的視点を内包していたということもできるだろう。本章では，何が公共社会学かという議論ではなく，先に述べた作業を通して，家族と公共性にかかわる議論や家族社会学関連の研究動向を概観し，家族研究の課題を再確認することを主目的としたい。まず第1節では，公共的視点から学説史を概観し，次に家族研究における実践的課題を過去10年間の家族関連の学会動向から探る（第2節）。続く第3節ではD. ベルの「公共家族」の概念を手がかりに家族と社会の関係，さらに第4節では，その境界設定について論を進める。

　なお，公共性と公共社会学は異なる概念であるが，本章では，公共性を，「社会制度や社会秩序の望ましいあり方」とし，それを問うのが公共社会学である，と緩やかに位置づけておく。

第2部 災害，地域，家族をめぐる共同性と公共性

1．家族研究における公共的視点

「現場」における実践性と政策論

　東京大学出版会より刊行されている『公共社会学』と題された2巻のシリーズは，東京大学社会学研究室の共同研究の成果としてまとめられているものであるが，このなかで，上野千鶴子は公共社会学について，「社会学」が「公共性」をあえて冠する含意として，以下の4点にまとめている［上野，2012：2］。
　第一に，社会学が記述科学であるばかりでなく規範科学であることが強調されるようになったこと，第二に，社会学が認知科学であるばかりでなく，評価科学，さらには設計科学であることに重点が置かれるようになったこと，第三に，以上の過程を通じて「公共性」の再定義が行われ，「公私の分離則」を含めた，近代社会におけるあらゆる公的領域と私的領域との再編が検討課題となったこと，第四にその中で理論的かつ実践的課題として「新しい公共」が浮上したこと［上野，2012：2-3］である。
　本章では，特に実践的課題を家族研究がどう引き受けて論じてきたか，家族研究の規範論的側面について論を進めることとする。
　家族社会学における公共社会学的視点については，すでに田渕六郎が，家族問題研究学会の研究動向をまとめるなかで整理して論じている［田渕，2010］。家族問題研究学会に焦点をあてた論稿であるが，家族社会学が社会学の一専門領域として形成，展開していく過程がまとめられているとともに，家族問題への実践的，臨床的アプローチの位置づけが論じられている。
　家族社会学全体についての指摘ではないが，田渕論文においては，現場の声を聞くというタイトルに示されているように，家族問題に従事する現場の実践家との交流を再び重視することが求められている。家族問題研究学会が，家族問題への実践的なコミットメントへと再び舵を切ることを謳った論文であるが，着目すべきは，政策論との分節化である。政策論を否定するものではないが，家族問題研究学会の課題としては，ミクロなより多元的な現場に沿った研究が

展望されている。

　広義の公共社会学的視点からみれば、実践の現場に寄り添うのも、政策を提言するのも、いずれも包摂されるだろう。しかし、両者の違いは、家族社会学、特に家族問題研究にとっては小さくない。なぜならば、現場へのこだわりとは、政策論からはこぼれおちてしまいがちな、マイノリティや弱者を含む多様な家族問題を抱えた当時者の地点に近いところから現実を捉えようとする態度であるといえるからである。政策論は、人口動向や社会経済的動向などマクロな分析からも可能であるし、それらもまた重要ではあるだろうが、家族の多様性を視野に含んだ上での制度設計への提言も、社会学がかかえる実践的課題であろう。

　こうした実践的アプローチに再び注目することになる一つの学説史的背景は、家族研究の「ノーマルサイエンス化」や家族問題の「ノーマライゼーション」、家族社会学の専門化、自律化［牟田、2010］にある[1]。このこと自体は、数々の専門学会が設立されるなかで必然の流れともいえるが、牟田和恵が危惧するのは、そのことに伴う「自閉化」である。

家族研究における「標準家族」

　学説をふりかえると1960年代の家族社会学は、他の社会学と同様に、一般理論への志向性が強かった。マードックの核家族普遍説やパーソンズの社会化の議論など、家族を説明するための一般的、普遍的図式を追い求めた時代であった。それだけ見ると、実証主義的、客観的家族論であると捉えられよう。しかし一般理論が流行した時代を日本の家族論の文脈から見ると、当時の家族研究は、「家」から家族へという図式のもとで、いかに家族が近代的、民主的な形に変化するかという理念的問題関心に裏付けられていた。その背景のもと、核家族が歴史的にも、また現代社会においても基本的な単位であるということを示すことが一つの課題とされていた。経験科学としての家族研究が、価値中立的な分析単位として核家族を設定したことは、意図せざる結果として標準家族モデルとしての核家族を強化することにつながったともいえる。分析概念とし

ての核家族がさかんに議論された時期には，核家族に満たない家族を「欠損家族」と呼んでいた。「問題家族」という呼称もあって，それらの概念自体は差別を意図したものではなく，むしろ支援を目的とするものであったかもしれない。しかし，こうした「標準家族」の設定が，家族の戦後体制という実社会の現実とあいまって，固定的な家族モデルを増強する面をあわせ持っていたという点は否めない。

　家族社会学における核家族は，価値中立的な分析単位であるという原則ではあった。しかし実際のところ，日本の家族社会学は「家から家族への変容」という問題関心を明示的にせよ潜在的にせよ強く内包していて，前者を否定し，後者，すなわち核家族を典型とする戦後家族の方にあるべき家族の姿を見出していた。この視点は，家族社会学に限ったことではなく，戦後民法改正時における法学者の議論においても，戦後家族に民主的家族像を託していた点から共通に窺える。民主的家族の模索という当時の家族研究の課題は，その後，家族研究にジェンダー的な視点が持ち込まれることで批判されることになるが，それでも今日にいたるまで家族研究における問うべき課題として底流に流れているということができよう。

　その後家族研究は，1980年代以降，家族史研究や近代家族論へと研究の潮流が変化していく。そこでは，一般理論で想定されていた家族像の歴史拘束性や近代性が鋭く批判された。家族におけるジェンダー平等を問う視点が明示的に打ち出されるのも（目黒依子『個人化する家族』）この時期であり，一般理論が前提としていた性別分業型家族の問題が問い直されることとなった。脱性別分業，ジェンダー平等をベースとした個人化概念がポスト近代家族のキーワードとして登場する。

　民主的家族や家族の個人化は，実際に家族が民主的であるか，個人化しているかどうかよりも，めざすべき家族変化の方向性として示されていると言う意味で理念的なものである。分析概念として捉えようとすると，何が民主的であるか，個人化とはどのような形態をさすのかという議論につきあたり，具体的な分析のための操作化は容易ではない。社会学関連領域における家族研究は，

一方でノーマルサイエンス化という方向を辿りつつ，他方では，核家族を標準とする家族の近代化，民主化，個人化というそれぞれの「あるべき家族像」に基づいていたのである。その後のジェンダー研究や家族史研究による核家族，標準家族批判においても，批判の対象となっていたのは，標準家族を普遍的と見なす認識論上の問題と，標準家族が前提としていた性別分業に対してであり，家族の民主化それ自体ではなかった［阪井，2012］。家族におけるジェンダー平等は戦後家族研究において問われ続けてきたあるべき家族像の一つの中心的な理念であった。

2．家族研究の実践的課題

　家族社会学のノーマルサイエンス化が進んだことは，実践的家族研究や家族問題へのアプローチにどのような変化をもたらしたのだろうか。次に実践性の面からこの点を見てみたい。

　家族社会学および関連学会の過去10年間の動向を調査し，学説史の展開や研究の重点を概観してみる。具体的には，日本家族社会学会，家族問題研究学会および比較家族史学会の過去10年間の大会シンポジウムについて比較考察した。日本家族社会学会は，1991年に創設され，会員数は約700名，名前の通り，日本の家族社会学者の多くが所属している。家族問題研究学会は，歴史としては一番古い。1955年に家族問題研究会として設立され，2008年家族問題研究学会と改称している。社会学に限らず，家族研究に従事する研究者に加え，設立当初より，研究者に限らず，特に家族問題に実践的にかかわる専門家も多く会員に含んできた点を特徴とする。現在の会員数は約200名強であり，小規模ながら歴史は長く，日本家族社会学会が創設されて以降は，日本家族社会学会との会員の重なりも多い。

　比較家族史学会は，家族研究にかかわる学際的な学会で，法学，法制史，経済史，歴史，人類学，民俗学，社会学等の多様な専門分野の研究者を含む。さらに比較研究ということから，会員が対象とする地域も多岐にわたっている。

第2部　災害，地域，家族をめぐる共同性と公共性

　各学会の過去10年間（2006年から2015年）のシンポジウムは以下の通りである。日本家族社会学会については，大会2日目に開催されるシンポジウム，家族問題研究学会では年に一度開催されるシンポジウムを取り上げている。なお，家族問題研究学会は，年1回シンポジウムを組んできたが，学会大会という形で開催されるのは2015年からである。比較家族史学会は，年に2回大会が開催されるが，ここでは，2日間にわたってシンポジウムが開催される春期大会を取り上げた。日本家族社会学会，家族問題研究学会においては，次年度の機関誌にシンポジウム報告が特集として掲載されている。比較家族史学会においては，秋期か春期のシンポジウム報告を次年度の機関誌に掲載する事が多いが，別に出版企画がある場合は，そちらに掲載を譲る場合もある。

　いずれにせよ，各学会におけるシンポジウムは，企画委員や研究委員によって企画立案され開催されており，学会のその時点でのトレンドを反映したものであるということはいえよう。ただし，これらの学会は会員の重複もあり，取り上げるテーマについては，他学会の動向をふまえて，テーマの調整を行っている場合も少なくない。例えば，先ほども紹介した家族問題研究学会の研究動向をまとめた田渕六郎［2010］は，1991年に日本家族社会学会が設立されたことをうけて，「異なる学会には異なる期待が存在するとすれば，本学会（家族問題研究学会，引用者注）が「家族問題」に対して独自の家族社会学的接近を行うことによってその独自性を発揮しなければならないという必要性は，強まってきている」と指摘している［田渕，2010：79］。家族問題研究学会は，以下に見るように実践的なテーマを多く取り上げてきた傾向があるが，その根底には，こうした学会間の差異化と学会の独自性の発揮という目的も関連している。

　しかしながら，10年間を通して見ると，2学会に一定の共通性は見られる。共通するキーワードは，少子高齢化，未婚化，子ども，格差であり，一連のテーマを見てわかるように，現代社会における具体的な問題をテーマとして取り上げている。もっとも，大会時のシンポジウムであるから，会員全体が興味を抱けるようなアクチュアルな問題を取り上げているという見解もありうる。それ以前との比較をしないと変化は追えないのだが，そうだとしても，やはり実

践的な問題への関心は，この10年間においては一貫して大きい。逆に言うと，理論枠組みや方法については，個別の専門学会においてさえ，個々の部会ごとに専門分化していることの反映とも言える。

比較家族史学会については，歴史と比較という視点を内包するテーマが毎年企画されている。そのなかには，当然現代的なテーマと接合する問題もあるが，実践的というよりも，学術的，学際的なトピックを取り上げる傾向が強いといえる。

学会動向（2006年から2015年の３学会のシンポジウムタイトル）
日本家族社会学会大会時シンポジウム
　　2015年　人口減少社会における家族と地域のゆくえ
　　2014年　少子高齢化と日本型福祉レジーム
　　2013年　地域社会と家族戦略
　　2012年　育児と介護の家族戦略
　　2011年　経済不況と少子高齢社会の家族戦略
　　2010年　日本の家族の変化とこれから
　　2009年　高齢期の新しいつながりの模索――グローバル化・階層化と家族
　　2008年　経済の階層化と近代家族の変容――子育ての二極化をめぐって
　　2007年　家族のオルタナティブ――家族研究の挑戦
　　2006年　雇用流動化と家族

家族問題研究学会シンポジウム
　　2015年　未婚化社会の周辺を考える
　　2014年　生殖補助医療と家族
　　2013年　子どもの人権と親権制度――これからの親子関係を考える
　　2012年　災害と家族――東日本大震災を考える
　　2011年　里親制度と家族のゆくえ
　　2010年　政権交代で家族は変わるか

第2部　災害，地域，家族をめぐる共同性と公共性

 2009年　「ひきこもり」から家族と社会を問い直す
 2008年　多様化する貧困の形と家族
 2007年　家族の視点からみた少子高齢社会――時間と空間の広がりのなかで
 2006年　世代とセクシュアリティ

比較家族史学会春期大会シンポジウム
 2015年　家と共同性
 2014年　親――その複数性と多元性
 2013年　環境と家族
 2012年　アジアの家族と親密性――アジア家族研究の共通基盤形成
 2011年　家族の未来――グローバル化の中の近代家族
 2010年　互助・支援と家族
 2009年　歴史の中の「少子化」
 2008年　戦後日本における家族研究／格差社会と家族
 2007年　Ⅰ宗教と家族――宗教思想と家族観・Ⅱ家族と宗教実践――東アジアにおける伝統と近代
 2006年　グローバル化の中の家族とその変容――アジアにおける家族とジェンダー

　客観的，中立的に社会と距離をとって分析者に徹するだけではなく，より実践的に社会問題や社会設計にコミットする形の調査研究への広がりを見ることができる。公共社会学に対して社会学界において一定の関心が集まっているように，家族研究においても，子育てや介護への支援および支援関係を問う研究や，より広い文脈で，たとえば福祉国家や福祉レジーム，社会政策との関連で，家族の現状を捉えようとする傾向が顕著になっている。個々の研究は，方法においてもテーマ的にも多岐にわたっているが，全体としていうならば，大きな社会制度のなかで家族や家族問題を位置づけようとする研究，子育てや介護の

「現場」に定位する研究，家族の多様性あるいはオルタナティブに着目する研究を特徴としてあげることができる。これらのテーマは，社会における現実的な眼前の課題に即したものである。アクチュアルな問題に，学術研究として応えようという思考や態度が顕著に表れている。同時に，アクチュアルな家族問題を通して，家族問題を捉える概念枠組みを再考し，これからの社会における家族の構想を志向している。その意味では，現場からの問題提起は，これからの社会，家族に関する構想へと接合しており，必ずしも明示的ではなくとも規範論的性格をも内包しているといえるだろう。

3．家族と公共性

「公共家族」の構想

　家族と公共性の関連を考えるということは，広義にいうと社会と家族との関係性を問うということである。ここまでは，家族論に内在的な公共社会学的視点について概観したが，加えて，社会理論のなかで家族がどのように位置づけられてきたかについても見ていきたい。

　脱工業化社会に関する議論で知られるD.ベルの『資本主義の文化的矛盾』[1976]に「公共家族」という章がある。公共家族は，public householdの訳語であり，展開されているのは公財政にかかわる議論ではある。しかし，個別世帯の利害を超えて，いかに公共的レベルでの財政に関する了解を形成するかという点は，家族と公共性を考える際の示唆を含んでおり，またベルの日本理解は当時の日本社会に向けられた外からのまなざしを代表する一つであるといえる。

　象徴的なのは巻末に収録されていると訳者である林雄二郎との対談である。林は，「公共」を阻む日本の家族意識を「一家意識」とし，以下のように述べる。

　「日本人はまず，個人としての自覚を充分に確立し，そういう個人の集まり

としての公共という概念を考えるようになる必要があります。こういう道を通ってはじめて，真の「公共家族」が日本にも実現すると考えます」[ベル，1976：下213-214]

対する著者（ベル）の見解は，「公共家族」の「創設」とは，広いコンセンサスを形成することであり，「一家意識」，「日本株式会社」ではなく，「公共の利益」や大きな社会制度の必要性を指摘する。「恩義関係の網の目「フレーム」」という中根千枝の表現を用いて日本社会を捉えている。

さらに，林の指摘をうけて「黄金の中庸」として次のように問題提起をする。

「ところで林先生のご指摘は，ひとつのおもしろいパラドックスを生み出しています。私は，アメリカの市民は「あまりにも」個人主義的で，そのため政治体制が困難に直面していると申しました。あなたは，日本の市民が，まだ充分に個人主義的ではなく，これから，より大きな意味を持った，個人個人のアイデンティティーを確立しなければならないとおっしゃっています。

多分，実際そのとおりなのでしょう。しかし，どこかこの二つの中間点に，「黄金の中庸」が存在するはずなのではないでしょうか」[ベル，1976：下215-216]

ベルと林の対談に見られるアメリカの個人主義と日本の集団主義という対比は，当時（1970年代）の日本社会論を代表するものであるといえる。これらの発想を現在社会にそのまま適応できるのかという問題はあるが，公共性にかかわる議論を先取りしている点は，示唆に富んでいる。「市民社会論」「親密圏と公共圏」「ケアの倫理」等の今日的な議論との共通性もあり，生活や生命を支える社会的連帯をどのように形成することができるのかという課題に接合するテーマである。

対談に見られる集団主義の議論は，公共領域を家族の拡大としてみるのか，別の領域として考えるかという家族と社会の境界認識をめぐる論点とも重なる。

公と私の関係，境界については，たとえば，有賀喜左衛門は，自身の日本文化論を展開するなかで，日本社会が公私の入れ子構造になっていることを指摘する［有賀，1955→1967］。日本社会における公と私を連続するものとして位置づけるという点は，三戸公の議論にも見られる。日本社会論における一つの公私関係の捉え方と言ってもよいかもしれない［三戸，1991a；1991b］。

公私二分論

公私を連続するものとして捉え，それを日本社会の特徴とする考えと対照的であるのが，近代家族論における公私の分離という視点である。近代家族論においては，公的領域と私的領域が二分化され，家族が後者に振り分けられることを近代社会の特徴としてあげている。しかし，このことは決して家族が公的な意味を持っていないということを意味してはいない。むしろ，近代社会における一つの機関として，再生産領域，養育や介護を無償で担う領域として私的領域に振り分けられることを意味している。今日，育児や介護の社会化が叫ばれて久しいが，これは，歴史的にみれば，そもそも家族だけが担っていたことをはじめて社会化する，ということではない。共同体のなかで担われていた役割が家族へと収斂していった近代家族化の過程をへて，今改めて脱（近代）家族化，社会化が問われていると捉えるべきであろう。

夫がサラリーマン，妻が専業主婦という近代家族の原型は，1910年代以降の都市中間層家庭に見ることができる。この層は，資本家と労働者の中間に位置するということに加え，中小規模の地主層や商業などの自営業に従事する旧中間層と区別して新中間層とも呼ばれている。新中間層の多くは，地方から都市へ流入した人々からなり，これらの人々が俸給労働に就くことで社会層として出現した。夫がサラリーマン，妻が専業主婦という家族は，明治期にも旧士族出身の上級官吏（公務員）や大企業の会社員などの限られた層においてみられたが，大正期以降，時代を経るにともなって，教師や一般企業の会社員へと広まっていった。その主な担い手は，農村から都市へ流入してきた家産，家業をもたない次男三男であった。

都市新中間層家族に現れてくる重要な特徴は妻が無職，すなわち専業主婦であるということであった。妻が専業主婦になり家事・育児に専念するには少なくともいくつかの条件が必要である。まず夫の収入だけで生活が成り立つこと，そして生産の場（職場）と再生産の場（家庭）が分離していることである。当時も家族総出で働いて一家の生計を賄う世帯も多く存在したし，職場と家庭が分離していない自営業や農業では，妻が仕事に一切かかわらないという状況はおこりにくかった。

専業主婦になることは，子どもに愛情をかけ，教育するという，新しい重要な役割を担うことをも意味した。教育の場でも，明治期以降，妻が家庭に入り，良き妻また母として，夫を支え子どもの養育に専念することを求める良妻賢母主義が現れてくる。家産や家業を持たない都市新中間層が就いたのは公務員や教員，会社員といった職業で，これは，学校教育を媒介として獲得された近代的職業であった。

戦前期の近代家族は，戦後行動経済成長期に大衆化，一般化する。落合恵美子はこの現象を「家族の戦後体制」［落合，2004］と呼ぶ。先述した公私を連続するものとして捉える視点が注目される時代は，近代家族の大衆化の時期にあたる。お互いが見ている社会は，同時代のものである。公私の関係一つとっても枠組みによって対照的な議論が展開されている。

社会と家族を公と私に二分する区分とは，やや位相を異にするが，親密圏と公共圏という対比も，公的なるものと私的な関係性との対比によって社会を捉えようする視点の一つであるといえよう。家族と社会との境界の設定の仕方そのものが社会的な産物であり，その境界にはさまざまな議論や財政に関する政治，そして社会的な認識がかかわっている。それらを解きほぐしていくことが，実践の場においても政策論においても家族の公共性を議論する際の課題である。

4. 社会と家族の境界設定をめぐって

親密圏と家族変動

親密圏概念や研究を牽引してきた齋藤純一によれば，親密圏とは，「具体的な他者の生／生命，とくにその不安や困難に関する関心／配慮を媒体とする，ある程度持続的な関係性を指すもの」「友人や家族，恋人や仲間など，無条件で自己に眼差しを向けてくれる人びと同士の空間」である［齋藤，2003］。

ケアしあう関係性やケアにかかわる支援関係，情緒性とケアが結びつく親密な関係であるという意味で，親密圏は近代家族の拡大にすぎないという批判もあったが，オルタナティブ親密圏，対抗的公共圏という概念によって，再評価する向きもある。フェミニズムからの親密圏概念への批判に見られるように，家族外のケアもジェンダー化されていれば，まさに近代家族の拡大版である。親密圏概念は，家族を超える関係性を捉える概念として位置づけられてはいるものの，その内容に注目すれば現実には家族関係や家族的なる関係によって担われている場合が少なくない。

親密圏と家族や親族との関係はどのように整理することができるだろうか。田渕［2014］は，以下のように，それらの関係を類型化する。

「家族であるが親密圏には属さない」（「非親密家族」）
「親密圏ではあるが家族には属さない」（「非家族親密圏」）
「家族であり親密圏でもある」（「親密家族」）［田渕，2014：61］

社会における親密圏への関心は，おもに前二者，つまり非家族親密圏と非親密家族に向けられてきたとする。例えば，「家族のオルタナティブ」や「多様な家族」（「非家族親密圏」），「家庭内離婚」（「非親密家族」）である。田渕も指摘しているが，親密圏という概念を比較研究に用いるためには，「関係性の種類や，関係性が埋め込まれた文化の違い」を考慮する必要がある。

これらの区分をふまえ，比較研究も念頭におきながら非家族親密圏をさらに考えてみる。例えば，市場化されたケアは親密圏に内包されるのか，家事使用人やベビーシッターとの関係は親密圏の議論の範疇に含まれるか，同じケアが地域の有償ボランティアによってなされたとしたら，その場合とは異なるのか。祖父母あるいは親族によってなされた場合は，といった問いである。実はこうした問いは，近世から近代にかけての日本の「家」研究で，奉公人の位置づけをめぐって盛んに議論されてきたことと重なる。奉公人は「家」の成員なのかどうか，何を共有していれば「家」の成員となるのか，奉公人が親族であるかどうかは，そのことと関連するのかしないのか。

　法制史のなかで歴史における親密圏の議論を展開している村上一博は，親密圏を，「個人が他者と親しく情緒的に関わり合う領域」[村上，2014]とし，家族や「家」をバックアップする機能を果たす家外親密圏として，(明治民法下での)親族を取り上げる。前近代から近代にかけての家や同族関係を「家外的親密圏」として，近代に典型的な「家内的親密圏」と対比して論じている。そこで指摘されているのは，親密圏の2面性であり，情緒的な心の安らぎを与えられるという側面と情緒的な——場合によっては権力的な——圧迫を受けるという側面である。家族史研究の領域においては，親密な関係性が権力関係と表裏一体であることが問われ続けてきた。

　現代社会における現実的な問題解決に際して，過去のこうした議論は直接の役には立たないかもしれない。しかし，人々が生活や生存のためのニーズに際してどのような関係を構築し，そこにどのような意味づけを与えてきたかという研究においては，——そして，比較研究においても——，一考に価する論点ではないかと思われる。

　相互扶助関係は，情緒性と権威が結びつく場でもある。親密圏をフラットで自発的，選択的関係として位置づけることは，多分に理念的である。家族を超える関係性が，人々にどのように意味づけられているか，その境界性，重なりに注目することが家族研究の課題である。

　理念として親密圏を用いる論者たちから見ると，親族関係や同族関係を親密

第7章 家族研究と公共性

圏と呼ぶことには違和感があるだろう。わざわざ親密圏と呼ばずともよいという考え方もあるかもしれない。あるいは親密圏とは切り分けて，親族関係やネットワークという呼び方も可能であろう。しかし，何をもって親密圏と呼ぶのかについて歴史的な社会関係と比較考察することの意義は大きい。もちろん親密性や親密圏が政治性を持つことはこれまでにも指摘されてきたが，他方で，親密圏という概念は，近代家族の解体の先の新しい理念として，肯定的な意味合いをこめて用いられても来たのである。村上論文の示唆から，この間の関係をどう考えるかも課題であろう。

長い家族変動のなかで考えてみると，人々が家族を超える関係において相互に助け合うことは，そしてそれらの関係が情緒性を帯びることはすでに論じられてきたことであった。川島武宜や戸田貞三が描いた近代の家父長的家族は，そうした情緒性と権威が不可分に結びついていた。(4)近代以降の家族変動をも視野に含んで親密圏を概念化するのであれば，それらとの異同を明確にする必要があるだろう。親密性は，何と結びつくか，どのような意味づけを与えられるかによって，一方で前近代の抑圧の象徴として批判され，他方で家族の民主化，近代化の核におかれてもきたのである。

理念として論じられる親密圏は，互いにフラットで自発的な関係を想定しているように見える。日本の村落社会における親族関係は，同族関係や家的関係と比べると，双系的で，相対的にはフラットな関係性であるともいえるが，市民社会のそれとは選択可能性の度合いも異なっている。たとえば，イエ，ムラや親せきは親密圏なのか，違うとするならばどのように切り分けられるのか，親密圏という概念を用いて比較研究を試みるならば，ここの点は考慮すべき点の一つになる。たとえば，親族ネットワークの比較をするならば，親密圏という言葉ではなく親族ネットワークそれ自体の比較をした方が，より明確な比較研究ができることもあるだろう。同別居関係や世代間関係についても同様のことが言えるのではないか。

近代家族の変容

　親密圏の変容として論じている対象が，家族の変容なのかそれに変わるオルタナティブなのかについては，常に慎重であるべきであるが，その上で，本章では，議論の射程を「家族」および「親密圏」が包摂する一番広い範囲を対象としながら，論点としては「近代家族」からの変容に絞り込んで論を進める。より長いスパンで親密圏の変容を考えるためには，先に述べたように，近代家族が社会一般に広く見出される以前の時代にも目配りする必要がある。近代化に際して異なる社会的歴史的背景を持つ社会を比較するならなおさらであろう。しかし，まずは日本における親密圏の議論が近代家族の動向を一つの中心として論じられてきたことに鑑み，親密圏概念の厳密な理論的検討という課題はひとまずおいて，「近代家族」に関する議論を取り上げてみたい。

　ここでは，『社会学評論』64巻4号における特集「近代社会の転換期のなかの家族」を主に参照した。親密圏を直接取り上げたものではないが，近代家族，ジェンダーおよびケアに関する比較研究を含めた議論が展開されている。脱近代家族，性別分業型家族，ケアの社会化（育児・介護），子育て支援，ポスト近代家族の模索等々が共通の課題である［江原，2014；藤崎，2014；宮坂，2014；落合，2014；山田，2014；筒井，2014；安里，2014］。

　日本において，現象としての近代家族は変化している。男性1人が稼ぎ手となる典型的近代家族を体現できる層は，たとえそれを望んだとしても減少している。しかし，他方で専業主婦を理想とする価値観や，子どもが小さいうちは母親は育児に専念した方がよい，という「専業母」規範は，変化してはいるものの一定の支持を得ている。「夫は仕事，妻は家庭」規範と専業母規範が，日本の性別分業規範の動向を見る一つの尺度となってきた。この動向をどう読み取るかについては，江原由美子による，フェミニズムが家族とどのように対峙してきたかという指摘が参考になる［江原，2014］。江原は，第2波フェミニズムが家族をどのように論じてきたかについて以下のように述べている。

　「非常に多くのフェミニストが，親密な家族間における諸活動，とりわけ

『ケア（世話・養育）』という活動を主題化し，その意義を論じ，これまで家族内で（おもに女性によって）行われてきた『ケア』が，家族間で，あるいは家族外の社会組織との間で，どのように配分されるべきか等の論点をめぐって，非常に熱い議論を展開してきた。この意味において，現代フェミニズムの主要な主題は，『家族をめぐる主題であった』とすら言いうるだろう。」
［江原，2014：554］

江原は，フェミニズムの多くが，「母親になる」という経験の意義を否定するのでもなく，「家族から男性を排除する」ことを主張することもなく，性別分業家族のあり方の変更，女性の家庭内役割の軽減を求めたと指摘する。

「『家事や育児』などの活動が，社会にとって，あるいは女性自身にとって，重要性であるという認識，すなわち『家庭の重要性』を，より強く強調する認識をもっていたということである。第一波リベラル・フェミニズムにおいては，これまでの男性の働き方に女性が合わせるかたちで参加することが『解放』とされがちだったのに比較して，第2波フェミニズムでは逆に，『家事や育児などのケア労働を担いながら働く』という既婚女性労働者の働き方こそが，普遍的な働き方として認められるべきだという主張が強まった。」
［江原，2014：556-557］

多くのフェミニズムが，性別分業規範は批判しつつ，育児や家庭の重要性は保持してきたという江原の指摘は，賛否はあるのかもしれないが，現代の多くの女性が抱えるジレンマに迫るものであるといえる。
　一連の特集論文に共通して指摘されていることは，「家族主義」からの脱却が進んでいないこと，再家族化，家族の復権，近代の伝統化に対する現状分析と政策批判である[5]。
　このことは，家族の変化が，個人化と多様化に向けて単線的には進んでいかない，という現状分析と並行している。多くの人が近代家族を実現できる時代

ではない。言い古されてきたことであるが、理念としての近代家族は、たとえファンタジーであれ居残り続け、しかし他方でその理想を実現できる層は限られている。そのはざまで起こっていることが、若者における結婚や出産の先延ばしである。親密圏を問うことは、これからの社会をどう構想するかにもかかわる実践的課題でもある。

5. あるべき家族を構想することの両義性

　実証的経験科学と規範科学という両側面は、実は戦後の民主的家族を構想した時点からすでに家族社会学に内包されていたともいえる。その先にどのような問題や困難があるかについて考察を深めることが、おそらく社会における様々な問題に対して学術研究が応えられるかどうかに大きくかかわるだろう。なぜならば、家族という対象領域は、常に論者それぞれが正しいと思う家族像のせめぎ合う場であったからである。たとえば、家族社会学の経験科学的立場には、ある種の家族を標準家族と設定し、それ以外の家族を周辺的なものとしてしまうという問題がつきまとってきた。現場における多様、多元的な現実と向き合うことの重要性はここにある。政策提言も実践的な活動も、そして理論研究も、それらの相互の対話と蓄積があってはじめて意味のあるものになるだろう。

　戦後の家族研究においては、「家から家族へ」という理念が家族変化を捉える代表的な図式であった。大枠ではこの枠組みは間違っていなかったといえる。しかし、その陰で問われずにきた問題、課題領域が現在も残り続けていることは同時に指摘しておきたい［米村, 2014］。

　親密圏、市民社会、コミュニティー等々、家族か社会かという二分法を超えて、現実を捉えようとする様々な概念が生まれてきた。それぞれが理念として指し示す方向性と、社会における現実、例えば介護や育児を誰が担っているか、そこにどのような規範が作用しているかにはしばしば乖離が見られる。「家族の個人化」に関しても同様である。個々人が相互に自律的で、関係が平等で、

相互に助け合える関係，そしてそうした関係が複数存在することは理想である。しかし，そのことの実現がいかに困難であるかも社会の現実は教えてくれる。

あるべき社会像や家族像を，現実の多様性とつきあわせながら構想することが家族社会学の課題である。

注
(1) 比較家族史学会大会でも家族研究の総括が取り上げられている（『比較家族史研究』2008）。
(2) ヨーロッパを中心とする親密圏の議論が，分析概念というよりも理念（イデオロギー）として論じられてきたことは田渕も指摘している。
(3) 上野千鶴子による「協セクター」の議論を参照［上野，2012］。
(4) 川島［1946→2000］，戸田［1937］，これらを取り上げて親密性を歴史社会学的に論じている本多［2013］らの議論を参照。
(5) なお「家族主義」概念についても歴史社会学的に精査が必要であることは，すでに指摘されてきていることである［阪井，2012；阪井・藤間・本多，2012］。

参考文献
有賀喜左衛門，1955→1967，「公と私——義理と人情」『有賀喜左衛門著作集Ⅳ』未来社：187-277.
安里和晃，2014，「グローバルなケアの供給体制と家族」『社会学評論』64(4)：625-648.
Bell, Daniel, 1976, *The Cultural Contradiction of Capitalism*, Basic Books（＝1976，林雄二郎訳，『資本主義の文化的矛盾』上・中・下，講談社文庫原題）.
江原由美子，2014，「フェミニズムと家族」『社会学評論』64(4)：553-571.
藤崎宏子，2014，「ケア政策が前提とする家族モデル1970年代以降の子育て・高齢者介護」『社会学評論』64(4)：604-624.
本多真隆，2013，「家族研究における『ピエテート』概念受容の諸相——戸田貞三と川島武宜の家族論にみる情緒と権威の関連性」『家族研究年報』38：129-146.
川島武宜，1946→2000，『日本社会の家族的構成』岩波現代文庫.
三戸公，1991a，『家の論理　Ⅰ』文眞堂.
三戸公，1991b，『家の論理　Ⅱ』文眞堂.
宮坂靖子，2014，「家族の情緒化と『専業母』規範　専業主婦規範の日中比較」『社会学評論』64(4)：589-603.
村上一博，2014，「近代日本における『親族』概念と家族」『法律時報』86巻3号：56-60.
牟田和恵編，2010，『家族を超える社会学』新曜社.
落合恵美子，2004，『21世紀家族へ——家族の戦後体制の見かた・超えかた　第3版』有斐閣.

落合恵美子，2014，「近代世界の転換と家族変動の論理——アジアとヨーロッパ」『社会学評論』64(4)：533-552.
落合恵美子・山根真理・宮坂靖子編，2007，『アジアの家族とジェンダー』勁草書房.
落合恵美子・赤枝香奈子編，2012，『アジア女性と親密性の労働』京都大学学術出版会.
齋藤純一，2003，『親密圏のポリティクス』ナカニシヤ出版.
阪井裕一郎，2012，「家族の民主化——戦後家族社会学の〈未完のプロジェクト〉」『社会学評論』63(1)：36-52.
阪井裕一郎・藤間公太・本多真隆，2012，「戦後日本における〈家族主義〉批判の系譜——家族国家・マイホーム主義・近代家族」『哲学』128：145-177.
盛山和夫，2012a，「序 現代の危機と公共社会学という視座」盛山和夫・上野千鶴子・武川正吾編『公共社会学1』東京大学出版会：1-8.
盛山和夫，2012b，「公共社会学とは何か」盛山和夫・上野千鶴子・武川正吾編『公共社会学1』東京大学出版会：11-30.
田渕六郎，2010，「『現場』の声を聞くこと——家族問題研究学会に求められる新たな役割」『家族研究年報』No.35：77-84.
田渕六郎，2014，「世代間関係の変容と親密圏——世代間アンビバレンスの視点から」『法律時報』81巻3号：61-64.
戸田貞三，1937，『家族構成』弘文堂.
筒井淳也，2014，「新密性と夫婦関係のゆくえ」『社会学評論』64(4)：572-588.
上野千鶴子，2012，「序 社会学の再興のために」「ケアの社会化と新しい公共性」盛山和夫・上野千鶴子・武川正吾編『公共社会学2』東京大学出版会：2-12, 107-128.
山田昌弘，2014，「日本の家族のこれから」『社会学評論』64(4)：649-662.
米村千代，2011，「家族社会学における家族史・社会史研究」『家族社会学研究』：170-181.
米村千代，2014，『「家」を読む』弘文堂.

索　引
（＊は人名）

ア行

アーバニズム　93
＊アーリ，J.　170, 174, 189, 191
愛知県営住宅自治会連絡協議会　219
愛知県西尾市　204, 212
アウトカム　63, 68, 69, 72-74, 77, 83
アカウンタビリティ　63, 69
＊赤祖父俊一　7
アクセシビリティ　73
アクティブエイジング　116
アセスメント　25, 108
新しい近隣　188, 191
新しい公共　228
新しい正義および公共性　50
圧倒的な非対称　50, 52
アドボカシー　79
アノミー論　94
＊アパデュライ，A.　183
アファーマティブ・アクション（積極的格差是正措置）　50
アフォーダンス　191
＊新睦人　104
家　246
「家」から家族へ　235
生きられた記憶　190
生きられる共同性　175
『イギリスにおける労働者階級の状態』　12
伊勢湾台風　130
＊磯村英一　9, 92, 93
＊市井三郎　51
IS　3
一家意識　241
一般的信頼　60
一般利益　199
＊伊豫谷登士翁　170, 178
＊イリイチ，I.　171, 172, 174, 175, 179, 189, 190
インフォーマルな社会保障　181

＊ウィーラー，S. M.　1-5, 7, 10, 11
＊ウェーバー，M.　1, 14, 21, 89, 95-97
＊ウェーバー，アフレッド　13
＊宇沢弘文　15, 26, 89, 109-112, 117, 118
宇宙船地球号　7
エージェンシー理論　69
エコシステム　10
＊エスピン・アンデルセン，G.　68
エバリュエーション・リサーチ　67
＊江守正多　110
選べない縁　176
選べる縁　191
＊エンゲルス，F.　12, 25
応益負担　74
黄金の中庸　242
応能負担　74
＊奥井復太郎　23, 93
＊オルソン，M.　115

カ行

外国人防災ボランティアグループ　219
外国籍住民　209
介護保険　20, 22
カイシャ　181
階層的組織編成　125
概念の実用化　97
下位文化　93, 207
開放性（openness）　113
科学的判断　153
格差　238
学際性　116
学際的（interdisciplinary）　92
格差を是正すること　48
がけ地近接等危険住宅移転事業　143
過剰消費　3, 179
家族　103
――史研究　246
――社会学　233

——と社会との境界　244
　　——の個人化　250
　　——の戦後体制　244
　　——の多様性　241
　　——の復権　249
　　——問題　234
　　——問題研究学会　237
カタストロフ　1
価値自由　20, 89, 95-99
価値相対主義　41, 47
価値判断　1, 2, 7, 20, 99, 104
　　——排除　1, 3, 4, 14, 21, 26, 94
活私開公　94
カテゴリー化　221
ガバナンス　64, 79-81, 106, 117
ガバメント　64, 79
下部組織　217
家父長的家族　247
＊ガルブレイス, J. K.　100, 101
＊川島武宜　247
環境アセスメント　107
環境破壊　107, 108
還元主義　189
感染症　164
関東大震災　136
官による防災対策の公共性　152
官の公共性　152, 153, 155, 156
管理の集権化　173
官僚制の弊害　124
既往最大の原則　153, 157
機械化の様式　173
機会の不平等性　3
幾何学の連続的空間　175
危険因子　165
『危険社会』　31, 32
規則に基づく管理　125
基礎づけ主義　47
＊ギデンズ, A.　189
軌道の外れた成長　179
技能実習生　212
規範科学　250
客観主義　122
客観的時間　174

教育支援　217
強化と排除のジレンマ　204
共助　134
共生　221
　　——社会　67
行政的な課題　153
業績主義的な原理　44
業績測定　67, 76, 83
協セクター　226
共通の計量化された時間　183
協働　228
　　——関係　208
共同関係　208
共同性　105, 113, 114, 202
　　排除による——　204
共同体（コミュニティ）の時間　176
共同体主義（コミュニタリアニズム）　189
共同体的公共性　39
共同体と市民社会　36
共同防衛　23
漁業集落防災機能強化事業　150
居住制限地域　138
漁村集落防災機能強化事業　141
均一的で標準化された空間　182
緊急対応力　133
近代家族論　243
近代のサビシステンス　179
近代の伝統化　249
空間の〈絶対性〉　174
区画整理　137
　　——事業　143
具体的な他者　187
＊倉沢進　115
グローカル・アトラクタ　191
グローカル化の機制　180
グローバル化　32, 33, 169
クロック・タイム　190
ケア　50, 52, 245
　　——の社会化　248
計画　2, 24
　　——化　132, 230
　　——行政　123
　　——細胞　198

『経済成長の諸段階』 *31*
経済的貧困 *99*
計算的合理性 *60*
決定権 *152*
限界集落 *178*
権限の委譲 *125*
健康障害 *163*
健康診断 *165*
健康増進計画 *164*
原初状態 *42,45*
建築制限 *141*
原地復興 *140*
現場主義 *151*
現物主義 *156*
権力的行為の正当性 *195*
合意形成 *145,149,154*
公営住宅 *209*
公益 *166*
効果 *66,74,76,77*
公共家族 *241*
公共圏 *94,197,244*
公共サービス *154*
公共財 *101-104,108*
　　――ゲーム *56,57*
公共社会学 *94,95,223,233*
公共性（publicness） *15,16,34,39,40,64,81, 89,91,94,98,99,105,106,113,129,227,230, 233*
公共政策 *97,98*
公共性の認識 *100*
公共善（public good） *56*
公共的な合意 *130*
公共利益 *5*
＊髙坂健次 *51*
公私二分論 *243*
公衆衛生 *12,163*
公助 *134*
工場立地論 *13*
公正 *73,74,77,80-82*
厚生定理 *55*
合成の誤謬 *70,107,108*
高地移転 *137*
交通計画 *13*

公的公共性 *39*
公的な空間 *106*
公的領域 *38,234*
幸福度 *72,83*
　　――指標 *67*
幸福の加算から不幸の減算へ *51*
公平 *73,74,80,81*
　　――性 *8*
公民館 *217*
効用理論 *68,82*
高リスクアプローチ *164*
合理性 *196*
効率 *74,80*
合理的な無知 *197*
高齢化率 *118*
＊コールマン，J.S. *103*
国策自治会 *185*
互酬的な行動 *58*
個人化 *32,33*
『個人化する家族』 *236*
個人合理性 *56*
個人合理的計算 *60*
個人主義 *242*
個人情報 *166*
子育て支援 *19*
国家と市民社会 *36*
コップ21 *7,25*
固定した低所得層 *209*
異なる他者 *186,205*
子ども *238*
　　――会 *213*
コミュニケーション行為の理論 *196*
コミュニケーション能力 *196*
コミュニティ *23,25*
　　――・インフレーション *169*
　　――・オン・ザ・ムーブ *188*
　　――ソーシャルワーカー *203*
　　――・ミニマム *24,26*
　　――論 *202*
孤立 *201*
根源的な時間 *175*
コンセンサス・イシュー *129*
コンセンサス会議 *198*

255

サ行

サービス評価　74
災害公営住宅整備事業　141, 143
災害対策基本法　130, 131
再家族化　249
再帰的近代化　31, 32
再生産領域　243
差異に満ち溢れた関係性にもとづく空間　180
祭礼　215
サステナビリティ　2-4, 8, 10, 16-18, 25
　──計画　6, 7, 9, 15
＊サットン，P. W.　18
＊佐藤慶幸　39
サロン　186
3E（環境重視，経済性強調，公平性原則）　2, 3, 7-9, 11
参加型計画　13
産業主義的生産　171
産業主義的な道具　172
参政権　48
＊ジェイコブズ，J.　23-25, 92, 112, 191, 192
支援　240
時間と空間の圧縮　181
事業継続計画　157
自己責任　189
自己組織系　80
自己評価　81
自主防災会　217
自助　134
市場化　123
　──されたケア　246
　──テスト　123
システム分析　65, 66, 122
私生活主義　91
施設化　210
自然権　36
自然法　36
持続可能性　18
　──のための計画　10
持続可能な開発　2
自治会　213
　──役員　214

自治組織づくり　223
自治体監査委員会　67
実験計画法　67, 84
実証主義　122
実証的経験科学　250
指定管理者制度　123
私的領域　38, 234
児童労働　12
自発性　227
シビル・ミニマム　14, 21, 26, 64, 65, 73
資本主義のひとり勝ち　33, 50
『資本主義の文化的矛盾』　241
資本の本源的蓄積過程　11
市民　34
　──権　48
　──参加　13, 15
　──参加活動　116
　──社会　34, 40, 166
　──的公共性　39, 40, 58
　──的互酬領域　189
　──的人間型　14
　──の徳（civic virtue）　58
　──陪審　198
社会運動　114
社会規範　115
社会計画　66, 68, 82
社会権　48
社会資源　2, 4, 11, 24
社会システム　4, 5, 7, 11, 14, 16, 17, 26, 90, 91, 98
社会指標　66-69, 77, 82, 83
　──運動　66
社会主義社会　33, 37
社会政策　240
社会秩序　34, 40, 42
社会調査　165
社会的基本財　48
社会的共通資本（social common capital）　11, 25, 89, 102, 106, 108, 109, 111, 113, 118
　──論　15
社会の健康　19
社会の公平性　23
社会の合理性　56

社会的ジレンマ　56
社会的正義　6
社会的相互作用としての時間　182
社会的包摂　201
社会統合　115
社会の質　70
社会を越える社会　170
住縁　222
集権　152
　　——的分散システム　154,155
自由権　48
集合行為ジレンマ　56
集住　211
　　——地域　213
自由主義　48
住宅階級　212
住宅禁止区域　141
住宅建設禁止地区　147
住宅弱者　210
集団アプローチ　164
集団主義　242
集団分極化　197
自由な越境　185
住民　222
　　——参加　13,65
　　——代表　220
集落移転　136
受援体制　157
受苦圏　51
縮小社会　178
主体性　227
準拠集団　19
小家族化　22
条件依存戦略　59
少子化　96
　　——危機　20
　　——危機突破　20,117
　　——する高齢社会　21,22,115
少子高齢化　238
情熱的な紐帯　188
昭和三陸津波　135
自立共生（コンヴィヴィアリティ）　173
　　——的な道具　190

自立支援　227,230
人工的な生活環境　156
新国民生活指標　67
人材派遣会社　213
親族　246
　　——ネットワーク　214
診断学としての社会学　97
親密圏　207,244,245
垂直に積み重なる時間　175
水平に流れ去る時間　175
ステークホルダー　79
優れた議論の強制的ではない力　196
＊鈴木広　89-91,104,113,115
スティグマ化　210
棲み分け　216
生活協力　23
生活権　64,73
生活支援　217
生活水準　66,83
生活の質　66,68,70,80,83,89
成果目標　125
正義　34,42
　　——の二原理　42
　　——論　42
政策科学　63
政策的公準　155
政策評価　63,64,68-70,73-77,79,81-84
生産力至上主義　179
制度設計　149
制度の強制力　60
生のコラージュ　185
「清貧」な社会　16
性別分業型家族　248
＊盛山和夫　116
勢力　11
　　——関係　108
セーフティネット　73
世界の均質化　180
世界の縮小　182
世界の不均等発展　178
セキュリティ　208
節合　185
絶対的時間　175

257

説明責任　*124*
＊セネット，R.　*91, 94, 101*
　全国総合開発計画　*8, 13, 133*
　全体化する全体性　*89, 90, 104*
　選択権　*149*
　専門家権力　*153*
　専門学会　*239*
　総合行政　*131*
　創造的復興　*185*
　創発的性格　*70*
　創発的なもの　*184*
　ソーシャル・インクルージョン　*72, 82*
　ソーシャル・ガバナンス　*63, 79*
　ソーシャル・キャピタル（社会関係資本、social capital)　*18, 22, 25, 26, 58, 72, 74, 82, 206*
　属性主義的な原理　*44*
　村落共同体 - 都市　*35*

タ行

　第一の近代　*32, 33*
　第一の近代から第二の近代へ　*31*
　第三者評価　*81*
　第三のイタリア　*182*
　第三の道　*189*
　第二の近代　*31-33*
　代表性　*196, 198*
　代表民主制　*195*
　対話的なコミュニティ　*188*
　たえず全体化する全体性　*113, 115*
　たえず私化する私性　*115*
　高潮災害　*131*
＊高田保馬　*25, 108, 116, 117*
＊武川正吾　*68, 97*
＊武田良三　*97*
　多元的国家論　*37*
＊立原繁　*20*
　脱近代家族　*248*
　脱成長（デクロワサン）　*178*
　建物の禁止区域　*138*
＊田中角栄　*13*
＊田中重好　*99*
　他人性を前提とする共同性　*208*
　多様性の自滅　*112*

単純な近代化　*31, 32*
地域コミュニティ　*201*
地域自治　*221*
地域社会　*163*
地域性　*202*
地域創生　*92*
地域的合意形成のレトリック　*220*
地域包括ケアシステム　*202*
地域防災会議　*132*
地域防災計画　*132, 151*
小さな政府　*189*
地縁　*176*
　――的共同性　*205*
違う他者　*187*
地球温暖化　*7, 11, 25, 96, 108, 110, 111, 118*
　――脅威説　*112*
　――論　*9, 112*
地区コミュニティ推進協議会　*220*
地区防災計画　*156*
知の切り離し　*109*
地方消滅　*116, 178*
地方創生　*92*
中央集権　*132, 151*
中央防災会議　*132*
超学性　*93*
町内会　*213, 217*
調和主義　*47*
直接民主制　*196*
通態（トラジェ）　*176*
通訳・翻訳委員　*215*
＊土屋恵一郎　*176, 184*
津波復興拠点整備事業　*143*
庭園師（ガーデナー）　*177*
定住民　*206*
テイラーの科学的管理　*122*
テイラリズム　*122*
＊デランティ，G.　*188*
田園都市論　*13*
同化　*215*
同化／排除の機制　*206*
討議　*229*
　――合理性　*198*
　――民主主義　*196*

道具的合理性　122, 123
当事者　229
同質的時間　174
道徳にもとづく信頼　60
討論型世論調査　198
特殊利益　199
都市下位文化モデル　207
都市学　92
都市計画法　136
都市コミュニティ・モデル　207, 222
都市社会学　202
都市的生活様式　115, 116
都市の貧困　99
都市の多様性　23
途上国における過剰人口　6
＊戸田貞三　247
土地区画整理事業　141
土地の共同　171
トップダウン　155
トポロジカルな布置構成　191
＊富永健一　116
トレードオフ　2

ナ行

内向化された歴史　177
内的時間　175
＊内藤莞爾　97
内発的発展　185
内面化された起源　177
＊中久郎　26, 105, 117
南海トラフ地震　158
ニーズ　70, 72-74, 76, 77, 79, 84
二元論　223
二酸化炭素　111
　——規制　25
　——地球温暖化論　8
　——による地球温暖化　6, 109
　——の濃度上昇　118
　——の排出量の増大　7
　——排出　111
西尾市外国人住民会議　219
西尾市多文化共生推進協議会　219
日系人　216

日系南米人　211
日系ブラジル人　212
日本家族社会学会　237
日本人　216
日本赤十字奉仕団　219
日本列島改造論　13
入管法改定　211
入居差別　211
ニューパブリック・マネジメント（NPM）
　67-69, 79, 82, 124
＊ニュービー，H.　189
人間に対する操作　172
ネオ・テイラリズム　126
ネオリベラリズム　189
ネットワーク　214
農山漁村経済更生運動　139
ノーマルサイエンス　235, 237

ハ行

＊ハーヴェイ，D.　175, 181
＊パーソンズ，T.　115
パートナーシップ　79, 80
背後の底のない世界　191
排除　201
ハイパー・テイラリズム　126
ハウスレス　228
＊橋爪大三郎　106, 107
場所　190
＊長谷川公一　106, 107
パターナリズム　152
発生主義会計　69
パブリックコメント　145
パブリックな課題　153
＊ハリントン，L. M. B.　17, 18
パレート最適　55
　——な社会厚生　56
＊ハワード　13
反原発運動　112
反照的均衡　42, 45, 46
阪神淡路大震災　134
ヒエラルキー　122
比較家族史学会　237
東日本大震災　140

259

非寛容　*191*
被災者生活再建支援法　*156*
被災者の合意　*145*
ビッグデータ　*166*
非排除性（non-exclusiveness）　*113*
＊ビュロウォイ, M.　*94, 95*
費用効果分析　*65, 66, 84*
標準化　*122*
標準家族　*236*
平等　*73, 74, 77, 80, 81*
＊広井良典　*175, 181*
拡がりのある時間　*176*
貧困　*210*
＊フィッシャー, C.S.　*93*
フォトモンタージュ法　*108*
複合的で重層的，かつ乖離的な秩序　*183*
福祉　*19, 20*
　　——カテゴリー　*209*
　　——計画　*25*
　　——国家　*67, 68*
　　——多元社会モデル　*226*
不条理な苦痛　*51*
復興基金創設　*156*
＊フッサール, E.　*175, 190*
＊ブラウン, D.　*170, 188, 189*
＊フランクラン, A.　*26*
＊ブランショ, M.　*184*
フリーライダー　*90, 115*
　　——問題　*117*
　　子育て——　*90, 117*
フリーライド　*57*
＊ブルデュー, P.　*175*
フレキシブルな蓄積　*181*
フロー（流動）　*169*
プログラム評価　*67, 75, 76, 83*
＊ブローデル, F.　*169*
文化資本（human capital）　*8*
文化相対主義　*41, 47*
分権　*152*
分配の不公平性　*3*
＊ヘーゲル, G.　*37*
＊ベック, U.　*31*
＊ベラー, R.N.　*90*

＊ベル, C.　*189*
ペルー人　*215*
ベンチマーク　*67, 72, 73, 76*
防災基本計画　*132, 151*
防災業務計画　*132*
防災集団移転促進事業　*141, 142*
防災対策の正当性　*153*
防災体制　*130*
防災の客体　*134*
防災の主体　*134*
包摂型コミュニティ　*205*
包摂性（inclusion）　*113*
『法の哲学』　*37*
ホームレス　*227*
＊ボールディング, K.E.　*7*
ポスト3・11　*187*
ポストフォーディズム的生産　*181*
＊ホッブズ, T.　*36*
ポテンシャル　*156*
ボランティア　*157*

マ行

＊マーシャル, T.　*48*
マキシミン・ルール　*46*
＊真木悠介（見田宗介）　*183*
＊正村俊之　*178*
まちづくり計画　*145*
＊松下圭一　*14, 15*
＊マルクス, K.　*37*
満足度　*66, 68, 69, 73*
＊マンフォード, L.　*173*
未婚化　*238*
みなし仮設　*156*
ミニ・パブリックス　*197*
民主的家族　*236*
無作為に抽出した市民　*197*
無知のヴェール　*42, 45*
＊ムフ, C.　*185, 188*
＊室田武　*112*
滅私奉公　*94*
目的的な共同性　*99, 100*
モダニティの両義性（パラドックス）　*183*
モダンの時間と空間　*174*

モビリティ（移動）　*170*
モラルハザード　*154*
問題解決力　*23*

ヤ行

役割理論　*116*
＊柳田國男　*23, 24*
＊柳沼壽　*109*
＊油井清光　*106*
ゆたかな社会　*31*
ユニバーサル（universal）　*21*
　　——サービス　*20*
　　——な価値判断基準　*26*
洋上風力発電　*8, 25, 107, 108*
＊吉岡斉　*112*
＊吉原直樹　*171, 178, 180, 183, 184, 187, 188*
予測のつかない突然の変化　*184*
よその人の目　*187*
よりよい共同性　*206*

ラ行

＊ラクラウ, E.　*185*
ラショニング　*74*
＊ラッシュ, S.　*174*
＊ラトゥーシュ, S.　*179, 184*
リーダーシップ　*2*
リスク　*156, 166*
　　——社会論　*157*
　　——の分配　*157*
　　——評価　*157, 159, 160*
＊リッチモンド, M.　*26*
リパブリカン　*61*
リベラリズム　*61*
領域的なもの　*176*
猟場番人（ゲートキーパー）　*177*
労働の分化　*172*

ローマクラブによる「成長の限界」　*6*
＊ロールズ, J.　*42*
ロジック　*220*
　　——・モデル　*77, 83*
＊ロストウ, W. W.　*31*
＊ロック　*36*
＊ロバーツ, K.　*93-95, 99*
＊ロバートソン, R.　*182*
ロマンティックラブの誕生　*38*

ワ行

ワークライフバランス　*116*
＊ワース, L.　*93*
私化　*24, 89, 90, 94*
　　——する私性　*14, 89, 91, 104*

欧文

BCP　*157*
diagnosis　*26*
EDID（evaluating-diagnosis-implementing-describing）　*98*
GDPの増大　*7*
interdisciplinary, multidisciplinary, transdisciplinary　*93*
IPCC　*7, 110*
multidisciplinary（多くの専門分野にわたる）　*92*
NPO　*226*
out-of-date（旧式の，時代遅れの）　*17*
PDCA（plan-do-check-action）　*98*
PDS（plan-do-see）　*98*
PFI　*123*
PPBS　*65, 67*
TFT戦略　*59*
transdisciplinary（超学的）　*92*
up-to-date（最新）　*16, 18*

執筆者紹介 (執筆順)

金子　勇（かねこ・いさむ）　編著者，はしがき，序章，第3章
1949年　生まれ。
1977年　九州大学大学院文学研究科博士課程単位取得退学。文学博士（九州大学，1993年）。
現　在　北海道大学名誉教授，神戸学院大学現代社会学部教授。
主　著　『都市高齢社会と地域福祉』ミネルヴァ書房，1993年。
　　　　『「時代診断」の社会学』ミネルヴァ書房，2013年。
　　　　『「地方創生と消滅」の社会学』ミネルヴァ書房，2014年。

友枝　敏雄（ともえだ・としお）　第1章
1951年　生まれ。
1979年　東京大学大学院社会学研究科博士課程中退。
現　在　大阪大学大学院人間科学研究科教授。
主　著　『モダンの終焉と秩序形成』有斐閣，1998年。
　　　　『社会学のエッセンス　新版』（共著）有斐閣，2007年。
　　　　『リスク社会を生きる若者たち』（編著）大阪大学出版会，2015年。

三重野　卓（みえの・たかし）　第2章
1949年　生まれ。
1979年　東京大学大学院社会学研究科博士課程単位取得退学。博士（文学）（北海道大学，2010年）。
現　在　帝京大学文学部教授，山梨大学名誉教授。
主　著　『「生活の質」と共生（増補改訂版）』白桃書房，2004年。
　　　　『福祉政策の社会学——共生システム論への計量分析』ミネルヴァ書房，2010年。
　　　　『福祉社会学ハンドブック』（福祉社会学会編，編集代表）中央法規，2013年。

田中　重好（たなか・しげよし）　第4章
1951年　生まれ。
1982年　慶應義塾大学大学院法学研究科博士課程単位取得退学。博士（社会学）（慶應義塾大学，2007年）。
現　在　名古屋大学大学院環境学研究科教授。
主　著　『共同性の地域社会学』ハーベスト社，2007年。
　　　　『地域から生まれる公共性』ミネルヴァ書房，2010年。
　　　　『スマトラ地震による津波災害と復興』（共編著）古今書院，2014年。

吉原　直樹（よしはら・なおき）　第5章
1948年　生まれ。
1977年　慶應義塾大学大学院社会学研究科博士課程単位取得退学。社会学博士（慶應義塾大学，1985年）。
現　在　大妻女子大学社会情報学部教授，東北大学名誉教授。
主　著　『都市空間の社会理論』東京大学出版会，1994年。
　　　　『モビリティと場所』東京大学出版会，2008年。
　　　　『「原発さまの町」からの脱却』岩波書店，2013年。

松宮　朝（まつみや・あした）　第 6 章
1974年　生まれ。
2000年　北海道大学大学院文学研究科博士後期課程中退。博士（文学）（北海道大学，2003年）。
現　在　愛知県立大学教育福祉学部社会福祉学科准教授。
主　著　『食と農のコミュニティ論』（共編著）創元社，2013年。
　　　　「『当事者ではない』人間に何ができるのか？」『〈当事者〉をめぐる社会学』宮内洋・好井裕明編著，北大路書房，2010年。
　　　　『トヨティズムを生きる』（共編著）せりか書房，2008年。

米村　千代（よねむら・ちよ）　第 7 章
1965年　生まれ。
1994年　東京大学大学院社会学研究科社会学(A)専攻博士課程単位取得満期退学。博士（社会学）（東京大学，1998年）。
現　在　千葉大学文学部教授。
主　著　『「家」の存続戦略』勁草書房，1999年。
　　　　『「家」を読む』弘文堂，2014年。
　　　　『社会学を問う』（共編著）勁草書房，2012年。

坂野　達郎（さかの・たつろう）　コラム　隣接領域との対話：社会工学
1957年　生まれ。
1987年　東京工業大学大学院総合理工学研究科システム科学専攻博士課程修了。工学博士（東京工業大学，1987年）。
現　在　東京工業大学環境・社会理工学院土木・環境学系教授。
主　著　『公共システムの計画学』（共著）技報堂出版，2000年。
　　　　『討議民主主義の挑戦』（共著）岩波書店，2012年。
　　　　『ソーシャルメディアと世論形成』（共著）東京電機大学出版局，2016年。

青山　泰子（あおやま・やすこ）　コラム　隣接領域との対話：公衆衛生学
2004年　北海道大学文学研究科行動科学専攻博士課程修了。博士（行動科学）（北海道大学，2004年）。
現　在　自治医科大学総合教育部門社会学研究室准教授，地域医療学センター公衆衛生学部門准教授。
主　著　『医と知の航海』（共著）西村書店，2016年。
　　　　『アンビシャス社会学』（共著）北海道大学出版会，2014年。
　　　　『高齢者の生活保障』（共著）放送大学教育振興会，2011年。

稲月　正（いなづき・ただし）　コラム　隣接領域との対話：NPO 研究
1961年　生まれ。
1990年　九州大学大学院文学研究科博士課程中退。
現　在　北九州市立大学基盤教育センター教授。
主　著　『生活困窮者への伴走型支援』（共著）明石書店，2014年。
　　　　『ホームレス自立支援』（共著）明石書店，2006年。

講座・社会変動 第10巻
計画化と公共性

2017年3月30日　初版第1刷発行　　　　　〈検印省略〉

定価はカバーに
表示しています

編著者　　金　子　　　勇
発行者　　杉　田　啓　三
印刷者　　田　中　雅　博

発行所　株式会社　ミネルヴァ書房
607-8494　京都市山科区日ノ岡堤谷町1
電話 (075) 581-5191／振替 01020-0-8076

ⓒ金子勇ほか, 2017　　　　創栄図書印刷・新生製本
ISBN978-4-623-08028-1
Printed in Japan

講座・社会変動（全10巻）

企画・監修　金子　勇・長谷川公一

現代の社会変動の動態をとらえる

第1巻	社会変動と社会学	金子　勇・長谷川公一編著
第2巻	産業化と環境共生	今田高俊編著
第3巻	都市化とパートナーシップ	森岡清志編著
第4巻	官僚制化とネットワーク社会	舩橋晴俊編著
第5巻	流動化と社会格差	原　純輔編著
第6巻	情報化と文化変容	正村俊之編著
第7巻	国際化とアイデンティティ	梶田孝道編著
第8巻	高齢化と少子社会	金子　勇編著
第9巻	福祉化と成熟社会	藤村正之編著
第10巻	計画化と公共性	金子　勇編著

——— ミネルヴァ書房 ———
http://www.minervashobo.co.jp/